U0154406

獻給洪鎌德教授

　　洪鎌德（Hung Lien-Te, 1937-），出生於臺灣新竹，華語世界知名「馬克思學」家。1960 年於臺灣大學政治學系畢業後赴德國佛萊堡大學留學，1963年轉學至奧地利，並於 1967 年獲維也納大學政治學博士，次年獲聘德國慕尼黑大學教職，1973 年轉任國立新加坡大學和南洋大學。1992 年被臺灣大學聘爲客座教授，1994 年改聘專任教授，同時被淡江大學、輔仁大學和東吳大學等校聘爲兼職教授。2012 年於臺灣大學退休，改任交通大學講座教授，2019年至今爲陽明交通大學終身講座教授。1987 年、1989 年與 1991 年曾三度赴北京大學、中國人民大學、復旦大學、廈門大學、中山大學等大陸高校講學。截至目前，出版中、英、德、日文著作 52 部，其中直接關聯馬克思思想者 30 餘部，公開發表學術論文 300 多篇。

青年馬克思之形象

馬克思與其青梅竹馬的妻子燕妮

電影中的青年馬克思之形象

2018年全球紀念馬克思誕辰200周年

「博士俱樂部」中的年輕人（水粉畫）

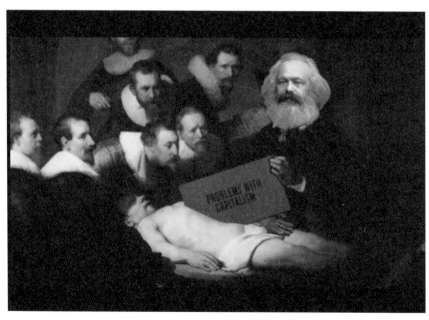

作為資本主義「社會病理學家」的馬克思

壯年馬克思之形象

馬克思與恩格斯林間漫步時討論問題

針對新出版的《萊茵報》展開討論

馬克思與恩格斯共同起草《共產黨宣言》

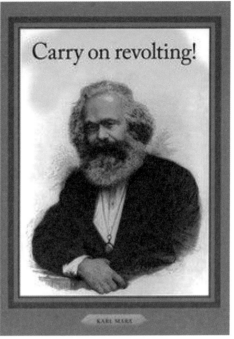

撰寫巨著《資本論》與致力於發動革命的馬克思

青年馬克思
思想的探索
——臺灣學者洪鎌德相關研究的析評

五南圖書出版公司 印行

張守奎・著

序

　　1930 年代前後，隨著一批馬克思早期文獻的相繼公開發表，西方學界興起了一股青年馬克思思想研究之熱潮。二戰結束以後，瀰漫歐洲的虛無主義精神氛圍更是對這一思潮的興起與走向起到了推波助瀾作用。相關學者依據「新近」公開發表的馬克思早期文獻所體現出來的濃郁人本主義精神與人道主義情懷，把其與第二國際之實證化、科學化的馬克思主義相對立，並進而把人本主義的青年馬克思與實證主義的成熟馬克思對立起來，阿圖塞（Louis Pierre Althusser，臺灣又譯爲「阿圖色」，洪鎌德譯爲「阿圖舍」，大陸通常譯爲「阿爾都塞」）甚至一度提出著名的「認識論斷裂」（Epistemological Rupture），古爾德納（Alvin Ward Gouldner，洪鎌德譯爲「古德涅」）乾脆直接說存在「兩種馬克思主義」（The Two Marxisms）。阿都塞的「認識論斷裂」與古爾德納的「兩種馬克思主義」說，雖然存在割裂馬克思思想（主義）內在連貫性與整體性的問題，但他們所展示出來的不同於史達林（大陸譯爲「斯大林」）時代教條式馬克思主義的青年馬克思思想之形象的重要性，在整個思想史上無疑影響深遠。

　　西方學界掀起的這股青年馬克思思想研究熱潮，眞正波及東方的華語世界是近半個世紀之後的事情。在華語世界，儘管青年馬克思的《黑格爾法哲學批判》（1843）、《論猶太人問題》（1843）與《德意志意識形態》（1845-1846）的部分內容很早就被譯爲中文（上述三者的最早中譯本分別爲：1935 年柳若水譯，上海辛墾書店出版；1939 年郭和譯，上海亞東圖書館出版；1924 年巴克譯，上海珠林書店出版），但眞正引起學界重視青年馬克思思想的契機卻是文革結束後的 1979 年劉丕坤中譯本《1844 年經濟學哲學手稿》（又稱《巴黎手稿》）的公開出版（但其不是最早中譯本，最早中譯本爲 1956 年何思敬譯、宗白華校的《經濟學—哲學手稿》，人民出版社出版）。與中國大陸相比，臺灣亦是透過《巴黎手稿》相關內容之研究步入青年馬克思思想世界的。大陸與臺灣這種青年馬克思思想研究之文本切入方式上的趨同，實際上折射的是 1980 年代前後兩岸人民生存處境的近似：前者經歷整整 10 年文革運動對個

人之人性、人格與人道的踐踏與戕害；後者遭受國民黨當局所推行白色恐怖統治與黨禁報禁政策對臺灣人民的自由、人權與人性的壓制與束縛。可見，從現實背景與研究旨趣看，青年馬克思思想在東方的被重視與西方在 1930 年代之後興起的「青年馬克思研究熱潮」，既有一致性又存在個性化差異。

　　從傳播史的視角看，馬克思主義在華傳播已逾百年。不過，過去華語世界對馬克思主義研究成果的關注多偏限於大陸，而對臺灣與香港的相關研究關注不夠。大陸的一些學者甚至把臺灣與香港看作馬克思主義的真空地帶，彷彿誰若談論馬克思主義在這兩地的傳播狀況，誰就是在癡人說夢。但事實上，這不過是部分學者的短視與無知之見！在華語世界的馬克思主義研究中，大陸學者未能亦無法壟斷話語權。臺灣與香港的學者同樣做出了重要貢獻。在臺灣，不僅經歷了老、中、青三代馬克思主義學人的相繼接棒與演歷，更有多部相關重要研究成果產生。在臺灣的眾多馬克思主義研究者中，用功最勤、著作最豐者首推洪鎌德先生。而在洪先生的馬克思主義研究中，青年馬克思思想又始終占據核心位置。洪先生對其投入的時間最多，產生的成果亦最豐。一定意義上甚至可以說，洪先生的青年馬克思思想研究之成果，代表了臺灣整體青年馬克思思想研究的範本。有鑑於此，本書以《青年馬克思思想的探索——臺灣學者洪鎌德相關研究的析評》為題目，專題化地闡釋與評論洪先生的青年馬克思思想研究之成果，以此管窺臺灣馬克思主義研究的整體狀況。

　　在大陸學界，通常把馬克思主義首先當作一種哲學來對待。但哲學本質上不是一套現成的知識體系，而是「愛智慧」，是一場「參與式的」思維訓練以及由此給人帶來的自我教化與自我提升過程。這種作為「愛智慧」的哲學後來被演繹為「關於真理的學問」與「有關境界之學」的細微差別。而不管是把哲學理解為關於真理的學問（西方），還是把握為有關境界之學（馮友蘭），其最常見的形式都是「對話」與「批判」。前者以古希臘哲學為典範，後者為德國古典哲學最擅長，馬克思顯然充分傳承了哲學的這兩種偉大形式與傳統。洪先生的青年馬克思思想研究所採取的西方「馬克思學」方法，亦是哲學之批判精神與傳統在當代的具體再現。依據這一方法，洪先生對馬克思思想的闡釋，既強調應重視文本，又強調與文本展開對話以及批判的重要性。因此，閱讀洪先生著作給我的深刻印象之一，是他對馬克思文本中有關觀點的批評。至於他的這些批評的合理性與否，當然可以從多重向度進一步討論。但他這種對待馬克思文本與具體觀點的辯證立場和態度，無疑是大陸學者值得借鑑與學習的。筆者自始至終亦將閱讀洪先生著作之過程，看作向他學習以及與其展開思想對

話的難得契機。但本書相關章節與洪先生個別論斷和觀點上的不一致乃至批評，洪先生本人都給予了最大的理解和包容，這令作爲後學的筆者十分感動！筆者深知，這些所謂的批評實際上不過是基於特定立場與視角的一己之見。若是洪先生能夠在其方便的時機針對筆者的批評做出相應回應，這對我而言將是一種莫大的榮幸！

本書的寫作能夠順利完成，仰賴洪先生的督促與包容。本書的最早雛形只是現在章節目錄中的第一章內容，那是我 2017 年發表題名爲〈臺灣的《1844 年經濟學哲學手稿》研究〉的論文之後，集中閱讀洪先生有關著作所形成的近 6 萬字的讀書筆記，並非寫作成熟的學術論文。2018 年暑假，我對這些不成熟的文字進行了初步整理，並將其通過網路傳送於洪先生，請他批評指正。沒想到先生在閱讀過程中爲拙文認眞做了精細的批註以及提出了寶貴的修改意見，並鼓勵筆者說「適當擴充，可形成一本小書」。之後，洪先生又兩次向筆者提及此事，以示督促。可以說，若不是洪先生的善意地督促，這本小書肯定不會這麼快寫作完成。特別是在筆者近期集中寫作、修改與豐富本書內容時，洪先生的每次鼓勵與寬容都成爲我加快寫作的重要動力之一。

當然，就洪先生青年馬克思思想研究輻射的廣度和範圍來說，遠非本書四章專題內容所能夠涵蓋的。比如，洪先生對青年馬克思的「國家理論」、「經濟思想」、「政治學說」與「平等理論」等都曾做過專題化的研究，但由於本書的篇幅限制，只能暫不涉及。最後，我把這本內容上不算完善的小書獻給洪鎌德教授，以此感謝他對華語世界馬克思主義研究所做出的重要貢獻以及對本人學術上的提攜和幫助！同時，也感謝五南圖書出版股份有限公司法政編輯室副總編輯劉靜芬小姐以及呂伊眞責任編輯的認眞負責。

深圳大學　張守奎

目　錄

導　論

　　從馬克思主義在臺灣的傳播與研究總體狀況來看，洪鎌德教授無疑是目前臺灣馬克思主義研究方面用功最勤、著作最豐者。在洪先生的馬克思主義研究中，青年馬克思思想始終是其關注的重心。就其研究所依據的文本和主要論題而言，集中於馬克思早期著作《黑格爾法哲學批判》（1843）、《巴黎手稿》（1844，又稱爲《1844年經濟學哲學手稿》，以下簡稱爲《手稿》）、《德意志意識形態》（1845-1846）與《共產黨宣言》（1848，以下簡稱爲《宣言》）。其中，《黑格爾法哲學批判》、《手稿》與《宣言》中的「國家—政治理論」、「異化學說」、「實踐哲學」和「道德—倫理」議題，又是其重點把握的對象。洪先生尤其關注青年馬克思思想中的這四大主題，並非純粹出於其個人的學術興趣，更有強烈的以理論的形式回應社會現實問題之考慮。這既涉及洪先生對二戰後西方虛無主義精神處境的憂思，又關聯他對1980年代前後臺灣社會與經濟結構變遷，以及人們生存狀況的把握與理解。

　　洪先生的青年馬克思思想研究之特點在於：借鑑當代西方「馬克思學」（Marxologie）[1] 方法，力圖還原一個豐富的青年馬克思形象；特別強調青年馬克思思想的黑格爾淵源，認爲黑格爾的《精神現象學》對青年馬克思的影響不亞於《法哲學原理》，《精神現象學》爲青年馬克思的理論研究提供了方法論基礎，《法哲學原理》則爲其提供最初的社會政治哲學與政治經濟學批判視角

---

[1] 洪鎌德先生所謂的「馬克思學」，是指除了應用哲學對談、辯證法、批判法、詮釋法與文本分析等人文學說的研究方法（或19世紀末德國學界所強調的精神科學之了悟法「verstehen」）之外，還使用社會科學（特別是歷史社會學、文化人類學、社會心理學、精神分析學、地緣政治學、人文地理學、政治經濟學等）的方法論，去把馬克思的思想、學說、主張進行經驗科學式的探究，而非當作信仰與教條加以頂禮膜拜。「馬克思學」尤其注重馬克思主義經典文本與文獻甚至是原始文獻，之於馬克思思想研究的重要性。其在精神主旨和方法論層面，致力於把馬克思思想當作一門「科學」或「學問」而非官方意識形態來對待，並追求對馬克思思想詮釋的相對客觀與價值中立性。洪鎌德先生遊走於社會科學各部門（如政治學、國際關係、經濟學、政治經濟學、社會學、心理學、人類學和語言學等），且在社會科學的各個部門都有專著出版。

（尤其表現爲對市民社會與國家之關係的闡釋）；突出青年馬克思思想中的人本主義向度和人類自由解放情懷的重要性，並把其規範性基礎奠基於「整全的人」之自由和解放觀念之上，同時批評其內在蘊含的階級鬥爭與暴力革命取向。

就內容來說，洪先生的青年馬克思思想之研究所覆蓋的範圍甚廣。它既包括「國家—政治理論」、「異化學說」、「實踐哲學」與「道德—倫理思想」，又涉及「經濟理論」、「政治學說」與「平等觀念」等相關內容。但鑑於篇幅限制，本書主要探討前幾個方面的主題。因此，在結構安排上，本書分爲「導論」、「第一、二、三、四、五章」主體內容與「附錄」。其中，「第一章」主要梳理與探討洪鎌德先生有關《手稿》的研究；「第二章」闡釋與析評洪先生有關《宣言》的研究；「第三章」重點考察他對青年馬克思實踐哲學的研究；「第四章」集中分析其對青年馬克思思想中的道德、倫理與正義學說的探討；「第五章」則針對洪先生圍繞《手稿》、《宣言》、實踐哲學、倫理及正義觀所展開的青年馬克思思想研究狀況進行總體性的評價和展望。「附錄一」是筆者 2017 年發表在大陸學術期刊《馬克思主義研究》上的一篇舊作，係對臺灣有關《手稿》研究的整體性考察，可視爲理解本書「第一章」內容的支援背景和輔助性研究。「附錄二」是作者在 2018 年馬克思誕辰 200 周年之際寫作的一篇舊文，但至今未曾公開見刊，主要梳理臺灣學界對馬克思誕辰 200 周年的紀念過程。之所以把它附錄於本書，是因爲其涉及近幾年臺灣馬克思主義研究與翻譯的總體狀況，其中包括洪先生對馬克思思想的再定位，以及《手稿》與《宣言》相關內容的最新理解。

本書在主題內容上，「第一章」表明，以 1987 年臺灣解嚴爲劃分界線，洪先生有關《手稿》的研究先後經歷從戒嚴時期對其概覽式和總體性考察，到解嚴後的專題式和深入性探討之轉變。並且，他在吸收西方相關研究成果的基礎上，對《手稿》內容的理解提出了一些新的觀點和看法。戒嚴時期洪先生對《手稿》的研究其主要特點是：結合經典社會學思想史和相關文本論述去詮釋「異化論」的具體內容及其當代社會效應；解嚴時期，尤其是進入 21 世紀以後，洪先生對《手稿》持續關注的重要特點則是：突出《手稿》中「異化論」的黑格爾思想和青年黑格爾派之淵源，強調黑格爾《精神現象學》中的「勞動」主題、「精神外化論」與赫斯之「金錢異化觀」對馬克思思想的影響，並以「自我增益的異化」與「人學現象學」概念去理解、詮釋《手稿》中的相關內容。

「第二章」指出，與臺灣其他學者多從「革命」、「階級鬥爭」等主題探

討《宣言》不同，洪鎌德把關注的焦點轉向《宣言》中的「自由」、「解放」和「共產主義」等內容，並把它們置於馬克思的思想史和不同時期的文本脈絡中進行整體性研究。洪先生在借鑑西方「馬克思學」方法基礎上，不僅把《宣言》指認爲唯物史觀基本思想的「首次昭示」，還把其中的「共產主義」把握爲馬克思所提供的和解現代性政治內在分裂傾向的一種方案，認爲此時馬克思雖未提出國家消亡論，但已經蘊含現代性政治的和解即國家消亡的主張，其目的旨在實現人的解放與自由個性的理想願景（vision）。同時，洪先生對馬克思與恩格斯撰寫《宣言》過程中各自所扮演的角色進行了大膽推測。不過，他顯然只是吸收了西方「馬克思學」的研究精神和方法，而對其把馬克思與恩格斯截然對立的具體結論並未照單全收。從而，避免了陷入西方「馬克思學」所主張的「馬恩對立論」之陷阱。

「第三章」闡明，在把馬克思思想指認爲透過改變世界的方式實現人格的自我完善和人類解放的基礎上，以洪鎌德爲代表的臺灣學者對青年馬克思實踐哲學的學術淵源、理論定位、思想特質、具體內容與實際效果等方面進行了專題性研究。他們認爲，青年馬克思實踐哲學在學術淵源上既受惠於德國古典哲學中的實踐理性取向，又繼承了亞里斯多德的古典實踐特質；在理論定位上是關於人類解放的學說；在思想特質上是經過啓蒙理性主義洗禮之後的現代實踐哲學；在具體內容上是以改變世界爲手段、實現人的解放與自我完善爲高階目的的現代自由理論；在實際效果上體現爲理論設想與現實後果間的巨大反差。

「第四章」則揭示，雖然馬克思以批判資本主義著稱，但他的這種批判是否基於某種道德規範之上，向來存在爭議。與英美馬克思主義者在該問題上表現出的「各執一端」狀況不同，洪鎌德等臺灣學者在明確肯定青年馬克思思想中具有道德與正義向度基礎上，於西方思想史和當代理論資源的比較視野中，對馬克思實踐哲學中道德和正義思想的淵源、特殊性、具體內容與評價問題進行了深入研究。洪鎌德等臺灣學者認爲，作爲一種科學的社會分析理論，馬克思理論的清晰和洞見，是其他理論難以比擬的。這不僅源於其理論的科學精確性，還源於其本身所蘊含的道德與倫理的人文向度。正是這種科學與道德的雙重向度，賦予馬克思理論以鋒利的批判性和嚴屬的分析性。當然，馬克思倫理觀上的經濟決定論與相對主義傾向，給後來的社會建設亦帶來了一定的消極影響。

「第五章」係本書的研究結論，表明洪鎌德先生的青年馬克思思想研究取得了一系列重要成果，形成了其自己的個性化研究特徵，提出了諸多具有一

定學術創見的思想觀點與概念範疇，體現出較強的學術創新性。不過，從詮釋學視角看，由於受到「前見」和「視角」的限制，洪先生的相關研究在具體學術觀點上亦存在有待商榷之處。但學術研究之魅力正在於發現前人的缺陷並進行完善，以及讓後來者能夠延續這一傳統和繼續這項神聖的批判性事業，並以此推動學術不斷地向前進步與發展。就此而言，洪先生的青年馬克思思想研究之意義顯而易見，其不僅對深化當前學界的馬克思主義研究起到了重要推動作用，還爲臺灣，甚至整個華語世界的馬克思主義研究樹立了某種可用以參照的標竿與典範。

第一章

有關《巴黎手稿》的研究

第一章　有關《巴黎手稿》的研究

　　就思想史效應而言，1932 年公開出版的《巴黎手稿》對於重新理解馬克思思想的重要性，無論給予怎樣高的評價都不算過分。之所以這麼說，是因爲在馬克思的全部著作中，除了《宣言》（與恩格斯合著）與《資本論》之外，只有《手稿》出版後引起全世界這麼高的關注度，並引發持續近大半個世紀的「青年馬克思」與「老年馬克思」之爭[1]。如果說，《手稿》引發的這種爭論從外觀上看限於學術觀點層面，實際上折射的，卻是一戰後兩種不同社會制度中，人們對待馬克思主義認知態度的差異以及整個世界的變遷過程，那麼，完全可以說一部《手稿》傳播史，就是馬克思主義自 20 世紀以來在世界各地傳播和發展狀況的「縮影」。由於種種原因，西方學界集中於 20 世紀上半葉對《手稿》的討論並不完整，尚待進一步深化和拓展研究。這直接涉及到對《手稿》具體內容和意義的重釋。在這種「重釋」過程中，認眞品讀和挖掘《手稿》文本，當然十分重要。但學界業已積累下來的關於《手稿》的相關研究成果，也應得到進一步的消化和吸收。就中文學界來說，事實上同樣形成了關於《手稿》的大量研究成果。在這些成果中，過去人們的關注點一般集中於大陸學界，但實際上，與大陸隔海相望的臺灣，自 1970 年代以來，亦形成了諸多相關研究成果。只是，臺灣的這些相關成果之前並沒有進入大陸學者的視野，更談不上給予應有的關注。鑑於此，本書第一章在介紹《手稿》於臺灣傳播總體脈絡的基礎上，以在馬克思主義研究方面用功最勤、著作最豐的洪鎌德教授爲

《手稿》德、英、俄、中文版，2005、1988、2010、1956

---

[1]　由《手稿》公開出版所引發的「青年馬克思」與「老年馬克思」之爭，有的學者又稱爲「早年馬克思」與「晚年馬克思」之爭，或「不成熟時期的馬克思」與「成熟時期的馬克思」之爭。

例，考察他在不同時期所出版的作品中對《手稿》的研究，以此管窺《手稿》在臺灣的總體研究狀況。

第一節　《手稿》在臺灣傳播的總體狀況

馬庫塞（Herbert Marcuse，大陸通常譯爲「馬爾庫色（塞）」，洪先生譯爲「馬孤哲」）曾做過一個非常著名的論斷，即 1932 年《手稿》全文的首次公開發表是「馬克思主義研究史上的一個劃時代的事件」，它「使關於歷史唯物主義的由來、本來含義以及整個『科學社會主義』理論的討論置於新的基礎之上」[2]。從《手稿》發表後的理論效果史來看，的確如此。這尤其體現在，西方馬克思主義學界由此開始長達近大半個世紀有關「人道主義的馬克思」與「科學主義的馬克思」之爭論。就此而言，《手稿》的出版對破除第二國際的實證化的馬克思主義和史達林（大陸譯爲「斯大林」）式教條化的馬克思主義，並由此強調「倫理—人文主義向度」在馬克思思想中的地位，無疑具有舉足輕重的意義。但對於臺灣的馬克思主義研究者來說，在很長一段時間內，主要由於政治意識形態和思想戒嚴等方面的原因，《手稿》在馬克思思想中的重要性並沒有引起他們的注意與重視，這種狀況直到 1970 年代之後才有所改變。

綜合來看，《手稿》進入臺灣學者的視野，其原因主要有如下幾個方面：一是 1960 年代和 1970 年代臺灣盛行的以讓—保羅·薩特（臺灣又譯爲「沙特」）之思想爲代表的「存在主義熱」。由於存在主義對戰後人類虛無主義精神處境的探討，與馬克思《手稿》中的異化論分析，具有某種同構性，因此，存在主義的探討對《手稿》中的異化論在臺灣傳播起了鋪墊作用。二是《手稿》的出版原本就是西方新馬克思主義興起的重要動力之一，就臺灣來看，1980年代中後期流行的「新馬克思主義熱」，對《手稿》及異化論在臺灣的傳播和研究，無疑起到帶動和推波助瀾的作用。當然，《手稿》內容之所以能在臺灣傳播，甚至被部分學者「追捧」，最根本的原因還是由當時臺灣的現實社會經

---

2 復旦大學哲學系現代西方哲學研究室編譯：《西方學者論〈1844 年經濟學哲學手稿〉》，上海：復旦大學出版社，1983 年，第 93 頁。

濟和政治狀況決定的。在國民黨的白色恐怖統治和戒嚴時期,馬克思主義被視為「非我族類」的「共黨的意識形態」,官方機構之外的臺灣普通學界被嚴禁接觸這種「異端邪說」[3]。但高壓政權的強壓並沒有完全阻遏住人性中渴望自由和反抗束縛的激情。因此,1970 年代末和 1980 年代初,學界力圖藉助探討和批判《手稿》中「異化論」內容和闡揚人文主義精神的方式,釋放胸中的壓抑感和追求自由的渴望。1987 年以後,隨著解嚴時代的到來,學術氛圍相對自由寬鬆,兩岸互動開始頻繁,留學海外的學者歸臺,加之臺灣由於經濟急速增長和社會結構的巨大變化,產生了諸多需要迫切解決的現實問題,這促使學界從理論和現實兩個維度探討和尋找解決問題的方案與途徑,各種西方思想資源相繼引入,「學術化的」新馬克思主義熱達到了高潮。這一時期,學界對《手稿》的研究,也明顯地趨於相對的「學術性」和「中立化」。進入 21 世紀之後,臺灣和世界的全球化程度進一步提升,學者們對馬克思主義的研究也越發國際化,並把學術化和現實問題研究結合起來,從《手稿》中挖掘現代性批判和破解全球生態問題的重要思想資源[4]。可見,臺灣對《手稿》的傳播和研究史之路徑的演變,本身就是對臺灣當代歷史狀況和社會現實的理論寫照。

伊海宇譯的《1844 年經濟學哲學手稿》,時報文化出版企業股份有限公司,1990

---

3 曾慶豹:〈批判理論的效果歷史──法蘭克福學派在臺灣的接受史〉,《哲學與文化》,第 6 期,2010 年。

4 張守奎:〈臺灣的《1844 年經濟學哲學手稿》研究〉,《馬克思主義研究》(北京),第 9 期,2017 年。

　　總體而言，以 1987 年解嚴爲分界，可以把《手稿》在臺灣的傳播和研究史分爲兩個時段：1987 年解嚴之前爲第一時期，學者們主要圍繞《手稿》中的「異化論」展開論述和批判，其研究成果儘管具有一定的學術價值，但大多帶有對馬克思主義的意識形態偏見；1987 年解嚴之後爲第二時期，隨著思想的解嚴，學術研究和探討的自由空間大爲拓展，學者們對《手稿》的研究開始逐漸擺脫戒嚴時期的意識形態成見，走向相對較爲學術化的研究道路。這既表現爲 1990 年時報文化出版企業股份有限公司出版的署名「伊海宇譯」的《手稿》繁體中譯本，與 2016 年臺北暖暖書屋事業股份有限公司出版的，由臺灣學者李中文依據德文自主翻譯的《手稿》繁體中譯本，也表現爲臺灣相關學者開始對《手稿》進行系統性的文本解讀，以及展開文本與現實問題相結合的學術化研究。下面我將按照時間先後順序，對《手稿》在臺灣的傳播與研究狀況進行總體把握，以便爲後面專題式考察洪鎌德先生研究《手稿》的情況做鋪墊。

　　就明確論及與探討馬克思的異化論內容來說，臺灣目前能夠見到的最早研究成果，是 1972 年鄭學稼教授在國立政治大學學報上發表的文章〈論馬克思的異化說〉[5]。該文一方面摘譯了《手稿》中異化勞動論的部分內容，另一方面又探討了西方學界圍繞著《手稿》所引發的爭論。次年，胡秋原先生在《中華雜誌》上發表〈自我割讓問題與當代思想〉[6]一文。胡先生結合對「alienation」的詞源學考察，集中探討了馬克思《手稿》、海德格爾和馬庫塞所論及的「異化」問題。1977 年，陳墇津博士在《共黨問題研究》上發表〈戰後馬克思主義的新解釋趨勢及其研究——以手稿爲中心的馬克思主義新解釋〉[7]。該文對《手稿》公開發表後所引發的國際上關於重新解釋馬克思主義的趨勢及其主要觀點，進行了細緻梳理。同年，侯立朝也在該刊上發表〈論異化共產主義的基本公式〉。1979 年，胡秋原發表〈論馬克斯《一八四四年經濟學哲學手稿》與外化超越論〉[8]。其後，他又節譯了《手稿》中的「異化」與「私有財產」章節，並以〈馬克斯《一八四四年經濟學哲學手稿》〉爲題名共分兩期發表在《中華

5　鄭學稼：〈論馬克思的異化說〉，《國立政治大學學報》，第 26 期，1972 年。

6　胡秋原：〈自我割讓問題與當代思想〉，《中華雜誌》，第 11 卷第 2 期，1973 年 2 月。

7　陳墇津：〈戰後馬克思主義的新解釋趨勢及其研究——以手稿爲中心的馬克思主義新解釋〉，《共黨問題研究》，第 3 卷第 11、12 期，1977 年 11、12 月。

8　胡秋原：〈論馬克斯《一八四四年經濟學哲學手稿》與外化超越論〉，《中華雜誌》，第 17 卷第 194 期，1979 年 9 月。

雜誌》上[9]。這也是目前能夠見到臺灣公開發表的最早的《手稿》節譯文。需要指出的是，由於鄭學稼與胡秋原兩位先生在沒有遷臺之前就多有交集，遷臺後更是任教於臺灣同一所大學——國立政治大學，所以，儘管他們對馬克思《手稿》中「異化」一詞的漢語翻譯存在不同意見（鄭學稼主張翻譯爲「異化」，胡秋原主張翻譯爲「乖離」、「外化」、「割讓」等），但他們對該問題的關注和探討，無疑推動了馬克思的《手稿》內容在臺灣的傳播，尤其是帶動了國立政治大學的一批研究生關注並研究《手稿》內容（主要是其中的異化論主題）。我這麼說的依據在於，作爲對胡秋原文章的補充與回應，1979 年洪鎌德同樣在《中華雜誌》上發表〈馬克思《一八四四年經濟學哲學手稿》的版本與特徵〉[10]的文章。該文對胡秋原文章中提及但未詳細說明的《手稿》外文版本的流傳問題，進行了細緻梳理。其後，就讀於政治大學東亞研究所的李英明、宋國誠等人，在碩博士論文選題上均圍繞著《手稿》內容展開，亦是這種影響的體現。

1980 年，柏青在《共黨問題研究》上發表〈關於異化與權力異化的問題〉。同年，國立政治大學的李英明發表了碩士論文〈論馬克思和恩格斯的科學觀和辯證法〉（指導教授：胡秋原），也是在這一年底，李英明又在《共黨問題研究》上發表〈異化論——歷史性及概念性的分析〉[11]。李先生的前一文對馬克思和恩格斯辯證法的討論中，明確論及了《手稿》中「對黑格爾的辯證法和整個哲學的批判」章節。後一文則對「異化」概念進行了歷史性的追溯和概念性的分析。亦是同年，洪鎌德在《思與言》與《中華雜誌》上分別發表〈馬克思青年時期的著作及其評價〉與〈青年馬克思倫理思想的批判〉[12]，前文涉及《手稿》在馬克思主義發展史上的理論定位及其思想史效應問題，後文探討《手稿》中的倫理思想與人本關懷。1981 年，黃天健翻譯伊思凡麥塞羅所著

9　〈馬克斯《一八四四年經濟學哲學手稿》〉，胡秋原譯，《中華雜誌》，第 17 卷第195、196 期，1979 年 10、11 月。

10　洪鎌德：〈馬克思《一八四四年經濟學哲學手稿》的版本與特徵〉，《中華雜誌》，第 17 卷第 195 期，1979 年 10 月，第 24-27 頁。

11　李英明：《論馬克斯恩格斯的科學觀與辯證法》，臺北：黎明文化事業股份有限公司，1981 年。

12　洪鎌德：〈馬克思青年時期的著作及其評價〉，《思與言》，第 5 期，1980 年；〈青年馬克思倫理思想的批判〉，《中華雜誌》，第 18 卷第 12 期，1980 年 12 月。

〈馬克思的異化理論〉[13] 一文，並發表在《蘇俄問題研究》上。與其相應，鄭
學稼在《時報周刊》上也發表〈馬克思的《手稿》與共產黨政權〉[14]。同年，馮
滬祥出版《新馬克斯主義批判》[15] 一書。撇開人們對該書是「譯著」還是個人
「專著」的爭議不論，其前四章探討的內容均與《手稿》主要論題相關。1982
年，侯立朝先生出版《哲學經濟學》[16]。該書藉助馬克思的異化理論，比較分析
古典經濟學與馬克思經濟學的差異，把古典經濟學稱爲「自愛經濟學」，而把
馬克思主義經濟學稱爲「異化經濟學」或「異化勞動的經濟學」。此外，該書
還以附錄的形式收入了鄭學稼的〈論馬克思的異化說〉一文。同年，王章陵先
生在《共黨問題研究》上發表〈論馬克思的異化論與人道主義〉和〈論人的本
質〉，李英明同樣也在《共黨問題研究》上發表〈論馬克思《一八四四年經濟
學哲學手稿》〉和〈對馬克思《一八四四年經濟學哲學手稿》中三個主要問題
的論述與批評〉。也是在這一年，國立政治大學三民主義研究所的翁振耀發表
了碩士論文〈從中山先生人性觀論馬克思異化說之謬誤〉（指導教授：趙洪
慈），而中國文化大學大陸問題研究所的李晟煥則發表了碩士論文〈馬克斯青
年時代思想之研究〉（指導教授：余延苗）。這兩篇碩士論文，都直接涉及到
了馬克思的早期《手稿》。前者重點討論其中的異化論，後者則主要考察《手
稿》中的資本主義批判及其在馬克思思想中的過渡性意義。

　　1983 年，洪鎌德先生出版《馬克思與社會學》[17] 一書。書中討論了《手稿》
中涉及的「人類在勞動中的自我外化說」、「勞動外化說的批判」和「資本主
義社會中人的異化」。同年，鄭學稼在《青年戰士報》上連載〈徘徊大陸知識
界的怪影——對馬克思的手稿的爭論〉[18] 一文，對大陸學界關於《手稿》中異
化和人道主義爭論問題進行了評述；與其相呼應，陳學齡則在《公民訓育學
報》創刊號上發表題名爲〈馬克思主義異化論述評〉[19] 的文章，粗略地討論了

13　伊思凡麥塞羅：〈馬克思的異化理論〉，黃天健譯，《蘇俄問題研究》，第 22 卷第 6
　　期，1981 年 6 月。

14　鄭學稼：〈馬克思的《手稿》與共產黨政權〉，《時報周刊》，1981 年 9 月 10 日。

15　馮滬祥：《新馬克斯主義批判》，臺北：財團法人黎明文化服務中心基金會，1981 年。

16　侯立朝：《哲學經濟學》，臺北：楓城出版社，1982 年。

17　洪鎌德：《馬克思與社會學》，臺北：遠景出版事業有限公司，1983 年。

18　鄭學稼：〈徘徊大陸知識界的怪影——對馬克思的手稿的爭論〉，《青年戰士報》，
　　1983 年 3 月 21 日起連載。

19　陳學齡：〈馬克思主義異化論述評〉，《公民訓育學報》創刊號，1983 年 6 月。

異化的詞源學演變，以及馬克思主義異化論的主要內容。亦是同年，李英明的譯著《紅色的天堂夢——馬克思》[20] 出版，該書重點摘譯了科拉科夫斯基《馬克思主義主流》第一卷中的「《巴黎手稿》、異化勞動與青年恩格斯」部分，並選摘了大陸《馬克思恩格斯全集》第 42 卷中《手稿》中論人的類本質的譯文。李英明在「譯者說明」中，對「手稿的內容意義」、「手稿所處理的問題」以及《手稿》的「結論與批判」，進行了闡釋。此外，王章陵也在這一年於《共黨問題研究》上發表了署名為〈論共產主義的異化〉的文章。1984 年陳墇津在《東亞季刊》上發表論文〈馬克思巴黎手稿的出版〉[21]，對馬克思《手稿》的出版經過、不同版本流傳，進行了詳實的梳理。同年，王章陵先生在《共黨問題研究》上發表〈論黑格爾的異化學說〉、〈論費爾巴哈的異化學說〉、〈馬克思的經濟異化論〉、〈馬克思的政治異化論〉、〈論異化論與辯證法〉、〈論異化與分工〉、〈馬克思的異化揚棄論〉、〈異化的社會主義異化義〉、〈社會主義異化否定論〉和〈毛澤東的社會主義異化論〉等文章。與其相應，玄默在《中共研究》上發表〈馬克思勞動異化論批判〉[22]。

　　1985 年，國立政治大學的李英明發表博士論文〈馬克思異化論研究〉（指導教授：崔垂言、馮滬祥）。該文結構上共五章內容，二十五萬餘字，是臺灣第一本集中探討馬克思異化論的博士論文。同年，宋國誠在《東亞季刊》上發表〈青年馬克思對黑格爾辯證法概念與國家本質的批判改造〉[23]，該文對馬克思於《黑格爾法哲學批判》和《手稿》中的黑格爾辯證法和國家批判思想，進

---

20 李英明：《紅色的天堂夢——馬克思》，臺北：時報文化出版企業股份有限公司，1983 年。需要指出，李英明選錄的《手稿》關於人的類本質的原文部分，儘管標明是「李英明譯」，但實際上是選摘自中國《馬克思恩格斯全集》第 42 卷。

21 陳墇津：〈馬克思巴黎手稿的出版〉，《東亞季刊》，第 2 期，1984 年。

22 經在「臺灣期刊論文索引系統」檢索發現，玄默同時期在《中共研究》上還曾發表〈中共社會主義異化問題抉微〉（1981 年 12 月）、〈中共精神污染問題抉微：兼論中共社會主義並未異化〉（1983 年 12 月）、〈泛論中共社會主義的客觀異化作用〉（1984 年 1 月）。同一年，段家鋒在《復興崗學報》上發表〈異化論的理論與實踐問題〉（1984 年 6 月），丁望在《聯合月刊》發表〈從「目中無人」到人性復歸：社會主義異化論初探〉（1984 年 1 月），龍飛在《中共研究》上也發表〈評析中共對大陸知識界的「清除精神污染」運動：周揚論「異化」問題挨批談起〉（1984 年 1 月）。

23 宋國誠：〈青年馬克思對黑格爾辯證法概念與國家本質的批判改造〉，《東亞季刊》，第 2 期，1985 年。

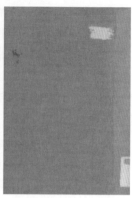

李英明的博士論文《馬克思異化論之研究》，政治大學，1985

行了細緻梳理與評價。王章陵先生亦於這一年，在《共黨問題研究》上發表〈論異化論與人道主義〉、〈論異化論與共產主義〉、〈民生哲學與馬克思異化論的比較〉和〈巴人「人性論」思想根源的探索：兼論大陸文藝界早期對馬克思「異化論」的論戰〉。國立政治大學政治研究所的楊慧玲也在這一年發表了碩士論文〈馬克思異化理論之分析——政治構想的基因〉（指導教授：朱堅章）。1986 年，洪鎌德博士出版《傳統與反叛——青年馬克思思想的探索》[24] 一書。該書在各個章節均不同程度地探討了青年時期馬克思的異化論主題。同年，王章陵先生在《共黨問題研究》上發表〈馬克思異化論的檢驗與人的復歸〉和〈論馬克思的「共產主義」概念〉，而宋國誠則在《東亞季刊》上發表〈青年馬克思的人學理論〉[25]。政治作戰學校政治研究所的王良貴也在這一年發表了碩士論文〈馬克思《巴黎手稿》中辯證法思想之研究〉（指導教授：李英明），與其同研究所的陳銘通則發表了碩士論文〈中共的異化觀〉（指導教授：陳埠津）。

　　1987 年，國立政治大學東亞研究所的宋國誠先生發表了博士論文〈卡爾·馬克思《1844 年經濟學哲學手稿》之研究〉（指導教授：段家鋒、沈清松）。同年，王章陵先生於正中書局出版《馬克思「異化論」批判》[26] 一書。全書圍

24　洪鎌德：《傳統與反叛——青年馬克思思想的探索》，臺北：臺灣商務印書館，1986年。

25　宋國誠：〈青年馬克思的人學理論〉，《東亞季刊》，第 2 期，1986 年。

26　王章陵：《馬克思「異化論」批判》，臺北：正中書局，1987 年。

繞著馬克思的異化理論主題展開，共五章內容，近三十萬字。天主教輔仁大學的趙雅博神父在這一年出版了《改變近代世界的三位思想家——馬克斯、尼采、佛洛伊德》[27]，該書在論及「馬克斯的著作及思想」部分，討論了馬克思的「宗教的異化」（批判宗教）、「政治的異化」（對政府的批判）、「哲學的異化」和「社會的異化與階級鬥爭」等問題。同樣，也是在這一年，國立政治大學東亞研究所的黃美珍發表了碩士論文〈馬克思《巴黎手稿》中的自由概念〉（指導教授：李英明），而中國文化大學大陸文化問題研究所的林偉信則發表了碩士論文〈中共批判「社會主義異化論」之研究（1978～1983）〉（指導教授：沈清松）。1988 年，臺北谷風出版社編輯部出版《馬克思對黑格爾的批判》[28]一書。該書收錄了《手稿》中的《對黑格爾辯證法和一般哲學的批判》原文。1989 年，李超宗先生出版《新馬克思主義思潮》，該書獨闢一章討論「馬克思的『異化』理論」。

1990 年，時報文化出版企業股份有限公司出版了臺灣第一個《手稿》繁體字中譯本[29]。但其譯者「伊海宇」只是一個化名，實際上並無其人，該譯本不過是直接抄襲自大陸人民出版社 1985 年版的《馬克思 1844 年經濟學哲學手稿》中譯本而已。同年，宋國誠先生出版《馬克思的人文主義——〈1844 年經濟學哲學手稿〉新探》[30]，全書共十章，凡四十餘萬字。從比較的視角看，該

27　趙雅博：《改變近代世界的三位思想家——馬克斯、尼采、佛洛伊德》，臺北：臺灣商務印書館，1987 年。

28　谷風出版社編輯部：《馬克思對黑格爾的批判》，臺北：谷風出版社，1988 年。該書是對早期馬克思論黑格爾的原著選摘，主要內容包括《黑格爾法哲學批判導言》、《黑格爾法哲學批判》和《對黑格爾辯證法和一般哲學的批判》。筆者經過查證和對照，該書應該是臺灣谷風出版社根據大陸出版的《馬克思恩格斯全集》中的相關內容摘選彙編而成。

29　馬克思：《1844 年經濟學哲學手稿》，伊海宇譯，臺北：時報文化出版企業股份有限公司，1990 年。

30　宋國誠：《馬克思的人文主義——〈1844 年經濟學哲學手稿〉新探》，臺北：桂冠圖書股份有限公司，1990 年。該書是在其博士論文基礎上修改和完善而成。儘管 1987 年臺北正中書局已出版了王章陵的《馬克思「異化論」批判》，但它只關注《手稿》中的「異化論」。比較而言，宋國誠的這本著作則涉及《手稿》內容的各個方面，故我判定其爲臺灣出版的第一本系統性研究《手稿》的專著。

書應爲臺灣出版的第一本系統性研究《手稿》的專著[31]。亦是同年，蔡憲昌在《三民主義學報》上發表〈馬克斯「異化論」之研究〉[32]（後來收入其 1991 年出版的《馬克斯主義基本理論研究》[33] 一書）。該文對新馬克思主義興起的背景、主要流派，馬克思異化論的主要內容，以及馬克思主義是不是人道主義的問題，進行了梳理和探討。此外，閻嘯平先生也在這一年出版《馬克思理論的詮釋——阿弘與阿圖塞的對話》[34]。作者在該書第四章「馬克思的哲學」中獨闢一節，討論阿弘與阿圖塞圍繞著《手稿》中的異化論所展開的爭論。1991 年，姜新立先生出版《新馬克思主義與當代理論》[35]，該書在新馬克思主義語境中，多處涉及了《手稿》中的異化論、人道主義和人的本質論等內容。同年，王振輝在《共黨問題研究》上發表〈試論馬克思人的概念和異化勞動概念〉，文章討論了《手稿》中馬克思對「人」和「異化勞動」的理解。石眞瑛也在《勞工之友雜誌》上發表論文〈馬克思之異化論的探討〉[36]。該文對馬克思異化論之緣起、理論淵源、主要內容和評價問題，進行了概括式論述。

　　1992 年，鄭學稼先生的遺著《青年馬克思》[37]出版。該書封面上寫道：「自 30 年代，青年馬克思的思想結晶《1844 年手稿》出土以來，其中的人道主義竟有如炸彈，炸毀了共產黨人花了半世紀建立起來的思想宮殿。本書是著名馬學學者鄭學稼學術生涯的最後力作，歷述馬克思從童年到 1844 年的生活境遇，並闡明了他這段時期的思想。」就目錄結構來看，該書的第二十章至第二十三章都是論述《手稿》內容的。這可以看作是對其 1972 年的文章〈論馬克思的異化說〉的豐富和延伸。同年，陳墇津先生出版《回向馬克思》[38]一書，

31 張守奎：〈臺灣的《1844 年經濟學哲學手稿》研究〉，《馬克思主義研究》（北京），第 9 期，2017 年。

32 蔡憲昌：〈馬克斯「異化論」之研究〉，《三民主義學報》，第 14 期，1990 年 7 月。

33 蔡憲昌：《馬克斯主義基本理論研究》，臺北：文景書局，1991 年。

34 閻嘯平：《馬克思理論的詮釋——阿弘與阿圖塞的對話》，臺北：桂冠圖書股份有限公司，1990 年。其中，「阿弘」大陸譯爲「阿隆」，「阿圖塞」大陸譯爲「阿爾都塞」。

35 姜新立：《新馬克思主義與當代理論》，臺北：結構群文化事業有限公司，1991 年。

36 石眞瑛：〈馬克思之異化論的探討〉，《勞工之友雜誌》，第 489、490 期，1991 年 9、10 月。

37 鄭學稼：《青年馬克思》，臺北：時報文化出版企業股份有限公司，1992 年。

38 陳墇津：《回向馬克思》，臺北：蒲公英出版社，1992 年。

該書在回顧馬克思主義傳播史和評述大陸「反對資產階級自由化」運動中，均多次涉及《手稿》中的異化論和與其相關的人道主義問題。1993 年，伍至學在《哲學與文化》上發表〈從兩種「交換」機制論馬克思的異化論〉[39]。該文透過區分「對象化之交換機制」與「異化之交換機制」，從「主體」、「客體」以及「主體與客體之關係」三個層面對馬克思的異化論進行了深入探討。同年，陳繼法在《復興崗學報》上發表論文〈馬克思《巴黎手稿》與中國大陸美學的蛻變〉[40]。文章對大陸 1980 年代由《手稿》引發的關於人道主義爭論對美學的影響進行梳理和闡釋，認爲中國大陸美學經歷從「見物不見人的美學」到「以人學爲內涵的美學」的蛻變。也是在這一年，臺灣中央警察大學行政警察研究所的黃玫琪發表了碩士論文〈中共社會主義異化之研究〉（指導教授：高哲翰）。

鄭學稼著《青年馬克思》，時報文化出版企業股份有限公司，1992

　　1994 年，臺北遠流出版事業股份有限公司出版了彼得‧林德（Peter Lind）所著《馬庫色的自由理論》[41] 的中文繁體字譯本。該書的許多章節都與

39 伍至學：〈從兩種「交換」機制論馬克思的異化論〉，《哲學與文化》，第 20 卷第 8 期，1993 年 8 月。

40 陳繼法：〈馬克思《巴黎手稿》與中國大陸美學的蛻變〉，《復興崗學報》，第 49 期，1993 年 6 月。

41 Peter Lind：《馬庫色的自由理論》，關向光譯，臺北：遠流出版事業股份有限公司，

《手稿》的內容相關，尤其是第三章中的「馬庫色與《1844 年手稿》」、「從具體的哲學到異化勞動」與第四章中的「異化的超越與眞正的客體化」，更是探討馬庫塞（大陸譯爲「馬爾庫塞」）1930 年代初如何借用馬克思《手稿》中的相關內容，實現對海德格爾存在主義現象學的改造，以及對資本主義現實社會境況的批判。1996 年，國立臺灣大學社會學研究所的應靜海發表碩士論文〈評析柯列悌（科萊蒂）之新馬克思主義——對「科學」和「異化」之詮釋〉（指導教授：洪鎌德）。論文對義大利實證主義馬克思主義學派代表科萊蒂（Lucio Colletti）關於「科學」與「異化」問題的理解展開闡釋。其中，第四章「柯列悌（科萊蒂）對馬克思的異化理論之探討」，直接涉及了《手稿》中的異化論之內容的闡釋與評價問題。1997 年，洪鎌德先生出版《馬克思》與《馬克思社會學說之析評》兩書[42]。其中，前書不僅簡略地涉及《手稿》的來源考釋，還探討了其中的人性論和異化論主題；後書在論及馬克思的人性論和社群觀時，也曾關涉《手稿》中的內容。同年，姜新立出版了由其編著的《分析馬克思：馬克思主義理論典範的反思》[43]，該書透過譯介國際知名學者阿維內里（S. Avineri）的觀點，在第四章討論了《手稿》中的異化、財產和分工等問題。1998 年，洪鎌德在《中山學術論叢》上發表〈自由的坎坷路——青年馬克思的異化論及其詮釋〉[44] 一文，從作爲「自我實現」的自由與「自我增益的異化」之向度，對以《手稿》爲中心的青年馬克思的異化論進行了重讀與再釋。

　　進入新世紀以來，臺灣對《手稿》的研究已不像 1980 年代中後期和 1990 年代初葉那樣繁盛，但相應的研究也未停滯。2000 年，洪鎌德先生出版《人的解放——21 世紀馬克思學說新探》[45] 一書。該書在把馬克思思想定位爲「關於實現人的解放和自由之理論」的基礎上，多個章節具體闡釋時都涉及《手稿》內容。其中，尤其以第三章「青年馬克思論異化和自由」對《手稿》內容

1994 年。其中，「馬庫色」即「馬庫塞」。

[42] 洪鎌德：《馬克思》，臺北：東大圖書公司，1997 年；洪鎌德：《馬克思社會學說之評析》，臺北：揚智文化，1997 年。

[43] 姜新立編著：《分析馬克思：馬克思主義理論典範的反思》，臺北：五南圖書出版股份有限公司，1997 年。

[44] 洪鎌德：〈自由的坎坷路——青年馬克思的異化論及其詮釋〉，《中山學術論叢》，第 16 卷，1998 年 6 月。

[45] 洪鎌德：《人的解放——21 世紀馬克思學說新探》，臺北：揚智文化，2000 年。

的討論最爲集中。同年，臺灣國立中山大學中山學術研究院的張志雄，發表了博士論文〈從文化調和論儒家與青年馬克思的人本思想〉（指導教授：魏萼），其中第五章探討了《手稿》中的人本思想。2001 年，楊世雄教授出版《馬克思的經濟哲學——中共的社會主義市場經濟》[46] 一書。該書第六章中的「馬克思的經濟哲學」和第七章中的「馬克思人性論的批判和反省」以及「揚棄私有財產權的批判性反省」，都不同程度地對《手稿》中的異化論和私有財產批判問題進行了闡釋。同年，黃瑞祺出版《馬學與現代性》[47]，該書在現代性語境中對馬克思的相關思想進行了闡釋。尤其是書中論述馬克思對現代性之病態與危機的診斷時，直接涉及了《手稿》中的異化理論，並把其把握爲馬克思展開現代性批判的典型形式。2005 年，天主教輔仁大學宗教學系的莊明政發表碩士論文〈青年馬克思貨幣哲學研究〉（指導教授：洪鎌德）。論文對《手稿》中的金錢（貨幣）異化思想進行了探討。2007 年，黃瑞祺與黃之棟在《國家發展研究》上發表〈一八四四年經濟學哲學手稿中的生態視角〉[48]，該文經由生態學所揭示的關係主義視角，回顧和挖掘了《手稿》中的生態學蘊義，並在梳理《手稿》中展現的人與自然間關係的基礎上，企圖對馬克思的思想進行重新定位。同年，洪鎌德先生出版《從唯心到唯物——黑格爾哲學對馬克思主義的衝擊》[49] 一書。該書內容既涉及對《手稿》文本的直接解讀和評析，也涉及追溯《手稿》相關內容的黑格爾淵源和依據，相關主題基本上都是在與黑格爾哲學，尤其是黑格爾《精神現象學》中的「勞動」和「外化論」的關聯和比較中展開的。

　　2010 年，孫中興出版《馬克思「異化勞動」的異話》[50]。這是新世紀以來臺灣出版的唯一研究《手稿》的專著，儘管該書篇幅不長。同年，洪鎌德先生出版《馬克思的思想之生成與演變——略談對運動哲學的啓示》[51] 一書。在該書

46 楊世雄：《馬克思的經濟哲學——中共的社會主義市場經濟》，臺北：五南圖書出版股份有限公司，2001 年。

47 黃瑞祺：《馬學與現代性》，臺北：允晨文化實業股份有限公司，2001 年。

48 黃瑞祺、黃之棟：〈一八四四年經濟學哲學手稿中的生態視角〉，《國家發展研究》，第 6 卷第 2 期，2007 年 6 月，第 171-194 頁。

49 洪鎌德：《從唯心到唯物——黑格爾哲學對馬克思主義的衝擊》，臺北：人本自然文化事業有限公司，2007 年。

50 孫中興：《馬克思「異化勞動」的異話》，臺北：群學出版有限公司，2010 年。

51 洪鎌德：《馬克思的思想之生成與演變——略談對運動哲學的啓示》，臺北：五南圖

中，洪先生繼續沿著新世紀以來其研究《手稿》的特點，即重點挖掘《手稿》中黑格爾思想資源向前推進。2013 年，黃瑞祺與黃之棟出版合著《綠色馬克思主義的形塑軌跡》[52]。該書的第一章「青年馬克思的自然主義理路和勞動辯證法：《1844 年經濟學哲學手稿》的生態視角」、第四章「勞動論爭之闡明」以及「結論：綠色馬克思主義的抽象和具體」，涉及《手稿》中的人與自然關係、對象化活動、人道主義與自然主義的統一等問題。2015 年臺灣中山醫學大學醫學社會暨社會工作學系的張裕堂發表了碩士論文〈《1844 年經濟學哲學手稿》中的亞當・斯密〉（指導教授：黃敏原）。其在文本學語境中，探討了《手稿》中馬克思對亞當・斯密的批判。2016 年，臺灣暖暖書屋文化事業股份有限公司出版了李中文翻譯的《手稿》繁體字中譯本[53]。該譯本，是目前爲止臺灣自主翻譯的第一個《手稿》中譯本。相較於先前臺灣對《手稿》的節譯或轉引，該譯本的最大特點在於它不僅把「詹姆斯・穆勒的《政治經濟學原理》摘要」作爲附錄翻譯了出來，還對譯文中的一些關鍵字以加括弧的形式給出了相應的德文詞[54]。2018 年，科拉科夫斯基三卷本的《馬克思主義主要流派：興起、發展與崩解》[55] 繁體字譯本出版。書中對青年馬克思思想的梳理，以及對西方馬克思主義興起和走向衰落過程的分析，都把《手稿》的出版和內容作

書出版股份有限公司，2010 年。

52 黃瑞祺、黃之棟：《綠色馬克思主義的形塑軌跡》，臺北：碩亞數碼科技有限公司，2013 年。

53 卡爾・馬克思：《一八四四年經濟學哲學手稿》，李中文譯，臺北：暖暖書屋文化事業股份有限公司，2016 年。

54 參見張宇奎：〈臺灣的《1844 年經濟學哲學手稿》研究〉，《馬克思主義研究》（北京），第 9 期，2017 年。應當指出，在寫作〈臺灣的《1844 年經濟學哲學手稿》研究〉一文時，由於筆者所做的工作不夠細緻，沒有對 1990 年時報文化出版企業股份有限公司出版的所謂「伊海宇譯」的《手稿》進行仔細考證，從而沒有發現該譯本實際上直接抄襲自大陸人民出版社 1985 年版的《馬克思 1844 年經濟學哲學手稿》的事實。因此，在那篇文章中，筆者斷定「伊海宇譯本」是臺灣第一個自主翻譯的繁體字《手稿》中譯本，相應地，「李中文譯本」則是「《手稿》的最新譯本，這也是目前爲止臺灣自主翻譯的第二個《手稿》中譯本」。但事實上，由於「伊海宇譯本」根本就不存在，所以，「李中文譯本」才應該是目前爲止臺灣自主翻譯的第一個《手稿》中譯本。

55 萊謝克・科拉科夫斯基（Leszek Kolakowski）：《馬克思主義主要流派：興起、發展與崩解》，馬元德等譯，臺北：聯經出版事業公司，2018 年。

爲闡釋之重點。同年，萬毓澤出版《你不知道的馬克思：精選原典，理解資本主義，尋找改造社會的動力》[56] 一書，該書選摘了《手稿》中論述人與自然關係、人的異化、共產主義等主題的段落，並給予相應闡釋。

李中文譯的《一八四四年經濟學哲學手稿》，暖暖書屋文化事業股份有限公司，2016

　　此外，自 1970 年代末以來出版的與馬克思主義相關的譯著，以及大陸學者在臺灣出版的馬克思主義研究專著，也有多部涉及《手稿》內容，尤其是其中的異化論和人道主義主題。其中，前者尤其以由知名學者沈起予主編的新馬克思主義和馬克思學叢書系列中的如下這些著作，曾不同程度地涉及《手稿》內容：柯林尼可斯的《阿圖塞的馬克思主義》[57]、科拉柯夫斯基的《馬克思主義的主流》（一）[58]、New Left Review 編的《西方馬克思主義批判文選》[59]、阿圖塞的《自我批評論文集》、《自我批評論文集（補卷）》和《保衛馬克思》[60]、盧

56 萬毓澤：《你不知道的馬克思：精選原典，理解資本主義，尋找改造社會的動力》，新北：木馬文化事業股份有限公司，2018 年。

57 柯林尼可斯：《阿圖塞的馬克思主義》，杜章智譯，臺北：遠流出版事業股份有限公司，1990 年。

58 科拉柯夫斯基：《馬克思主義的主流》（一），馬元德譯，臺北：遠流出版事業股份有限公司，1992 年。

59 New Left Review 編：《西方馬克思主義批判文選》，徐平譯，臺北：遠流出版事業股份有限公司，1994 年。

60 阿圖塞：《自我批評論文集》，杜章智、沈起予譯，臺北：遠流出版事業股份有限公

卡奇的《列寧——關於列寧思想統一性的研究》[61] 等等。臺北結構群文化事業
有限公司曾出版盧卡奇的《歷史與階級意識：馬克思主義辯證法研究》[62]、施密
特（Alfred Schmidt）的《馬克思的自然概念》[63]，臺北嵩山出版社出版胡克（Dr.
Sidney Hook）等人的《關於新馬克思主義》[64]，巨流圖書公司亦出版湯瑪斯‧索
維爾（Thomas Sowell）的《馬克思學說導論——哲學與經濟學》[65]。這些西方馬
克思主義、新馬克思主義或與其相關的代表性著作，一定意義上，都曾不同程
度地參與了《手稿》出版以來所引發的西方學界關於馬克思主義與人道主義之
關係問題的爭論。因此，它們的被翻譯和公開出版，對於推動《手稿》相關內
容在臺灣的傳播，以及激發學者們的研究熱情，無疑起到了積極的促進作用。

　　除此之外，臺灣社會學領域的相關研究和譯介成果，對於推動新馬克思主
義以及《手稿》中的現代性批判思想在臺灣的傳播，也起到了重要作用。有學
者甚至認為，1980 年代臺灣一度盛行的「新馬克思主義熱」，首先是由社會
學界的高承恕、葉啓政與洪鎌德等人在 1970 年代末和 1980 年代初把其從國外
帶入臺灣的。此種說法儘管未必完全可靠，但由於西方新馬克思主義者中的多
數都曾長期就職於社會學研究機構，而像高承恕、葉啓政與洪鎌德這樣的臺灣
社會學者，均較早在外國取得博士學位，由最初研究馬克斯‧韋伯延伸到關注
法蘭克福學派的社會批判理論，他們憑藉在國外接受的較為系統的專業知識訓
練和較高的外語水準，能夠很容易地把新馬克思主義知識譯介到臺灣。其中，
特別是洪鎌德，自 1967 年從奧地利維也納大學取得博士學位後，便先後訪學
與任教於哈佛大學、加利福尼亞大學伯克萊分校、倫敦政治經濟學院、德國慕

　　司，1990 年；《自我批評論文集（補卷）》，林泣明、許俊達譯，臺北：遠流出版事
　　業股份有限公司，1991 年；《保衛馬克思》，陳璋津譯，臺北：遠流出版事業股份有
　　限公司，1995 年。

61 盧卡奇：《列寧——關於列寧思想統一性的研究》，張翼星譯，臺北：遠流出版事業
　　股份有限公司，1991 年。

62 盧卡奇：《歷史與階級意識：馬克思主義辯證法研究》，黃丘隆譯，臺北：結構群文
　　化事業有限公司，1989 年。

63 施密特：《馬克思的自然概念》，臺北：結構群文化事業有限公司，1989 年。該書實
　　際上係盜刷大陸譯本。

64 胡克等：《關於新馬克思主義》，臺北：嵩山出版社，1988 年。

65 湯瑪斯‧索維爾：《馬克思學說導論——哲學與經濟學》，蔡伸章譯，臺北：巨流圖
　　書公司，1993 年。

尼黑大學、國立新加坡大學和南洋大學等高校，直到 1992 年完全回歸臺灣，
擔任臺灣大學三民主義研究所教授，一定意義上可以說扮演著溝通臺灣與西方
學界之橋梁角色。並且，在此期間，洪先生還兼任臺灣大學社會學系客座教授
（自 1976 年始），淡江大學、輔仁大學與東吳大學等臺灣高校的兼職教授，
以及廣州中山大學、廈門大學、北京大學、中國人民大學與復旦大學等大陸高
校的客座教授（自 1989 年始）。1970 年代至 1990 年代臺灣出版的社會學作
品，如高承恕著《韋伯論「理性化」與資本主義之發展》（臺中：東海法學院，
1984 年）和《理性化與資本主義》（臺北：聯經出版公司，1988 年），葉啓
政著／編《理想與現實：對當前問題的一些看法》（臺北：時報文化出版企業
股份有限公司，1983 年）和《當代西方思想先河：十九世紀的思想家》（臺
北：正中書局，1991 年），以及洪鎌德著《現代社會學導論》（臺北：臺灣
商務印書館，1972 年）、《社會科學與現代社會》（臺北：牧童出版事業公
司，1976 年）、《馬克思與社會學》（臺北：遠景出版事業有限公司，1983
年）、《馬克思社會學說之評析》（臺北：揚智文化，1997 年）和《從韋伯
看馬克思：現代兩大思想家的對壘》（臺北：揚智文化，1999 年）等[66]，更是
推動了臺灣的馬克斯‧韋伯研究熱，並延伸帶動新馬克思主義研究的盛行。在
這個意義上，臺灣早期的社會學界學者對推動新馬克思主義以及《手稿》在臺
灣的傳播，的確起到了相當重要的積極作用。

　　自 1980 年代以來，臺灣關於這方面的社會學譯作對推動《手稿》的傳播
亦扮演了重要角色。其中主要有：柯塞的《古典社會學理論──馬克思、涂爾
幹與韋伯》[67]、吉登斯的《資本主義與現代社會理論：馬克思‧涂爾幹‧韋伯》[68]、
莫里森（Ken Morrison）的《古典社會學巨擘：馬克思、涂爾幹、韋伯》[69]等，

66　洪鎌德對馬克斯‧韋伯及其與馬克思思想的傳承關係之興趣，始終不減。在舉世紀念
　　馬克斯‧韋伯百年冥誕之時，洪教授應香港中文大學中國文化研究所之邀請發表〈韋
　　伯國家觀的析評〉（《二十一世紀評論》，第 179 期，第 4-19 頁）。又於次年出版《韋
　　伯法政思想的評析》（臺北：五南圖書出版股份有限公司，2021 年）一書，推動臺灣
　　韋伯研究熱潮。

67　柯塞：《古典社會學理論──馬克思、涂爾幹與韋伯》，黃瑞祺、張維安譯，臺北：
　　桂冠圖書出版股份有限公司，1986 年。

68　吉登斯：《資本主義與現代社會理論：馬克思‧涂爾幹‧韋伯》，簡惠美譯，臺北：
　　遠流出版事業股份有限公司，1989 年。

69　Ken Morrison：《古典社會學巨擘：馬克思、涂爾幹、韋伯》，王佩迪、李旭騏、吳佳

它們對《手稿》中的異化論、人道主義等都有所涉獵。至於大陸學者在臺灣出版的與《手稿》內容相關的馬克思主義研究專著，也有多部。其中，尤其以楊適教授的《馬克思〈經濟學─哲學手稿〉述評》[70]、朱德生教授的《實踐、異化和人性》[71]、曹玉文教授的《西方馬克思主義探源》[72]、衣俊卿博士的《實踐派的探索與實踐哲學的述評》[73]和丁學良的《從「新馬」到韋伯》[74]，最具代表性。朱德生與曹玉文的上述作品，同時還是洪鎌德主編的「新馬克思主義評介叢書」中的一種。而楊適教授的《馬克思〈經濟學─哲學手稿〉述評》雖係臺灣地下出版機構盜版印刷的，且沒有明確的出版社和出版日期，但對臺灣學者理解和研究《手稿》內容起到了重要參考價值。例如，宋國誠和孫中興教授等人的相關研究成果，都在參考文獻中明確列出了該書。

第二節　《手稿》版本與特徵的探討

　　上文的概覽式梳理表明，自 1970 年代以來，臺灣有關《手稿》的研究成果相當豐富。在臺灣對馬克思《手稿》的較早研究者中，除了鄭學稼與胡秋原

綺譯，臺北：韋伯文化國際出版有限公司，2012 年。

[70] 楊適：《馬克思〈經濟學─哲學手稿〉述評》。該書封面黃色，字體黑色，全書沒有出版社和出版日期。經過比對，筆者判斷該書是臺灣某地下出版機構對楊適教授 1982 年於人民出版社出版的《馬克思〈經濟學─哲學手稿〉述評》的盜刷，其盜刷的時間應該在 1985 年前後。因為，宋國誠 1987 年發表的博士論文曾參考過這個盜刷版。

[71] 朱德生：《實踐、異化和人性》，臺北：森大圖書有限公司，1991 年。

[72] 曹玉文：《西方馬克思主義探源》，臺北：森大圖書有限公司，1994 年。

[73] 衣俊卿：《實踐派的探索與實踐哲學的述評》，臺北：森大圖書有限公司，1990 年。

[74] 丁學良：《從「新馬」到韋伯》，臺北：聯經出版事業公司，1996 年。該書係作者原計畫在大陸出版的文集精選版，只是因緣際會先在臺灣出版了。書中的主要內容是作者 1980 年代參與大陸學界關於馬克思主義與異化和人道主義爭論的成果，主要包括：「馬克思怎樣看待人性？」、「馬克思的人道主義：兩種截然不同的解釋」、「馬克思與人道主義是一致的」、「馬克思論共產主義的目的就是為了人的全面自由的發展」、「從馬克思人性概念的歧義性看他與傳統人道主義的關係」、「馬克思的『人的全面發展觀』概覽」，以及「恢復馬克思主義關於人的社會性思想的本來面目」。

之外，洪鎌德當屬重要參與人之一，並且可能也是對馬克思異化論之主題關注
最爲持久者。早在 1979 年，當時尙在新加坡高校任教的洪鎌德就曾在胡秋原
主編的臺北《中華雜誌》上發表〈馬克思《一八四四年經濟學哲學手稿》的版
本與特徵〉[75] 一文。之後，他在專著《馬克思與社會學》、《傳統與反叛》、
《人的解放》、《從唯心到唯物》、《馬克思的思想之生成與演變》和《個人
與社會》[76] 中，對《手稿》尤其是其中的異化論之內容都有過較爲深入和細緻
的分析與探討。洪先生有關《手稿》研究之特點在於，強調西方「馬克思學」
方法的重要性，突出《手稿》時期馬克思思想的黑格爾淵源，注重挖掘其中的
人本主義取向與人類解放情懷。

　　在 1979 年發表的〈馬克思《一八四四年經濟學哲學手稿》的版本與特徵〉
一文中，洪鎌德先生基於自己精通多種外文（尤其是德文與英文）和身處海外
蒐集資料便利的優勢，對《手稿》原文與外文譯文的各種版本進行了概覽式梳
理與介紹，並對《手稿》總體內容的大致狀況及其所體現出來的馬克思青年時
期思想之特徵，進行了初步概括。

　　在《手稿》的原文版本方面，洪鎌德不僅交代了《手稿》的出版經過，
以及 1980 年之前德語世界收錄《手稿》的各種版本狀況，還對梁贊諾夫所編
輯《手稿》的貢獻和缺陷進行了指認。他說：「李阿查諾夫（即梁贊諾夫）
編輯馬恩著作極爲認眞與辛苦。特別是馬克思原稿係手抄本，其文字相當潦
草，句子結構時欠完整，所以辨認上發生諸多困難。例如馬克思寫上 Genuss
（享受、悅樂）被李氏誤爲 Geist（精神、心靈），直至最近才被改正過來」[77]。
在《手稿》翻譯版本方面，洪先生對 1956 年俄文譯本的特點，1960 年莫斯科

---

[75] 洪鎌德：〈馬克思《一八四四年經濟學哲學手稿》的版本與特徵〉，《中華雜誌》，
　　第 17 卷第 195 期，1979 年 10 月，第 24-27 頁。

[76] 洪鎌德：《馬克思與社會學》，臺北：遠景出版事業有限公司，1983 年；《傳統與反
　　叛——青年馬克思思想的探索》，臺北：臺灣商務印書館，1986 年；《人的解放——
　　21 世紀馬克思學說新探》，臺北：揚智文化，2000 年；《從唯心到唯物——黑格爾
　　哲學對馬克思主義的衝擊》，臺北：人本自然文化事業有限公司，2007 年；《馬克思
　　的思想之生成與演變——略談對運動哲學的啓示》，臺北：五南圖書出版股份有限公
　　司，2010 年；《個人與社會——馬克思人性論與社會觀的析評》，臺北：五南圖書出
　　版股份有限公司，2014 年。

[77] 洪鎌德：〈馬克思《一八四四年經濟學哲學手稿》的版本與特徵〉，《中華雜誌》，
　　第 17 卷第 195 期，1979 年 10 月。

外國文出版局出版的米利根（Martin Milligan）英譯本，與在此基礎上由史都克（Dirk J. Struik）訂正後於 1964 年在紐約出版的修訂版英譯本，以及 1961 年博托莫爾教授英譯本等進行了介紹。此外，他還提到了三種「至少在臺灣不易覓到」的英文節譯本：「第一是易士敦（Loyd D. Easton）與古達特（Kurt H. Guddat）兩人共編的《青年馬克思有關哲學與社會的作品》（*Writings of the Young Marx on Philosophy and Society*），1967 年由紐約花園市的雙日出版公司（Doubleday）刊行，爲目前英語國家最流行普及版本。主要取材自藍子胡德（即朗茲胡特——引者注）文原本。第二爲李文士敦（Rodney Livingstone）與卜通（Gregor Benton）合譯的馬克思《早年著作》（*Early Writings*）由企鵝（Penguin, Harmondsworth, Middlesex）出版社列入《塘鵝馬克思文庫》（*Pelican Marx Library*）叢書之一，該書有柯列悌（Lucio Colletti，即科萊蒂——筆者注）的長序，極具參考價值。第三爲英國年輕學人麥列連（David McLellan，即麥克萊倫——筆者注）所譯馬克思《早年文錄》（Karl Marx, *Early Texts*, Oxford, 1971）及馬克思《文選》（*Selected Writings*, Oxford, 1977），皆摘錄馬克思《一八四四年經濟學哲學手稿》」[78]。

《巴黎手稿》「原始順序版」

---

[78] 洪鎌德：〈馬克思《一八四四年經濟學哲學手稿》的版本與特徵〉，《中華雜誌》，第 17 卷第 195 期，1979 年 10 月。

　　在西方學界對《手稿》的評論方面，洪鎌德分別就德文、英文、法文和波蘭文世界中的布魯爾（K. H. Breuer）指出馬克思青年時期是如何經由德國古典哲學走向共產主義道路的）、弗利德里希（M. Friedrich）（圍繞著《手稿》討論青年馬克思對哲學與經濟的看法）、蒂爾（E. Thier）（以馬克思早期的人性觀討論人的異化問題）、塔克爾（Robert C. Tucker）（其《馬克思的哲學與神話》一書第三部分對《手稿》的探討）、卡門卡（Eugene Kamenka，《馬克思主義的倫理基礎》）、奧爾曼（Bertell Ollman，《異化》）、阿圖塞（Louis Althusser，《保衛馬克思》）、嘉爾維（Jean-Yves Calvez，《馬克思的思想》）以及沙夫（Adam Schaff，《馬克思主義與人類個體》）涉及《手稿》內容的評論部分，進行了粗略的勾勒。在原稿的特徵方面，洪先生對《手稿》的總體特徵以及各部分的特點進行了交代。比如，在總體特徵方面，他說：「馬克思《一八四四年經濟學哲學手稿》並非完整，且有部分稿件只具初稿的形式，馬氏初無發表刊行的意思。手抄原稿共分三部分，也可說是三份稿件。每一部分自附頁碼，以羅馬數目字標明。」就各部分來看，他尤其認為：第一手稿中的「外化的勞動」章節，「具有緒論與引導的性質」[79]。

　　總體上看，由於這篇文章主要是介紹《手稿》的「版本與特徵」，並沒有體現太多洪鎌德本人對《手稿》具體內容如何評價的看法，他只是總結性地說：「由這三份稿件與評述黑格爾哲學的附錄，可知《巴黎手稿》並未終卷完成，再加上第二稿件遺失不少頁數，所以遲遲未能出版。其情形與馬恩兩氏 1845-1846 年合寫的《德意志觀念形態》（*Die deutsche Ideologie*，即《德意志意識形態》——引者注）一樣，該長篇著作也在馬恩生前未獲付梓出版。但對兩位作者而言，他們卻藉此機會澄清一些觀念，達到『自我理解』（*Selbstverständigung*）的目的」[80]。並且，就術語的使用方面來看，這篇文章中尚未出現「異化」字樣。凡涉及現在所說的「異化」一詞，洪先生基本上使用的是「外化」。儘管如此，這篇文章足以表明洪鎌德先生是臺灣較早介入《手稿》研究的學者之一。至於對《手稿》具體內容的評價，則體現在洪鎌德之後相繼出版和發表的《馬克思與社會學》（1983）、《傳統與反叛——青

---

[79] 洪鎌德：〈馬克思《一八四四年經濟學哲學手稿》的版本與特徵〉，《中華雜誌》，第 17 卷第 195 期，1979 年 10 月。

[80] 洪鎌德：〈馬克思《一八四四年經濟學哲學手稿》的版本與特徵〉，《中華雜誌》，第 17 卷第 195 期，1979 年 10 月。

年馬克思思想的探索》（1986）、〈自由的坎坷路——青年馬克思的異化論及其詮釋〉（1998）、《人的解放——21世紀馬克思學說新探》（2000）、《從唯心到唯物——黑格爾哲學對馬克思主義的衝擊》（2007）、《馬克思的思想之生成與演變——略談對運動哲學的啓示》（2010）、《個人與社會——馬克思人性論與社群觀的析評》（2014）[81]和《馬克思與時代批判》（2018）之中。後續出版的這些作品表明，對《手稿》內容的關注，並非只是洪先生1980年代前後的一時興趣，而是幾乎貫穿其迄今爲止的全部研究過程。這也是筆者前文中把洪鎌德先生指認爲臺灣「對馬克思異化論主題關注最爲持久者」的主要原因。

第三節　《手稿》的社會學與思想史考察

　　洪鎌德先生早期對《手稿》研究的重要特點之一是，結合經典社會學家尤其是馬克斯·韋伯的相關思想，對其進行現代性解讀。同時，他也特別強調對青年馬克思的思想，尤其是《手稿》內容的理解，一定要結合整個馬克思主義思想形成史去把握。在這個意義上，我們有理由把其早期的《手稿》研究指認爲是一種社會學和思想史式的考察。

一、《馬克思與社會學》對《手稿》異化論的研究

　　洪先生涉及《手稿》內容研究的上述這些作品，大體上可以劃分爲兩個時期，即1987年解嚴之前的和1987年解嚴之後的。解嚴之前的作品主要有兩部，即《馬克思與社會學》和《傳統與反叛——青年馬克思思想的探索》。其中，在《馬克思與社會學》一書中涉及《手稿》內容的部分，集中在第二章第一節「人類在勞動中的自我外化說」、第六節「勞動外化說的批判」與第五章第七節「資本主義社會中人的異化」。這些內容主要圍繞著「異化勞動」展開，較少涉及《手稿》中的其他論題。

81　鑑於《個人與社會——馬克思人性論與社群觀的析評》（2014）基本上是其《人的解放——21世紀馬克思學說新探》（2000）一書的再版（其中只有兩章內容不同），故在後文的相關評論中，我將主要以前一本書爲主要依據。

洪鎌德著《馬克思與社會學》，遠景出版事業有限公司，1983

首先，洪鎌德指認了《手稿》中馬克思異化論的理論來源，即黑格爾的「人在勞動中的自我外化」思想與費爾巴哈的宗教異化論。黑格爾在《小邏輯》和《精神現象學》中都曾指出，人區別於其他動物的根本標誌在於「能思維」，即人是一種能思維的精神性存在物。人的這種「能思維」之所以成為區別於其他動物的標誌，是因為人能藉助思維的指導去從事勞動並克服自然的障礙，進而馴服自然，讓自然為滿足人類的需要服務。根據黑格爾，這種透過勞動改造和馴服自然的過程，實際上就是「經由勞動與有意識的觀察產品，人們逐漸意識到自己『精神性』的存在。換言之，人由於勞動而不斷意識到他作為人的本質，而變成自我意識的萬物之靈」[82]。可見，在黑格爾看來，勞動活動就是人的「思維」或「精神」以對象化（外化）的形式展開的過程。在這個意義上，勞動的外化或對象化顯然是對人類存在和本質力量的確證。馬克思早年是黑格爾思想的信奉者，其異化論受黑格爾勞動外化思想影響至深[83]。但馬克思自始至終又不完全是純正的黑格爾主義者，他對黑格爾思想始終堅持辯證的和批判的態度。正像洪先生所言：「馬克思一方面接受黑格爾這套人類

[82] 洪鎌德：《馬克思與社會學》，臺北：遠景出版事業有限公司，1983 年，第 23 頁。

[83] 在《手稿》中，馬克思曾把真正的勞動的對象化指認為「人的本質力量的新的證明和人的本質的新的充實」。參見《馬克思恩格斯全集》第 3 卷，北京：人民出版社，2002 年第 2 版，第 339 頁。《手稿》中的第三手稿「對黑格爾的辯證法和整個哲學的批判」，儘管外觀上呈現為批判黑格爾《精神現象學》中的辯證法和思辨哲學體系，但其過程實際上正是圍繞著絕對精神的外化展開的。在這個意義上，即便是對黑格爾絕對精神外化思想的批判，也是馬克思異化論受惠於黑格爾勞動外化思想影響的表現。

觀;他方面予以批判、揚棄,而推陳出新。像黑格爾一樣馬克思認爲人基本上乃爲『對象或目的物牽連的生物』(*Gegenständliches Wesen*,大陸學界通常譯爲『對象性的存在物』——筆者注),亦即一種必須藉本身的活動與行爲而造成的生物。不像其他動物,生作怎樣便永久怎樣,本身不知自己創作爲他所願意變成的事物。反之,人乃爲勞動的萬物之靈,爲依靠自己的勞動而創造自己的生物。有異於黑格爾的玄思與著重人的精神性,馬克思符合費爾巴哈的說法,認爲人乃爲具體的、感性的、活生生的生物,而非片面的、抽象的精神體」[84]。在《手稿》中,馬克思把這種「具體的、感性的和活生生」的人稱爲「完整的人」:「人以一種全面的方式,就是說,作爲一個總體的人(*Totaler Mensch*),占有自己的全面的本質。人對世界的任何一種**人的**關係——視覺、聽覺、嗅覺、味覺、觸覺、思維、直觀、情感、願望、活動、愛——總之,他的個體的一切器官,正像在形式上直接是社會的器官的那些器官一樣,[VII] 是通過自己的**對象性**關係,即通過自己**與對象的關係**而對對象的占有,

---

[84] 洪鎌德:《馬克思與社會學》,臺北:遠景出版事業有限公司,1983 年,第 23-24 頁。需要指出,「對象性」(*Gegenständliche*)這一概念在馬克思思想中占有十分重要的位置,說其是馬克思的最核心概念當不爲過。在《手稿》中馬克思認爲:「對象性的存在物進行對象性活動,如果它的本質規定中不包含對象性的東西,它就不進行對象性活動。它所以只創造或設定對象,因爲它是被對象設定的,因爲它本來就是自然界。因此,並不是它在設定這一行動中從自己的『純粹的活動』轉而創造對象,而是它的對象性的產物僅僅證實了它的對象性活動,證實了它的活動是對象性的自然存在物的活動。」(《馬克思恩格斯全集》第 3 卷,北京:人民出版社,2002 年第 2 版,第 324 頁)又說:「一個存在物如果在自身之外沒有自己的自然界,就不是自然存在物,就不能參加自然界的生活。一個存在物如果在自身之外沒有對象,就不是對象性的存在物。一個存在物如果本身不是第三存在物的對象,就沒有任何存在物作爲自己的對象,就是說,它沒有對象性的關係,它的存在就不是對象性的存在。[XXVII] 非對象性的存在物是**非存在物**(*Unwesen*)。」(同上,第 325 頁)「非對象性的存在物,是一種非現實的、非感性的、只是思想上的即只是想像出來的存在物,是抽象的東西。說一個東西是感性的即現實的,這是說,它是感覺的對象,是感性的對象,從而在自身之外有感性的對象,有自己感性的對象。說一個東西是感性的,是說它是受動的。」(同上,第 325-326 頁)正是基於此種理解,在 1845 年的〈關於費爾巴哈的提綱〉一文中,馬克思進而批判費爾巴哈「沒有把人的活動本身理解爲對象性的(*gegenständliche*)活動」。參見《馬克思恩格斯選集》第 1 卷,北京:人民出版社,2012 年第 3 版,第 133 頁。

對**人的現實**的占有；這些器官與對象的關係，是**人的現實的實現**（因此，正像人的**本質規定**和**活動**是多種多樣的一樣，人的現實也是多種多樣的），是人的**能動**和人的**受動**，因爲按人的方式來理解的受動，是人的一種自我享受」[85]。馬克思有關「完整的人」或「總體的人」的設想歷來被西方學者批評爲「烏托邦的想像」，但我們或許亦可以把其理解和把握爲他的理論預設與批判基點，正是基於這種「完整的人」之上，馬克思在《手稿》中展開對資本主義以及替資本主義制度合法性進行論證和辯護的國民經濟學的深度批評。就此而言，可以說「完整的人」或「總體的人」觀念是《手稿》中異化理論的規範性基礎，乃至是馬克思整個資本主義社會批判理論的規範性基礎。

其次，洪先生初步考察了《手稿》中異化論的內容。儘管理論上說人應該是「全面的人」、「完整的人」或「總體的人」，其在本質上應該多方面和多視角地對象化自身，把自己的各種潛能以對象化（外化）的方式綻放出來，從而使自己成爲一個「完整的人」，但在資本主義社會中，實際情況則剛好相反，大部分人根本不具備能夠實現成爲「完整的人」的現實條件。這主要表現爲人類的勞動遭受了異化。人必須透過從事勞動從而把自己的本質力量對象化到外在對象身上，方能確證自己的現實性這一點，決定了對象化相對於人而言是一種必需和必然。但在資本主義盛行的現代社會中，人類透過勞動所實現的對象化變成了其對象的喪失，而非對象的成全。換言之，他在勞動對象化的過程中不是確證了自己的現實性，而是感覺到現實性的喪失，感覺到非現實性。本來，勞動應該是人的生存之道與存在論（Ontology）證明，如今卻淪落爲勞動者僅僅用來維持生計的謀生手段。從而，原本能夠體現人的「自由自覺的」類本質的活動，卻被墮落或片面化爲工具性的勞動。這種異化勞動主要有四層意思：「第一，勞動者由其勞動產品中乖離；第二，工人自其勞動中外化（視勞動爲畏途，『在勞動外保有自己，在勞動中喪失自己』）；第三，在工資勞動中人的自我外化、喪失『種屬本質』；第四，人與人之間關係的外化，人對

---

[85] 《馬克思恩格斯全集》第 3 卷，北京：人民出版社，2002 年第 2 版，第 303 頁。把「*Totaler Mensch*」翻譯爲「總體的人」未必妥貼。因爲，在中文中「總體」是相對於「部分」而言的。但馬克思這裡是說人原本應該在各個方面、各個層次、各個向度都能得到發展和成全，而不能成爲後來馬庫塞所說的「單向度的人」或「片面發展的人」。在這個意義上，以「完整的人」或「全面的人」去翻譯「*Totaler Mensch*」可能更好。這裡「完整」或「全面」正是對應「片面」來說的。

其『種屬』的乖離，人與人之間相互成為手段而非目的」[86]。洪先生這裡所說的「乖離」即為「異化」，「種屬本質」即為「類本質」。基於對異化內容的上述理解，他進而指出，在馬克思語境中導致異化勞動產生的原因在於「生產資料的私人占有制」，即資本主義私有制[87]。而在資本主義私有制中，僱傭勞動制度（即工資勞動制度）又是其最重要組成部分，因此，異化之揚棄理應直接指向僱傭勞動或工資勞動及其建制。之所以如此，是因為「工資勞動並非真正的勞動，而是為維持人們軀殼存在的手段；它非生命的表現，而是生存需要」[88]。但揚棄異化，取消僱傭勞動或工資勞動制度，不是像黑格爾所說的那樣僅僅在思維中就能完成的，而是必須訴諸革命行動，「只有藉社會主義的革命與共產主義的實現，完人才能由理想而變成事實」[89]。總之，要揚棄異化，就必須對症下藥，針對其病源而發。「只有當具體的、感性的人群與生產共同體合一之時，亦即無產階級的社會出現之日，才是人類掙脫其鎖鏈、超越其外化，而獲得真正解放的時刻」[90]。

再次，洪鎌德整合西方學者的觀點對《手稿》中的異化論進行了總體評判。他首先指出，在思想史上，馬克思並不是揭示異化現象並對其進行理論化闡釋的第一人。費希特、黑格爾、布魯諾·鮑威爾與費爾巴哈均先於馬克思涉獵過異化現象問題[91]。但比較而言，馬克思把異化概念以及異化論由哲學的思辨領域轉到社會學的應用方面，「從而成為他有關人類學說最重要的論題」[92]。相較於黑格爾，馬克思雖然同樣使用了「異化」（外化）一詞，並認為人類的這種異化的發生源於「其所創造的世界」，但他不像黑格爾那樣把異化作哲學的或形而上學的理解，而是作社會學的把握。換言之，他認為所謂異化是指勞動者與資本主義的社會體系和經濟體系相疏離，是指私有財產關係和社會階級

---

86 洪鎌德：《馬克思與社會學》，臺北：遠景出版事業有限公司，1983 年，第 25 頁。
87 洪鎌德：《馬克思與社會學》，臺北：遠景出版事業有限公司，1983 年，第 24 頁。
88 洪鎌德：《馬克思與社會學》，臺北：遠景出版事業有限公司，1983 年，第 25 頁。
89 洪鎌德：《馬克思與社會學》，臺北：遠景出版事業有限公司，1983 年，第 25 頁。
90 洪鎌德：《馬克思與社會學》，臺北：遠景出版事業有限公司，1983 年，第 26 頁。
91 需要指出，洪先生認為「第一位討論這類問題的是費希德（費希特）」之看法有待商榷。因為，從思想史的角度看，早在中世紀的宗教神學中就已經出現關於「異化」的觀點，而學界通常認為是盧梭正式把其當作一個學術概念來運用和加以討論。因此，人們在「異化」概念的考據上，往往追蹤到盧梭。
92 洪鎌德：《馬克思與社會學》，臺北：遠景出版事業有限公司，1983 年，第 63 頁。

結構的異化。由於異化不是形而上學的認知或知識論的問題，而是社會實踐上的人類行動的問題，「在實踐的、現實的世界中，自我異化只有透過對他人的實踐的、現實的關係才能表現出來。異化藉以實現的手段本身就是實踐的」[93]。因此，超越或揚棄異化只能訴諸有意識地改變異化得以存在的環境，改變作爲異化立存根基的人類社會及其經濟建制，這正是 1845 年〈關於費爾巴哈的提綱〉一文所說的那句著名箴言，即「哲學家們只是以不同的方式**解釋**世界，問題在於**改變**世界」[94] 的眞正意涵。

洪鎌德著《人文思想與現代社會》，揚智文化，1997；《西方馬克思主義》，揚智文化，2004

　　基於這種理解之上，洪先生進而對西方學界關於成熟時期之後的馬克思是否放棄了異化論之爭論，發表了自己的看法。他認爲，馬克思由早期著作中頻繁使用異化概念到後期作品中逐漸減少甚至放棄使用之，其原因在於：「外化（異化）的現象附屬於資本主義社會經濟的形構裡頭，不需複述。只需把階級鬥爭、階級統治與資本主義的生產方式加以分析，則其內在矛盾以及勞動者的自外（異化）現象便已暴露無遺。在馬克思的晚年，他甚至懷疑外化現象是否隨私有財產與階級關係的消失而化除。在《資本論》第三卷最後幾章，馬克思認爲由於人不能不勞動，不能不工作，是以外化（異化）現象如影隨形，永

---

[93]《馬克思恩格斯全集》第 3 卷，北京：人民出版社，2002 年第 2 版，第 276 頁。
[94]《馬克思恩格斯選集》第 1 卷，北京：人民出版社，2012 年第 3 版，第 136 頁。

難驅盡」[95]。洪先生這種看法的難得之處在於，它簡單明瞭地指認了異化現象與資本主義生產方式和社會制度的內在同構性，認為只要資本主義生產方式和社會制度仍然存在，異化現象就必然產生。因此，馬克思晚期是否使用「異化」字眼無關緊要，重要的是他對資本主義生產方式和社會制度內在機制的揭露，本身就隱含著對異化論所揭示的那種「主客對立、反客為主的統治和被統治關係」之批判。只要有這樣的關係存在，只要馬克思在對這樣的關係進行實質性的理論批判，他本質上就是在以另一種方式闡釋異化論。但洪先生的此說也並非完美。

　　洪先生此說的後半部分，顯然有待商榷。筆者認為，洪先生之所以得出結論說：「在馬克思的晚年，他甚至懷疑外化現象是否隨私有財產與階級關係的消失而化除。在《資本論》第三卷最後幾章，馬克思認為由於人不能不勞動，不能不工作，是以外化（異化）現象如影隨形，永難驅盡。」主要是因為，他對「外化」概念的使用缺乏嚴格的界定，沒有像馬克思在《手稿》中那樣把「外化」（對象化）與「異化」明確區分開來[96]。他所使用的「外化」概念主要還是黑格爾意義上的，尚帶有太多「黑格爾的殘餘」。我們不否認在異化論上黑格爾對馬克思影響至深，但二人在此問題上又有原則性的區分。洪先生自己也承認這一點，但如何理解二人異化論上的區分，可能存在不同的把握向度。從《手稿》的相關論述看，「異化」與「外化」（對象化）的關係，就是十分重要的一個向度。

　　黑格爾與馬克思都認為，「外化」（對象化）是人的本質力量的展開和實現方式。差別只在於，黑格爾所理解的「人」是「自我意識」：「**人的本質，人，在黑格爾看來＝自我意識**」[97]，而馬克思理解的「人」則是「一個有生命的、自然的、具備並賦有對象性的即物質的本質力量的存在物」[98]，是「現實的、肉體的、站在堅實的呈圓形的地球上呼出和吸入一切自然力的人」[99]。但這種本體論上的差別也是最要命的。正像馬克思指出的那樣，由於黑格爾把「自我意識」或「絕對精神」「看成一切存在的惟一真正的活動和自我實現的活動，所

95　洪鎌德：《馬克思與社會學》，臺北：遠景出版事業有限公司，1983 年，第 64 頁。
96　《馬克思恩格斯全集》第 3 卷，北京：人民出版社，2002 第 2 版，第 321 頁。
97　《馬克思恩格斯全集》第 3 卷，北京：人民出版社，2002 年第 2 版，第 321 頁。
98　《馬克思恩格斯全集》第 3 卷，北京：人民出版社，2002 年第 2 版，第 323 頁。
99　《馬克思恩格斯全集》第 3 卷，北京：人民出版社，2002 年第 2 版，第 324 頁。

以他只是爲歷史的運動找到**抽象的、邏輯的、思辨的**表達，這種歷史還不是作爲一個當作前提的主體的人的**現實歷史**，而只是人的**產生的活動、人的形成的歷史**[100]。進一步說，當黑格爾把人等同於自我意識時，其所說的人的外化（異化）了的對象，人的外化（異化）了的本質現實性，實際上只能是意識自身，只能是外化（異化）的思想與抽象化了的因而是無內容的思想之非現實性的表現。「現實的人和現實的自然界不過是成爲這個隱蔽的非現實的人和這個非現實的自然界的謂語、象徵」[101]。可見，從本質上說，黑格爾的「外化」（對象化）仍然陷在意識的內在性之中，只是在意識內部的「旋轉」。從而，對黑格爾而言，「異化揚棄論」事實上已成爲不可能或只徒有其表，「外化的揚棄也不外是對這種無內容的抽象進行抽象的、無內容的揚棄」[102]。

　　總之，從後來的「異化論」視角看，在黑格爾那裡，「外化」與「異化」直接同一：「外化」等同於「異化」，反之亦然。但在馬克思那裡則截然不同。馬克思當然不否認「異化」是「外化」（對象化）的一個環節，但他亦認爲這是一個歷史性的非正常環節，是對象化身發展過程的異在形式或畸變。在馬克思看來，「異化」是歷史發展到一定階段的產物，而非自然性存在。只有當人類歷史發展到資本主義社會，出現典型的勞動與資本之間的對立、對抗關係時，異化現象才眞正出現。由於異化是一種歷史性的產物，其自身的存在也必然是歷史性的。就是說，它有自身產生、發展和消亡的過程。因此，當異化狀況發展到一定程度，異化之揚棄必定成爲歷史的必然。但倘若按照洪先生的說法，由於勞動與工作是人存在的方式，人不能不勞動，不能不工作，所以異化永遠無法消除。這就等於把異化當成一種永恆的自然性存在。實際上，馬克思言及「勞動」和「工作」時，在不同語境中其內涵會有很大的差異。大體上說，馬克思主要在兩種意義上使用它們。一種是在資本主義私有制語境下，所謂「勞動」和「工作」實際上指的是「異化勞動」、「僱傭勞動」和「非自願工作」；另一種是在其所設想的人類的未來社會即共產主義中，業已成爲了人的「第一生活需要」的「勞動」和自主自願的、標誌著人的本質力量自由綻放的「工作」。從洪先生的論述來看，馬克思於《資本論》第三卷最後幾章顯然是表現出了「異化揚棄」的悲觀論。但這恐怕是對馬克思思想的誤讀和誤解。

---

[100]《馬克思恩格斯全集》第 3 卷，北京：人民出版社，2002 年第 2 版，第 316 頁。
[101]《馬克思恩格斯全集》第 3 卷，北京：人民出版社，2002 年第 2 版，第 332 頁。
[102]《馬克思恩格斯全集》第 3 卷，北京：人民出版社，2002 年第 2 版，第 333 頁。

事實上，結合整個《資本論》及其思想總體來看，馬克思是說，在資本主義私有制尚未眞正被揚棄和克服的狀況下，勞動只能是僱傭勞動，工作也只能是被脅迫性的，但生活在這種社會狀況的人總要靠勞動和工作才能存活。因此，必然從屬於這種異化勞動的強制關係之中。在 1850 年之後，尤其是經歷了巴黎公社失敗，馬克思已充分認識到當時歐洲在短期內全面爆發無產階級革命運動可能性幾乎爲零。因此，工人階級肯定還會長期處於上述異化勞動的強制關係中。我們對洪先生所說的馬克思《資本論》第三卷最後幾章所表現出的「異化揚棄」悲觀論，也應該結合當時歐洲社會的這一實際情況來考慮。

洪鎌德著英文書，新加坡大學出版，1983；《社會學說與政治理論》，揚智文化，1998

　　最後，在《馬克思與社會學》第五章的第七節「資本主義社會中人的異化」中，洪鎌德先生不僅開始正式以「異化」這一術語來代替該書前半部分中占主導的「外化」、「疏離」概念，還以歷史的視野考察了異化生成的過程，以及異化勞動的四種表現形式的具體內容。他認爲，馬克思對人類社會的五種型態劃分，實際上正是「依據人類社會在漫長的歷史中所經歷的變化」，而這種「變化」主要與社會中「人的疏離、人的異化」與否相關。在馬克思區分的五種社會型態中，「除了原始與未來的共產主義之社會以外，剩下來的三種社

會中，人總是喪失自由，也喪失本體。這就是所謂人的疏離、人的異化」[103]。至於異化產生的原因，洪先生認爲主要是兩方面的：其一是「勞動分工」的出現，其二是私有財產制度的產生。前者指向生產方式，後者指向社會制度。結合這兩者並從人類社會更替的視角看，古典古代社會的生產方式爲「奴隸勞動」，社會生產和生活在奴隸主與奴隸嚴格的社會分工之間展開；及至中古時代，社會生產方式爲「農奴勞動」，生產和生活在地主與農奴嚴格的社會分工之間展開；到了現代資本主義社會，生產方式則是「工資勞動」或「僱傭勞動」，社會生產和生活變更爲在資本家與工人嚴格的社會分工之間展開。由此可見，原本應該是作爲人的本質力量之確證的「勞動」，在不同的社會型態有不同的存在樣式。但無論其存在樣式如何變化，從本質上說這三種勞動都不是人自發、自覺和自願的勞動，而是「被強迫、違反人本身意志的操勞苦工」。因此，在這三種社會型態中生存的，「都是疏離的人、異化的人」[104]。在這三種異化社會狀態中，尤其以資本主義社會中遭受的異化程度最深。原因在於，在這種社會下，不論是工人還是資本家，都處於「非人爲力量的控制之下」。這尤其通過三個向度體現出來：一是人與勞動活動本身分離，即個人與其生命活動脫節；二是人與其勞動產品分離，即個人與其所處的物質世界分家；三是人與其他人相異化，即人與人之間關係的疏離。

　　具體來說，資本主義社會中人所遭受的異化現象可以從四個方面來討論，即人與生產活動相異化、人與其自己的勞動產品相異化、人與他人相異化、人與其類本質相異化[105]。資本主義社會中人的異化，首先表現在其勞動活動本身就是異化的、與其對立的。原本勞動應該是工人內在本質力量的體現和確證，他們在勞動中應該能夠感覺到享受和安逸，體會到愉悅和快樂，但在資本主義生產資料歸資本家所有的情況下，工人在勞動中體會到的卻是無聊、乏味和痛苦。他們只有在不勞動時才會體會到快樂，且一旦有機會就像逃避瘟疫一樣逃避勞動。就此而言，可以說資本主義社會中的勞動活動本身發生了異化。資本主義社會中工人遭受異化的第二個方面體現爲，他們與自己的勞動產品相異化。在資本主義社會中，工人生產出來的勞動產品不屬於自己所有，而歸屬於

---

103 洪鎌德：《馬克思與社會學》，臺北：遠景出版事業有限公司，1983 年，第 127 頁。
104 洪鎌德：《馬克思與社會學》，臺北：遠景出版事業有限公司，1983 年，第 128 頁。
105 對照馬克思本人的論述可以發現，洪先生顛倒了《手稿》中異化勞動四種表現中的第一種與第二種之順序。

資本家。所謂勞動產品與工人相異化，是說其生產出來的產品不僅成為一種外在於他們之外的存在而無法享用，還成為一種外在的強迫性力量來對抗之。他們生產的東西越多，與其相敵視、相對抗的力量就越大。由此，人被產品所主宰，「人成為產品的附屬，人變成物，或稱人的物化（*Verdinglichung*）」[106]。資本主義社會中異化的第三種表現是人與人之間的異化。馬克思認為，人是社會性的存在，人與自身的關係只有透過與其他人的關係才能體現出來。既然在資本主義社會中，人的勞動產品變成了敵對他、壓迫他的外在力量，那麼，這無異於說擁有這些產品的人同樣成了敵對和壓迫工人的外在力量。正像洪先生說的那樣：「工人產品之具有敵對性，是由於產品隸屬於資本家之故，而後者的利益剛好與工人的利益相反。不僅工人與資本家彼此疏離敵對，就是工人與工人之間，或資本家與資本家之間，也為了爭取工作與利潤而相互競爭，其關係也是疏離的、異化的」[107]。資本主導的社會下，人所遭致異化的第四種表現形式為人與其類本質相異化，「這是指個人與人類全體的不協調、不一致而言」。所謂人的「類本質」，不僅是指人是群體性動物，要過群居性生活，更是指向其所從事的「自由的有意識的活動」[108]，即勞動。正是通過訴諸這種自由自覺的活動或勞動去改造世界，「人才真正地證明自己是類存在物」[109]。但在資本主義下，這種原本是體現個人本質力量的自由自覺的活動、勞動，卻被貶低為純粹賺取工資的手段，異化勞動把人的類本質貶損到只是滿足肉體存活工具的地步。

上述是資本主義下異化勞動的四種表現形式。但理論界對這個問題的認知是存在爭議的，爭議的焦點集中在馬克思《手稿》中論及的到底是四種異化樣式，還是同一種異化的四種表現形式？有學者支援前者，但大多數是贊成後者。就這一問題來看，洪先生顯得有點搖擺。他一會說「在資本主義社會中，人的異化或疏離可分成四方面來探討」，一會又說這是四種異化形式[110]。事實上，不論是將其把握為四種異化樣式，還是把握為同一種異化的四種表現形式，都不太妥貼。因為，根據《手稿》的具體論述可知，馬克思實際上是把它

---

106 洪鎌德：《馬克思與社會學》，臺北：遠景出版事業有限公司，1983 年，第 129 頁。

107 洪鎌德：《馬克思與社會學》，臺北：遠景出版事業有限公司，1983 年，第 130 頁。

108《馬克思恩格斯全集》第 3 卷，北京：人民出版社，2002 年第 2 版，第 273 頁。

109《馬克思恩格斯全集》第 3 卷，北京：人民出版社，2002 年第 2 版，第 274 頁。

110 洪鎌德：《馬克思與社會學》，臺北：遠景出版事業有限公司，1983 年，第 129-130 頁。

們把握為異化勞動的四個「規定」[111]。這直接意味著，在馬克思看來，它們都是異化勞動的「內在規定」，是其內涵的四個向度。至於異化勞動的這四個規定或向度之間存在何種關係，洪先生認為，由於工人的勞動產品不屬於自己所有，而被資本家掌握和控制，因此，工人實際上被剝奪了存在，喪失了類本質。人與其勞動過程相異化，無異於人與其類本質相異化。這種異化進而還會延伸到人與人相異化。「由是可知馬克思所提第四種的異化，乃是上述三種異化的集其大成，累積聚合而成的現代人底困境」[112]。換言之，洪鎌德認為《手稿》中異化勞動之四種規定中的第四種，是由前三種直接推定出來的，是前三種規定的「集其大成，累積聚合」。這與後來孫中興教授的看法有高度的相似性，孫中興教授同樣認為，異化勞動的四種規定中，前三種是「因」，第四種是「果」，第四種是由前三種推導出來的[113]。

二、《傳統與反叛》對《手稿》內容的研究

如果說，在 1983 年《馬克思與社會學》中，洪鎌德還只是在社會學語境中「順帶」探討了《手稿》中異化論的話，那麼，其於 1986 年出版的《傳統與反叛》一書，則在馬克思早期思想發展脈絡中較為集中和全面地探討了《手稿》的具體內容。之所以說其探討是「較為集中和全面地」，是因為該書涉及《手稿》的內容不再侷限於其中的「異化論」部分，而是包括「異化論」在內的哲學、經濟學、共產主義以及對黑格爾思辨哲學的批判等。從結構上來看，該書探討《手稿》內容的部分集中在第六章即「馬克思早期的經濟思想」中。此外，第二章「青年馬克思的哲學思想」中的第五節「巴黎手稿──經濟學哲學手稿」，以及第三章「青年馬克思的倫理思想」中的第六節「巴黎手稿所顯示的人本精神」，也從不同向度涉及到了《手稿》中的相關內容。

---

[111]《馬克思恩格斯全集》第 3 卷，北京：人民出版社，2002 年第 2 版，第 271-272 頁。

[112] 洪鎌德：《馬克思與社會學》，臺北：遠景出版事業有限公司，1983 年，第 130-131 頁。

[113] 孫中興：《馬克思「異化勞動」的異話》，臺北：群學出版有限公司，2010 年，第 104 頁。

洪鎌德著《傳統與反叛──青年馬克思思想的探索》，臺灣商務印書館，1986 初版，1997 二版

　　首先，洪鎌德從馬克思思想成長史角度，對巴黎時期的馬克思《手稿》內容進行了總體定位和評判。他認為，巴黎時期的手稿無疑「代表馬克思整個青年時代的大轉變。他也由哲學而轉向經濟學，並著手設計整套社會批判的構想。此一時期有關經濟學與社會學的分析，仍充滿哲學的意味。這是與馬氏後半生的著作非常不同之處。在他的社會批判中，彌漫著人文的關懷，特別是資本主義社會中人群的處境，成為他研究的焦點」[114]。洪先生對《手稿》的這種定位和評判無疑是較為準確和客觀的。即便放到當下，這種看法也並不過時。基於這種定位和評判，洪先生對《手稿》的內在結構及主要內容進行了概覽式論述。他認為《手稿》是馬克思第一部有關經濟思想的「論著」，儘管原稿並未完成。就內容來看，其中既融會了馬克思早期閱讀英國政治經濟學時的心得和摘錄，又批判性地吸納了費爾巴哈的人本主義與黑格爾的精神現象學。《手稿》之「目的在於批判市民階級體系及其經濟思想──市民階級的政治經濟學」[115]。從結構上看，《手稿》主要包括三個部分。其中，第一部分是最先完

---

[114] 洪鎌德：《傳統與反叛──青年馬克思思想的探索》，臺北：臺灣商務印書館，1986年，第 11 頁。

[115] 洪鎌德：《傳統與反叛──青年馬克思思想的探索》，臺北：臺灣商務印書館，1986

成的，在整個《手稿》中具有「緒論的性質」。就該部分的內容來看，馬克思的看法與英國古典政治經濟學家如斯密和李嘉圖的觀點「相互摻雜」，重點論述了資本與勞動的對立和鬥爭的情形，並探討了工人工資的實質與資本集中進一步加劇所帶來的無產階級隊伍的龐大。第二部分手稿強調資本與勞動對立和鬥爭的最終結果及其結論。第三部分手稿則圍繞著「私有財產與共產主義」主題展開討論，即論述私有財產與勞動、私有財產與共產主義的關係，以及貨幣在市民社會中的異化力量[116]。

　　洪先生認爲，《手稿》自始至終貫穿一個核心主題，即強調資本主義社會中「勞動的異化」或「勞動者的乖離」。馬克思對異化勞動的闡釋，是爲了揭示資本邏輯主導的社會中工人被奴役和被支配的悲慘狀況。如果說這主要是對資本主義現實社會症狀的「診斷」，那麼其未來發展的走勢和結果如何，以及該怎樣「治療」？這些都是要重點解決的問題。一種觀點認爲，馬克思的社會理論總體上重在「批判」而非「建設」，孫中山先生甚至把馬克思稱爲只是資本主義的「社會病理學家」，而非「社會生理學家」[117]。此說當然有部分道理，因爲，馬克思的理論的確以「批判」見長，他也明確說過新思潮的特點不在於預測未來，而在於批判舊世界中發現新世界[118]。但若因此斷定馬克思只重視「批判」，而沒有爲資本主義社會的病症開出「治療方案」則顯然是大錯特錯的。就《手稿》而言，異化勞動論之重點當然是要揭露與批判資本主義私有制下，工人被資本家主宰和統治的生存論狀況。但這只是馬克思理論上要做的初步工作，「揭露」與「批判」並非目的，而只是手段。透過「揭露」與「批判」喚醒工人階級的階級意識和階級自覺，進而發動推翻資本主義制度並獲取每個人的解放和自由全面發展才是眞正的目的[119]。所以，在《手稿》中馬克思並沒有僅僅滿足於異化論闡釋，而是在論證了異化勞動的四種表現形式後，進一步

年，第 19 頁。

[116] 洪鎌德：《傳統與反叛——青年馬克思思想的探索》，臺北：臺灣商務印書館，1986年，第 19 頁。

[117] 尚明軒主編：《孫中山全集》第 1 卷，北京：人民出版社，2015 年，第 485 頁。

[118] 馬克思的原話是：「新思潮的優點就恰恰在於我們不想教條式地預料未來，而只是希望在批判舊世界中發現新世界。」《馬克思恩格斯全集》第 1 卷，北京：人民出版社，1956 年第 1 版，第 416 頁。

[119] 張守奎、田啓波：〈資本邏輯批判及其限度——對當前學界以資本邏輯批判深化歷史唯物主義理解範式的反思〉，《學術研究》（廣州），第 9 期，2020 年。

探討「異化之揚棄」的可能性和條件。這主要表現為他對「共產主義與私有財產」關係的探討上。之所以如此，是因為在馬克思看來，「只有當真正而非粗鄙（粗陋）的共產主義實現之時，所有異化或乖離現象才能消除」[120]。

基於這種理解，馬克思探討了三種不同型態的共產主義在私有財產和異化之揚棄上的差別。他認為粗陋的共產主義「是否認個人人格，甚至是嫉妒與占有欲的變態」。因此，它企圖採取對財富進行絕對平均主義的方式，取消個人私有財產，讓大家「回到不自然的素樸貧窮裡」[121]。在這個意義上，粗陋的共產主義敵視現代文明，甚至主張以共妻制取代現代婚姻制度，這是共產主義的最初級表現形式。相較於第一種形式，共產主義的第二種表現形式在人的解放上是一大進步，但仍然受制於私有財產觀念的限制，並且還具有「政治性質」，不管是民主的抑或是專制的；它雖然主張廢除國家，但這一任務並未完成，依然處在私有財產即人的異化的影響之下。第三種表現形式是共產主義的高級形式，馬克思把其描述為「是**私有財產即人的自我異化的積極的**揚棄，因而是通過人並且為了人而對**人的**本質的真正**占有**；因此，它是人向自身、向**社會的**即合乎人性的人的復歸，這種復歸是完全的，自覺的和在以往發展的全部財富的範圍內生成的。這種共產主義，作為完成了的自然主義＝人道主義，而作為完成了的人道主義＝自然主義，它是人和自然界之間、人和人之間的矛盾的**真正解決**，是存在和本質、對象化和自我確證、自由和必然、個體和類之間的鬥爭的真正解決。它是歷史之謎的解答，而且知道自己就是這種解答」[122]。洪先

---

[120] 洪鎌德：《傳統與反叛——青年馬克思思想的探索》，臺北：臺灣商務印書館，1986年，第 20 頁。

[121] 洪鎌德：《傳統與反叛——青年馬克思思想的探索》，臺北：臺灣商務印書館，1986年，第 20 頁。

[122]《馬克思恩格斯全集》第 3 卷，北京：人民出版社，2002 年第 2 版，第 297 頁。洪鎌德把這段引文譯為：「……共產主義係針對私有財產而發，主張予以徹底取消。取消私有財產也等於取消了人類的自我異化，從而真正恢復為人的本質。這是人們完整與有意識的返回本我，使他回歸從前發展的富裕裡：人恢復其社會的，也即人的本性。共產主義一旦當作完成的自然主義，就無異為人本主義（Humanisus）。共產主義一旦當作完成的人本主義，就無異為自然主義（Naturalismus）。這是人與天爭以及人與人爭的真正解決。這是存在與本質鬥爭的解決，也是客觀化與自我肯定之爭的解除、自由與必需之爭的化除、個人與種屬之爭的消除。這是歷史之謎的解答，並且自知此為一解決之道。」參見洪鎌德：《傳統與反叛——青年馬克思思想的探索》，臺

生認為，這是馬克思第一次對共產主義公開表示好感，即把其自然化、人本化和人道化，之前他論及共產主義或社會主義時，都沒有給予正面的評價。馬克思之所以有這種看法上的改變，「仍應尋其根源於其人本主義的哲學觀——一種對人性自由的強烈要求、一種對人解放與回歸的嚮往。他主張人應從宗教、家庭、國家等社會制度裡解放出來，俾回歸到人的本質來——歸真返璞。這種回歸本質的人，將享有社會的人的特權，而其存在乃是社會存在」[123]。不過，洪先生認為《手稿》中所體現出來的這種共產主義之異化揚棄論，即這種有關人的解放、自由和審美活動內在相關的主張，顯然有浪漫主義和烏托邦化的嫌疑。馬克思這一思想是「受到日耳曼浪漫主義思潮的文藝觀所影響的。其中尤以席勒的美學，起著相當大的作用。此外，在巴黎停留期間，馬克思與詩人海涅，以及賀維格（Georg Herwegh, 1817-1875，也為黑格爾青年門徒之一）的交遊，耳濡目染深受他們詩與文學的涵泳默化，也是促成他以賞美為人生最高目標的原因」[124]。

　　洪先生認為，《手稿》的最後部分表面上是批判黑格爾《精神現象學》中的辯證法及其整個思辨體系，但實際上，馬克思不過是為其異化理論找到形而上學根據，正如他在古典政治經濟學中為其找到經濟學的根據一樣。如果說在古典政治經濟學中，他發現斯密和李嘉圖等人表面上「關心人」和「抬高人」，實際上不過是關心人之作為「工人」的一面，而從來不關心「作為人的人」，那麼，在黑格爾那裡他發現勞動的「積極的方面」和「消極的方面」未被區分，「對象化」（外化）與「異化」也被混淆在一起。換言之，古典政治經濟學家看重的只是人的勞動能力，他們筆下所呈現的只是異化的人。黑格爾儘管「站在現代國民經濟學家的立場上」[125]，但同樣沒有理解異化的真正意義。如何理解「勞動」、「異化」及其關係，成為闡釋的關鍵與重點。所以，馬克思對黑格爾辯證法的關注，重點抓住《精神現象學》中的「勞動」和「外化」主題。首先，馬克思肯定費爾巴哈把黑格爾哲學指認為理性化的神學，並正確

北：臺灣商務印書館，1986 年，第 20 頁。

[123] 洪鎌德：《傳統與反叛——青年馬克思思想的探索》，臺北：臺灣商務印書館，1986年，第 56 頁。

[124] 洪鎌德：《傳統與反叛——青年馬克思思想的探索》，臺北：臺灣商務印書館，1986年，第 58 頁。

[125]《馬克思恩格斯全集》第 3 卷，北京：人民出版社，2002 年第 2 版，第 320 頁。

地以人與人的關係作爲哲學起點的唯物論做法。其次，馬克思讚揚黑格爾的偉大之處，即作爲辯證法的推動原則和創造原則的「否定性」：「黑格爾把人的自我產生看作一個過程，把對象化看作非對象化，看作外化和這種外化的揚棄；可見，他抓住了**勞動**的本質，把對象性的人、現實的因而是眞正的人理解爲他**自己的勞動**的結果」[126]。再次，馬克思在肯定黑格爾辯證法對勞動的積極面向及其對象化意義之把握的同時，批評他誤把「異化」混同於「對象化」，沒有理解勞動的「消極的方面」：「只看到勞動的正面——創造人類文化成果，而看不出勞動的負面——人對其他人的壓榨欺侮」[127]。並且，由於黑格爾辯證法的強大觀念論傳統，導致其唯一知道並承認的勞動就是抽象的「精神的勞動」[128]，相應地，其所理解的外化也不過是「**人的思維的外化**」[129]。因此，在異化揚棄論上，其所設想的只能是「在心靈中、精神裡克服乖離與異化的現象」[130]。正因爲如此，洪先生說：「由於黑格爾只承認抽象化的勞心才是唯一的勞動，因此才會誤把活生生的人底（的）異化過程，當作精神的異化過程來看待。這也是造成黑格爾把他眞實而又正確的發現——人爲勞動的產品——加以『神祕化』的原因」[131]。

與黑格爾主張的精神的或理念的異化不同，馬克思倡導以勞動的異化去分析工人在資本主義下的現實處境。他認爲，相較於黑格爾所主張的理念的異化是「抽象的、主觀的、虛幻的」來說，這種勞動的異化則是「具體的、客觀的、眞實的」[132]。異化在社會生活的不同領域當然有不同的表現，但本質上說，只有勞動的異化才導致其他異化形式如政治異化、宗教異化、觀念異化等的出現。工人勞動的成果由於資本家的榨取而被迫割讓和疏離，並最終

---

[126]《馬克思恩格斯全集》第 3 卷，北京：人民出版社，2002 年第 2 版，第 320 頁。

[127] 洪鎌德：《傳統與反叛——青年馬克思思想的探索》，臺北：臺灣商務印書館，1986 年，第 59 頁。

[128]《馬克思恩格斯全集》第 3 卷，北京：人民出版社，2002 年第 2 版，第 320 頁。

[129]《馬克思恩格斯全集》第 3 卷，北京：人民出版社，2002 年第 2 版，第 335 頁。

[130] 洪鎌德：《傳統與反叛——青年馬克思思想的探索》，臺北：臺灣商務印書館，1986 年，第 21 頁。

[131] 洪鎌德：《傳統與反叛——青年馬克思思想的探索》，臺北：臺灣商務印書館，1986 年，第 59 頁。

[132] 洪鎌德：《傳統與反叛——青年馬克思思想的探索》，臺北：臺灣商務印書館，1986 年，第 55 頁。

呈現爲異化現象。而「要排除異化、恢復眞人，只有消滅私有財產制，而改爲實施共產制度，因之，馬氏稱共產主義爲私產的『積極性揚棄』（positive *Aufhebung*）」[133]。

　　以上是《傳統與反叛》中洪鎌德對《手稿》的總體性說明，以及對其中的異化論和黑格爾辯證法的哲學化闡釋。而在該書的第六章即「馬克思早期的經濟思想」中，他進而立足於經濟學視野，不僅考察了《手稿》對工資、利潤和地租的論述，還分析了青年馬克思的「經濟模型」以及其人本主義的規範基礎。首先，洪先生探討了馬克思早期轉向經濟學研究的原因，認爲馬克思對包括《黑格爾法哲學》在內的「博覽群書」，以及他與恩格斯的切磋商量，「是塑造他早期經濟學思想的兩條主要途徑」[134]。其中，黑格爾法哲學中思辨的理性國家理論無法解釋現實中農民的物質貧困現象，是馬克思轉向經濟學研究的重要原因，而與恩格斯交往並閱讀其《國民經濟學批判大綱》，則是其轉向經濟學研究的直接原因。黑格爾思辨的國家理論無法解釋農民現實生活中的物質利益和貧困化問題，「使青年馬克思發現非自願的勞動，亦即被迫的勞動居然可以透過法律的手續正當化，這便埋下他日後提出『剩餘價值論』的思想種子」[135]。而恩格斯《國民經濟學批判大綱》中對經濟學自由主義的批判，尤其是其中對私有財產的非難和對資本主義的譴責，都「大大地影響此後馬克思經濟思想發展的路數」[136]。

　　其次，洪先生對青年馬克思的經濟模型展開深入分析。他認爲，青年馬克思對工業化初期的資本主義經濟運作，有其獨特的見解，並由此塑造了其早期的經濟模型。根據這種理解經濟的模型，工業革命初期的經濟總體上可分爲兩個部分，即工業部門和農業部門，並且每一部門下又可分成兩個部分。工業部門的兩個主要群體是資本家與工人，農業部分中的兩個主要群體爲地主與佃

---

[133] 洪鎌德：《傳統與反叛——青年馬克思思想的探索》，臺北：臺灣商務印書館，1986年，第 55 頁。

[134] 洪鎌德：《傳統與反叛——青年馬克思思想的探索》，臺北：臺灣商務印書館，1986年，第 195 頁。

[135] 洪鎌德：《傳統與反叛——青年馬克思思想的探索》，臺北：臺灣商務印書館，1986年，第 192 頁。

[136] 洪鎌德：《傳統與反叛——青年馬克思思想的探索》，臺北：臺灣商務印書館，1986年，第 195 頁。

洪鎌德著《人本主義與人文學科》，五南圖書出版股份有限公司，2009 初版，2021 再版

農。其中，資本家與地主是有產者，掌握著經濟大權，相反地，工人與佃農則
為無產者，只擁有自己尚待出賣的勞動力。相應地，財富分配也呈現出嚴重的
不均衡狀態。有產者坐享現成，無產者僅擁有維持自己生命生活的部分。工資
與地租的大小亦由有產者與無產者之間的鬥爭決定。有產者的收入，與其個人
的努力毫不相關；反之，無產者則完全依賴有產者才能賺取工資和維持生計，
其實際收入與所付出的勞動力嚴重不成比例[137]。從內在結構上看，馬克思早期
經濟模型的基本假設是私有財產制度的存在，即私有財產被法律和習俗所接
受。其中，自由競爭是這種社會制度下的必然現象。而競爭的最終結果，必然
造成資本和土地的集中甚至壟斷，並使農業部分隸屬於或轉化為工業部分之
下。從而，經濟中的工農業部門相互融合為一體，並形成有產者與無產者兩大
對立階級。馬克思認為建立在私有制和競爭之上的經濟體系存在著嚴重缺陷，
因其是一個徹底的非理性的體系。在此體系中存在著嚴重的資訊不對稱，生產
者根本不知道需要和資源何在，也不知道供需原則。最終的結果，必將導致經
濟危機的產生，並進一步加劇階級之間的對立。而階級之間相互敵對的解決之

---

[137] 洪鎌德：《傳統與反叛——青年馬克思思想的探索》，臺北：臺灣商務印書館，1986
年，第 200 頁。

道，從根本上說「只有取消私有財產制，代之以『組合』，以協調方式來化解人（與）人的利益衝突」[138]。

　　再次，洪先生重點闡釋了馬克思青年時期政治經濟學思想的人本主義規範基礎。馬克思在《手稿》第一部分討論完工資、地租和利潤之後，緊接著拋出一個嚴肅的問題，即經濟活動到底能否滿足人們的生活需要？洪鎌德認為，這個問題不只涉及經濟運作的技術性分析，更涉及對經濟生活目的的探尋[139]。由此，不難理解馬克思在《手稿》中緣何以人本主義、人的哲學去嘗試說明經濟的最終目標。馬克思認為，既往經濟學家對經濟事實的描述，均侷限於某一方面，而缺乏歷史整體性的視野。其結果只能是他們把看似無關（實際上內在相關）的因素當作各自獨立的要素看待，或者把變動著的歷史過程當作永恆不變的鐵律來對待。與之相反，馬克思在衡量經濟生活時，尤其強調「歷史」、「主體創造」和辯證聯繫的因素。這顯然超越了單純的經濟事實的技術分析。在洪先生看來，馬克思之所以能夠做到這一點，是因為他所使用的先驗的「人學形而上學」。這是一種超越於一般經濟學家狹隘的「純經濟」之事實分析，並牽涉人類發展整個歷史價值取向的觀點[140]。這種觀點的主要特點在於其強調歷史性、整體性和目的取向。根據這種觀點，馬克思不以靜態人性觀的好壞來評價經濟生活，而是把經濟生活看作人類歷史發展過程中的某一階段來處理。既然經濟現象和事實只是人類發展史的一個構成環節，那麼構成歷史發展的支撐力量就是實實在在的人，包括人的需要與能力，而非神或其他超感性力量。洪先生由此斷定，「馬克思經濟活動的分析之尺度，仍舊回歸到人本思想之上」[141]。

　　最後，洪鎌德對以《手稿》為主要內容的馬克思早期經濟學思想進行了總結和批評。他指出，馬克思早期經濟思想起始於對當時普魯士政府的批評，以及黑格爾思辨的理性國家哲學在解答現實物質利益問題上的無能之不滿。他

---

[138] 洪鎌德：《傳統與反叛——青年馬克思思想的探索》，臺北：臺灣商務印書館，1986年，第 201 頁。

[139] 洪鎌德：《傳統與反叛——青年馬克思思想的探索》，臺北：臺灣商務印書館，1986年，第 202 頁。

[140] 洪鎌德：《傳統與反叛——青年馬克思思想的探索》，臺北：臺灣商務印書館，1986年，第 202 頁。

[141] 洪鎌德：《傳統與反叛——青年馬克思思想的探索》，臺北：臺灣商務印書館，1986年，第 202 頁。

雖然承認黑格爾的《精神現象學》以思辨的形式表達了國民經濟學家所表達的內容，這主要體現爲「勞動」被確立爲哲學的重要議題，但他反對黑格爾以精神作爲歷史主體的做法。藉助於費爾巴哈的「轉型批判」（transformation criticism，主謂顛倒），他把歷史的主體由黑格爾的「絕對精神」顛倒爲「人」。從而，對馬克思來說，人的生產活動才是推動歷史發展演化的眞正動力。「人，尤其是生產的人，而非消費的人，才是歷史的主角」[142]。當馬克思運用這種觀點去考察 19 世紀初葉德國乃至歐洲其他主要國家的發展時，他發現由資本和私有制統領的資本主義社會竟然分裂爲有產者和無產者兩大對立階級。並且，有產者對無產者的壓榨與無產者對有產者的抵抗，表面上體現爲「資本」與「勞動」的分離和敵對關係。其中，作爲人類大多數的無產者要想眞正從有產者的強迫和壓榨中擺脫出來，唯有聯合爲一體，別無它途。「是故他主張無產階級的解放，來做爲全人類解放的初步」[143]。在這個意義上，人的解放也成爲馬克思早期經濟學批判思想的最終目標或規範性基礎。因此，洪先生說，爲有效批判古典政治經濟學必須建立一項批判的標準，即：「馬克思引入了人的哲學，亦即他的人本思想。他強調以人本思想作爲解釋人類生產活動──勞動──的準繩。勞動是人的特徵，也是人的族類本質。可是在資本主義社會裡，人的勞動遭遇多重的異化，遂導致人的異化。消除異化的途徑無他，在於廢除私產制度，以及實施眞正的共產主義」[144]。

從馬克思本人的思想生成邏輯來看，其早期的經濟學思想尤其是《手稿》中對國民經濟學的批判，爲《德意志意識形態》中初步確立歷史唯物主義思想奠定了基礎。反過來，這種歷史唯物主義思想的確立也爲其「後半生演繹的政治經濟學奠下哲學的基礎」[145]。二者之間是相互促生的關係。具體而言，馬克思早期經濟思想的意義可以從兩方面把握。首先，他所強調的經濟總體觀，即

[142] 洪鎌德：《傳統與反叛──青年馬克思思想的探索》，臺北：臺灣商務印書館，1986年，第 210 頁。

[143] 洪鎌德：《傳統與反叛──青年馬克思思想的探索》，臺北：臺灣商務印書館，1986年，第 210 頁。

[144] 洪鎌德：《傳統與反叛──青年馬克思思想的探索》，臺北：臺灣商務印書館，1986年，第 211 頁。

[145] 洪鎌德：《傳統與反叛──青年馬克思思想的探索》，臺北：臺灣商務印書館，1986年，第 211 頁。

將經濟活動視為人類歷史演變、社會變遷過程的一個環節，並且認為人的經濟活動是推動歷史與社會變化的主要動力，「這一史觀以及以人本主義來解釋經濟現象的主張，使他與傳統乃至現代經濟學截然有別」[146]。其次，注重經驗考察、事實描述和計量分析的當代西方主流經濟學，往往批評馬克思的經濟思想過於抽象，且混淆了「實然」與「應然」。但對那些致力於了解經濟現象與經濟本質間關係的人們而言，「馬克思的經濟學仍有其獨特的見解」[147]，這主要體現在其對價值規範基礎的強調。毫無疑問，經濟活動根本無法脫離人的其他社會活動而獨立存在，況且經濟活動的最終目的顯然指向人們物質生活的改善、自由的獲致以及創造力的發揮等。就此來說，「青年馬克思把經濟學回歸到人學——人的哲學——的主張也有其獨到之處」[148]。不過，這並非說馬克思早期經濟思想已經十分完善，以《資本論》為主體內容的後期政治經濟學批判，很顯然不只是對早期思想的修修補補。事實上，從整體來看，以《手稿》內容為核心的馬克思早期經濟學思想，「還停留在素樸、簡單、不夠成熟的階段」。因為，此時他既沒有從事經驗性的經濟分析，也沒有揭示出任何經濟規律來。

　　綜合來看，《傳統與批判》中，洪先生對《手稿》內容的理解較為全面：既涉及第一手稿中「工資」、「利潤」、「地租」和「異化勞動論」的分析，也涉及第二手稿中的「私有財產關係」，亦涉及第三手稿中「共產主義」與「對黑格爾的辯證法和整個哲學的批判」。相較於 1979 年其在《中華雜誌》上的文章以及 1983 年出版的《馬克思與社會學》來說，他對《手稿》內容的研究有了很大深化和拓展。更為難得的是，《傳統與批判》中，洪先生還致力於分析馬克思以異化論批判資本主義時，其理論背後所隱含的價值規範性基礎。他把這種價值規範性基礎指認為馬克思關於「人的哲學」或其人本思想。這無疑為後來洪鎌德教授尤其反覆強調「人的解放」之於馬克思思想的重要性，奠定

[146] 洪鎌德：《傳統與反叛——青年馬克思思想的探索》，臺北：臺灣商務印書館，1986年，第 211 頁。

[147] 洪鎌德：《傳統與反叛——青年馬克思思想的探索》，臺北：臺灣商務印書館，1986年，第 211 頁。

[148] 洪鎌德：《傳統與反叛——青年馬克思思想的探索》，臺北：臺灣商務印書館，1986年，第 211-212 頁。

了理論基調[149]。當然，強調馬克思異化論批判背後的價值規範性基礎，與把馬克思早期批判古典政治經濟學歸因於純粹的倫理情懷激發，並不能完全相等同。在這個意義上，洪先生的一些觀點有待商權。比如，他認為：「顯然他（馬克思——引者注）對政治經濟學的興趣乃是由於對倫理的關懷所激發的，因此隨時不忘以人本或人文的思想來批判經濟體系以及代表此一體系思想的政治經濟學」[150]。從馬克思自己的相關論述來看，他從哲學轉向經濟學儘管有對底層人民現實生活苦難的倫理關懷之考慮，但這顯然並非「最初動因」，也不是最主要的動因。這在後來的《政治經濟學批判序言》中有最直接的論述：「1842-1843 年間，我作為《萊茵報》的編輯，第一次遇到要對所謂物質利益發表意見的難事。萊茵省議會關於林木盜竊和地產分析的討論，當時的萊茵省總督馮・沙培爾先生就摩塞爾農民狀況與《萊茵報》展開的官方論戰，最後，關於自由貿易和保護關稅的辯論，是促使我去研究經濟問題的最初動因。另一方面，在善良的『前進』願望大大超過實際知識的當時，在《萊茵報》上可以聽到法國社會主義和共產主義的帶著微弱哲學色彩的回聲。我曾表示反對這種膚淺言論，但是同時在和《奧格斯堡總彙報》的一次爭論中坦率承認，我以往的研究還不容許我對法蘭西思潮的內容本身妄加評判。我倒非常樂意利用《萊茵報》發行人以為把報紙的態度放溫和些就可以使那已經落在該報頭上的死刑判決撤銷的幻想，以便從社會舞臺退回書房」[151]。從這段追憶性和說明性的引文來看，馬克思對政治經濟學的興趣其「最初動因」並非是「對倫理的關懷所激發」，而是當時他所信奉的黑格爾理性法哲學無法解決「要對所謂物質利益發表意見的難事」[152]。換言之，是抽象的理論與具體的感性現實之間的巨大錯位和不一致，使得馬克思認識到，要想真正解決現實生活中底層農民的貧困

---

[149] 洪先生後來出版的一本書的名稱為《人的解放——21 世紀馬克思學說新探》。在該書的開篇他即說道：「馬克思的學說是圍繞著人的解放而展開的，因此，人的解放成為馬克思思想的核心。」參見洪鎌德：《人的解放——21 世紀馬克思學說新探》，臺北：揚智文化，2000 年，第 2 頁。

[150] 洪鎌德：《傳統與反叛——青年馬克思思想的探索》，臺北：臺灣商務印書館，1986 年，第 83 頁。

[151] 《馬克思恩格斯選集》第 2 卷，北京：人民出版社，2012 年第 3 版，第 1-2 頁。

[152] 關於馬克思早期從哲學轉向政治經濟學研究，及其與黑格爾法哲學之間關係的詳細討論，可參見張守奎：《思想史視域中的馬克思財產權批判理論》，北京：中國社會科學出版社，2019 年，第 124-128 頁。

和物質利益問題，就必須對自己原來信奉的黑格爾理性法哲學之理論框架進行「改弦更張」。而以斯密和李嘉圖為代表的古典政治經濟學，正是以研究國民物質財富（不同於當代西方經濟學的個人財富）最大化為直接目的的。所以，旨在尋找一種能夠「對所謂物質利益發表意見的難事」之理論的馬克思，從黑格爾的理性法哲學轉向政治經濟學研究，就是順理成章的事情[153]。倘若撇開這一點，斷定馬克思早期對政治經濟學的興趣主要乃至完全源於「對倫理的關懷所激發」，顯然沒有抓住問題的根本，也不符合唯物史觀的精神實質。

又比如，在導致異化現象產生的成因上，洪先生認為「人類的疏離、異化，究其原因仍以占有欲（Haben）為首」[154]這一說法，與馬克思把異化歸因於私有制和勞動分工，顯然並不完全一致。我們當然可以說，私有制與勞動分工都包含著占有欲，或者說占有欲一定意義上構成了私有制和勞動分工的前提。但「占有欲」顯然更偏重於生理和心理因素分析，以其來解釋異化現象的產生，顯然有把異化化約為只是心理現象的嫌疑。這與馬克思在《手稿》以及後來的《德意志意識形態》和《資本論》中對異化的分析，顯然存在很大差距。馬克思從來不會把異化現象理解為只是心理現象或心理疾病，而是把握為嚴重的經濟和社會問題。所謂宗教異化、政治異化和觀念異化（即意識形態），都不過是經濟和社會異化的進一步延伸。在這個意義上，追溯異化現象產生的原因，也必須首先找到導致其得以產生的「經濟因」和「社會因」，而非「心理因」。洪先生於《傳統與反叛》中對《手稿》解讀的上述誤解，在其後來的研究中，均有某種程度的更正和完善。

---

[153] 當然，閱讀恩格斯的《國民經濟學批判大綱》和赫斯的金錢異化論等，可能是馬克思從哲學轉向政治經濟學研究的最「直接動因」，儘管不是最「主要動因」。
[154] 洪鎌德：《傳統與反叛——青年馬克思思想的探索》，臺北：臺灣商務印書館，1986年，第57頁。

第四節　《手稿》的文本學研究

一、《人的解放》對《手稿》相關內容的解讀

　　如果說《馬克思與社會學》主要是在社會學語境中順帶概覽式分析了《手稿》的異化論內容，而《傳統與反叛》則是在馬克思早期思想的生成語境中考察了《手稿》內容的相關部分，那麼，進入 21 世紀以後，洪先生對《手稿》內容研究的熱情不僅沒有減少，還反而大增。這主要表現為，他開始從之前對《手稿》的概覽式和總體性研究轉向專題式和深入性探討。並且，他在吸收西方相關研究成果的基礎上，對《手稿》內容的理解提出了一些新的觀點和看法。下面，我將以 2000 年洪先生出版的《人的解放》一書作為重點，對其新世紀以後《手稿》研究的上述特點略作說明。

　　從《人的解放》一書中所涉及的《手稿》內容來看，洪先生是把《手稿》內容置於馬克思思想的核心即人的解放和自由中去把握。這決定了他對《手稿》的相關論述都是基於人的解放和自由這一視角所完成的。在洪鎌德看來，「整個馬克思的學說是圍繞著人的解放為軸心的理論，是一部人類爭自由、爭自主的悲壯史詩」[155]。因此，可以說馬克思理論的核心就是人的自由與解放。而在資本主義社會中，要實現每個人的自由和解放，首先面對的根本性障礙是，生產資料歸資本家一己所有的私人所有制和資本的強大統治性力量。因此，這決定了以人的解放和自由理論為核心的馬克思思想，必然把私有制和資本批判作為主要議題來對待。經過《論猶太人問題》、《黑格爾法哲學批判》和《〈黑格爾法哲學批判〉導言》的撰寫，馬克思基本上弄清楚了人的解放和自由問題並非只是黑格爾所說的自我意識或思想的事情，而是事關人的「物質利益」即人的經濟和社會生活的問題。換言之，人的解放和自由，重點不是觀念與思想的解放和自由，儘管他們也是人的解放和自由的重要組成部分。重點是經濟的與社會的解放和自由。由於面對人民群眾的物質利益發表意見的難事，黑格爾的理性法哲學已經不再適用，加之經由恩格斯和赫斯的影

---

[155] 洪鎌德：《人的解放——21 世紀馬克思學說新探》，臺北：揚智文化，2000 年，「序」 i 頁。

響，馬克思因此開始轉向研究古典政治經濟學。其直接成果就是後來被命名爲《巴黎手稿》的筆記。從《手稿》的內容來看，馬克思思想的核心即人的自由和解放觀建立在他的「整全的人」的觀念之上。更多的時候，他採用從費爾巴哈那裡挪用過來的哲學人類學的說法把其稱爲人的「類本質」或「類存在」（*Gattungswesen, species being*）。根據這種主張，「人本來就應當是自由活動、自主發展，俾最終達致自我實現的生物」，即「認爲人的本質在追求自由、體現自由」[156]。在這個意義上，可以說「類本質」或「類存在」實際上構成馬克思《手稿》中的一個十分重要的概念。

那麼，如何才能準確理解和把握《手稿》中所說的人是「類存在」或人的「類本質」呢？馬克思在《手稿》中所給出的答案是，人不但把自己的類當作對象來看待，而且其自身也是一個現實的和活生生的類存在物。這主要體現爲，人把自己看作普遍的而非特殊的事物。因此，他成了「自由自覺的存在」[157]。洪先生認爲，作爲類的人，其生活與其他動物本無太大差別，因爲他們「都要依靠無機的自然（inorganic nature）來營生」[158]。但人類異於其他動物的地方在於，人不僅有自然本能，還有意識。意識使得人與自然，以及人與人之間的關係複雜起來。意識意味著「區分」和「反省」，即區分主體與客體之別，反省人類自身的生存狀態。由此可見，意識尤其是自我意識，是個人獨立和自由的前提。正因爲如此，洪先生說：「是故人在『有意識的求生活動』（conscious vital activity）中，藉改變自然，使其適合人的生存和生活之需求，而實現人的自由」[159]。作爲類存在，人除了具有意識之外，其生活活動也與其他動物不同。因爲，它「基本上是一種生產的活動，亦即勞動」。就其本質來說，人作爲類存在其勞動原本是一種自由的活動，但在資本主義社會中，由於種種建制規定，尤其是生產資料的私人所有制，導致自由的勞動退化爲「不自

---

[156] 洪鎌德：《人的解放——21世紀馬克思學說新探》，臺北：揚智文化，2000年，第25頁。

[157] 洪鎌德：《人的解放——21世紀馬克思學說新探》，臺北：揚智文化，2000年，第26頁。

[158] 洪鎌德：《人的解放——21世紀馬克思學說新探》，臺北：揚智文化，2000年，第26頁。

[159] 洪鎌德：《人的解放——21世紀馬克思學說新探》，臺北：揚智文化，2000年，第26頁。

由，甚至異化的勞動」。其他動物當然也可以說同樣在從事勞作和生產，但它們的這種勞作和生產是直接受其本能和肉體需求的支配，只是生產能夠維持其肉身存在或種的繁衍的迫切需要之物。在這個意義上，動物只懂得「存活」而不懂得「生活」。而人則根本不同，作爲類存在的人，「可以利用無機的自然來生產各種各樣的物品」。換言之，人的生產涉及方方面面，牽連社會普遍性。此外，人不僅生產一時之需，還能夠生產那些不急需和不馬上消費之物，由此就顯示出人比其他動物擁有更多的自由[160]。在這個意義上可以說，人不僅懂得「存活」，更懂得「生活」。

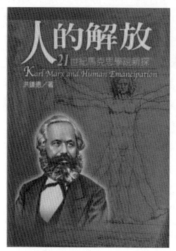

洪鎌德著《人的解放——21世紀馬克思學說新探》，揚智文化，2000

　　總之，洪先生認爲，人作爲類存在至少在兩個方面優勝於其他動物。首先是人擁有「意識」，並由此懂得計算利害得失，籌劃和調節生產活動，以較少代價換取較大利益。如果說這是人類自覺運用其理性的結果，那麼，這種理性可稱爲「實踐理性」（practical rationality）或「物質理性」（material rationality）[161]。這是人類之所以能夠不斷創造發明和更新生產手段從而促進生

---

[160] 洪鎌德：《人的解放——21世紀馬克思學說新探》，臺北：揚智文化，2000年，第26-27頁。

[161] 洪鎌德：《人的解放——21世紀馬克思學說新探》，臺北：揚智文化，2000年，第27頁。

產力提升的重要原因。其次，相比於其他動物，人類擁有其意識所賦予的審美藝術的創造力（artistic creativity）。這種創造力是「欣賞天然的美景、創造美的工藝品的本事，這也是人有異於動物最大的分野之所在」[162]。這種創造力賦予人的活動以自主性和自由，從而使得「人製造的產品不僅在滿足其現存的需要，也把製造產品的活動——生產活動——當成自我發展、自我完善的步驟」[163]。在馬克思看來，作爲類存在之人的上述兩大特徵是內在統一的，「實踐的理性和藝術的開創，都是人能夠實現自我的工具，也是人異於禽獸的特質。這兩者雖然分開，卻是統一在人的身上，亦即相輔相成，缺一不可」[164]。

　　基於對馬克思思想核心主旨的解放論和自由論把握，以及《手稿》中「類存在」（類本質）的上述理解，洪先生進而對青年馬克思的異化論及其與自由的關係展開深入闡釋。這種對青年馬克思異化論及其與自由之關係的討論，當然不限於《手稿》本身，而是覆蓋了包括《德意志意識形態》在內的馬克思前期大部分作品，但無論如何《手稿》的相關內容（尤其是其中的異化論）肯定是最主要的討論對象。在這種討論中，洪先生對《手稿》解讀的最大亮點在於，他依據馬克思思想的核心即人的自由和解放視角提出了「自我增益的異化」概念，並以此來重釋《手稿》中異化論的來源、內在規定以及異化揚棄論的具體內容。

　　首先，洪先生指出，馬克思對自由的探討是在歷史哲學和哲學人類學的視野中展開的，這與自由主義者在法律和政治視角下談論個人權利和自由的做法顯著不同。這種視角上的差異，使得馬克思能夠在歷史的變遷中探究其一般的形而上學意義，即「使用一個絕對的參考點來詮釋人類整部歷史，包括古往今來和外來的發展之整個意義」[165]。不過，對馬克思而言，這樣一個「絕對的參考點」肯定不是一個超拔於歷史之外的抽象的思辨懸設，而是就「內在於歷史

---

[162] 洪鎌德：《人的解放——21世紀馬克思學說新探》，臺北：揚智文化，2000年，第27-28頁。

[163] 洪鎌德：《人的解放——21世紀馬克思學說新探》，臺北：揚智文化，2000年，第28頁。

[164] 洪鎌德：《人的解放——21世紀馬克思學說新探》，臺北：揚智文化，2000年，第29頁。

[165] 洪鎌德：《人的解放——21世紀馬克思學說新探》，臺北：揚智文化，2000年，第44頁。

的發展進程和結構之中」。就思想的淵源來看，馬克思顯然受惠於黑格爾宏大
的思辨歷史哲學的影響。根據黑格爾，歷史是絕對精神的自覺外化過程，也是
其對象化爲人類「由困挫無助而掙脫鎖鏈重獲自由的奮鬥過程」[166]。這是一個從
無知到有知、從不自覺到自覺的過程。起初，絕對精神無知無覺、不識本體，
但在時間的展開過程中卻外化（異化）自身爲外在世界，之後它把外在世界再
度吸收到其自身，「從而抬高其自覺的層次，這就是絕對精神通過異化而認識
與覺悟其本身」[167]。就此而言，洪先生認爲「異化有豐富自己、增益本身的作
用，這就是使『自我增益的異化』（self-enriching alienation，使本身豐富的異
化）。自我增益的異化，認爲異化雖是人性的扭曲，人創造的事物，回過頭來
凌虐創造者的人類，但正因爲有這種異化、矛盾、疏離、分裂之存在，人類才
會反躬自省，增益其所不能，這無異孟子所言：天將降大任於斯人也，必先苦
其心志，勞其筋骨，餓其體膚，空乏其身，所以動心忍性，增益其所不能。是
故對黑格爾而言，整部人類的歷史無異爲自我增益的異化之過程。這種通過困
挫災難，而增益人類的不能，正是黑格爾心目中歷史所以有意義之緣由」[168]。
馬克思經由費爾巴哈的「人本唯物論」與「轉型批判」認識到，黑格爾所說的
「絕對精神的外化史」事實上不過是「神的外化史」的另一種表達。因此，
他與費爾巴哈一樣，要求把這種外化史的主體由「神」（絕對精神）轉變爲
「人」。從而，歷史不再是「神」或「絕對精神」的自傳，而是「人類」的奮
鬥史。通過這種「顛倒」，「馬克思不再探討歷史的意義，轉而致力發掘歷史
中變化生成的結構，企圖揭開歷史發展的『內在方向』（inner direction），俾
了解歷史裡頭（inside history）所有歷史事件有意義的結構。換言之，馬克思
不討論『歷史的意義』，而只討論『歷史中（裡頭）的意義』」[169]。

　　基於這種理解，馬克思把歷史把握爲作爲主體的人不斷追求其自身完善和

---

[166] 洪鎌德：《人的解放──21世紀馬克思學說新探》，臺北：揚智文化，2000年，第44
頁。

[167] 洪鎌德：《人的解放──21世紀馬克思學說新探》，臺北：揚智文化，2000年，第44
頁。

[168] 洪鎌德：《人的解放──21世紀馬克思學說新探》，臺北：揚智文化，2000年，第
44-45頁。

[169] 洪鎌德：《人的解放──21世紀馬克思學說新探》，臺北：揚智文化，2000年，第45
頁。

自由的辯證歷程。這種不斷賦予意義的辯證歷程，「有其內在的發展方向，也有其最終的目標」[170]。在批判性地繼承黑格爾所發展出來的「自我增益的異化」思想基礎之上，馬克思把自由看作人的類本質之最充分和最自主的自我實現，同時也是人性最完整的落實，以及把人固有的能力與內在豐富的潛能淋漓盡致地加以發展過程，但「這種發展的過程仍舊是增益本身的異化及其作用」[171]。其原因在於，每個人必須把自身的才能和能力外化於其身外方能自我實現，但這首先必須要屈從於異化（外化），然後才能克服和祛除它，並由此發展到更高的階段[172]。在這個意義上，可以說異化是人的自我實現進程的一個必不可少的構成環節。筆者認為，對黑格爾來說事實的確如此。但對馬克思而言，此說顯然存在致命的問題。原因在於，一旦把異化把握為人的自我實現進程中一個必不可少的構成環節，就等於把異化「自然化」和「正當化」，成為一種「必然性的存在」，而非「歷史性的存在」。從而，揚棄異化勢必成為不可能[173]。這與馬克思的異化論及歷史唯物主義的精神實質顯然不符。從其具體論述來看，洪先生把黑格爾那裡的「自我增益的異化」思想用來解讀和闡釋馬克思《手稿》中的異化論，儘管從術語創新的角度看給人耳目一新之感，但未必忠實於馬克思異化論思想本身。

在洪先生看來，黑格爾「自我增益的異化」思想對馬克思的影響，亦可以透過《手稿》中關於「共產主義」的相關描述得到證明。在《手稿》中，馬克思把共產主義描述為「是**私有財產即人的自我異化的積極的**揚棄，因而是通過人並且為了人而對**人的**本質的真正**占有**；因此，它是人向自身、向**社會的**即合乎人性的人的復歸，這種復歸是完全的，自覺的和在以往發展的全部財富的範圍內生成的」。是「人和自然之間、人和人之間的矛盾的真正解決，是存在和本質、對象化和自我確證、自由和必然、個體和類之間的鬥爭的真正解

---

[170] 洪鎌德：《人的解放——21世紀馬克思學說新探》，臺北：揚智文化，2000年，第45頁。

[171] 洪鎌德：《人的解放——21世紀馬克思學說新探》，臺北：揚智文化，2000年，第45頁。

[172] 洪鎌德：《人的解放——21世紀馬克思學說新探》，臺北：揚智文化，2000年，第45-46頁。

[173] 關於這一點，前文已經有較為詳盡的論述。為避免重複論述，故此處從略。

《馬克思恩格斯全集》歷史考證版（MEGA2）

決」[174]。洪先生解釋說，《手稿》中對「共產主義」的這種描述眞正顯示出，
「早期的馬克思的史觀是一種自我增益的異化概念之運用，亦即是人類透過異
化、排除異化而提升其本身的過程。這也正指出，歷史有其內在的方向、辯證
的邏輯，以及所欲達致的目標——共產主義的建立。這些都展現出馬克思歷史
哲學中目的性的結構（teleological structure）。對馬克思而言，共產主義下的
自由意味歷史發展的目標，也是人性的自我實現」[175]。洪先生所未言明的是，
倘若此說成立的話，那麼作爲「自我增益的異化概念之運用」的早期馬克思之
歷史觀，無疑仍陷在黑格爾歷史哲學的思辨觀念論傳統裡。其歷史哲學的目的
論結構也與黑格爾歷史哲學表現出高度的一致性。但另一方面，正如洪先生所
說的那樣，經由費爾巴哈哲學人類學對黑格爾思辨歷史哲學的批判，馬克思進
一步又「以政治經濟學的科學方法取代費爾巴哈哲學的思辨，亦即以社會經濟
的觀點來透視現代人異化的癥結」[176]。這表明馬克思對現代人異化的理解與黑
格爾畢竟是不同的。因爲，前者基於社會經濟的觀點，而後者歸根結底仍然陷
在思辨哲學的觀念論傳統。儘管馬克思在《手稿》中已經表明，黑格爾的《精

---

[174]《馬克思恩格斯全集》第 3 卷，北京：人民出版社，2002 年第 2 版，第 297 頁。

[175]洪鎌德：《人的解放——21 世紀馬克思學說新探》，臺北：揚智文化，2000 年，第
　46-47 頁。

[176]洪鎌德：《人的解放——21 世紀馬克思學說新探》，臺北：揚智文化，2000 年，第 46
　頁。

神現象學》的內在精神顯示他實際上是「站在現代國民經濟學家的立場上」[177]，闡釋工業化初期資本主義社會中人類的生存狀況，但「站在現代國民經濟學家的立場上」並不就等於基於社會經濟的觀點。馬克思對斯密和李嘉圖爲代表的古典政治經濟學家的批評，已經充分表明了這一點。馬克思批評國民經濟學家時同樣也說是自己「完全站在國民經濟學的立場上」，但得出的結論與國民經濟學家剛好相反。在他看來，國民經濟學家對「勞動」和「無產者」的理解都是成問題的。因爲，國民經濟學把勞動僅僅理解和把握爲「謀生活動」，「把無產者即既無資本又無地租，全靠勞動而且是靠片面的、抽象的勞動爲生的人，僅僅當作工人來考察」[178]，「把工人只當作勞動的動物，當作僅僅有最必要的肉體需要的牲畜」[179]。總之，雖然「國民經濟學從私有財產的事實出發」，但「它沒有給我們說明這個事實」，它更「不理解運動的聯繫」[180]。從而，「當他想說明什麼的時候，總是置身於一種虛構的原始狀態」，而「這樣的原始狀態什麼問題也說明不了」[181]。

可見，馬克思說黑格爾「站在現代國民經濟學家的立場上」，並非就等同於斷定其基於社會經濟視角去把握人類歷史，把握異化問題。就此而言，如何正確地闡釋青年馬克思歷史觀與黑格爾歷史哲學的內在張力關係，是一個十分重要的問題。我們當然不能否認二者之間的內在聯繫，但也不能因爲過分強化二者間的聯繫而弱化了它們之間所初步顯示出來的根本差別。否則，青年馬克思肯定會被打扮成一個純正的黑格爾主義者。我們由洪先生的如下斷言可見一斑：「要之，馬克思不只在『自我增益的異化』方面受到黑格爾的影響，就是後者所強調的自由等同於理性，這一理念也爲馬克思所擷取。是故青年馬克思把黑格爾對歷史演變的觀念轉化爲他理解的社會經濟關係辯證的歷程，自由的生成發展是經歷資本主義生產力最大化，也是異化的巔峰，然後轉變爲異化的克服與消除。通過共產主義的集體計畫，人類揚棄了異化，排除了剝削，也達致眞正的自由」[182]。但事實上，自始至終馬克思從來就不是一個純正的黑格爾

177《馬克思恩格斯全集》第 3 卷，北京：人民出版社，2002 年第 2 版，第 320 頁。
178《馬克思恩格斯全集》第 3 卷，北京：人民出版社，2002 年第 2 版，第 232 頁。
179《馬克思恩格斯全集》第 3 卷，北京：人民出版社，2002 年第 2 版，第 233 頁。
180《馬克思恩格斯全集》第 3 卷，北京：人民出版社，2002 年第 2 版，第 266 頁。
181《馬克思恩格斯全集》第 3 卷，北京：人民出版社，2002 年第 2 版，第 267 頁。
182 洪鎌德：《人的解放——21 世紀馬克思學說新探》，臺北：揚智文化，2000 年，第 49 頁。

主義者。他對待黑格爾思想的態度一直是批判性地繼承。洪先生說的沒錯，青
年馬克思的確是「把黑格爾對歷史演變的觀念轉化爲他理解的社會經濟關係辯
證的歷程」，自由的生成發展也的確是「經歷資本主義生產力最大化，也是異
化的巔峰，然後轉變爲異化的克服與消除」。但是，這是否意味著馬克思就是
黑格爾「自我增益的異化」思想毫無修飾的直接傳承者，以及人類異化的揚棄
和剝削的消除就是「通過共產主義的集體計畫」所達成？這恐怕不是靠一兩句
斷言能夠說通透的。但從早期馬克思的相關論述來看，十分清楚的是：他已經
初步認識到自己在思想上與黑格爾哲學之間的原則性界限，在異化論上亦是如
此；揚棄異化和消滅剝削，不能訴諸思想（包括共產主義思想）之「批判」，
而只能訴諸共產主義「行動」。關於後者，這在《手稿》和《德意志意識形
態》中都有明確論述。比如，在《手稿》中，他說：「如果我們把**共產主義**本
身——因爲它是否定的否定——稱爲對人的本質的占有，而這種占有以否定私
有財產作爲自己的仲介，因而還不是**眞正的**、從自身開始的肯定，而寧可說是
從私有財產開始的肯定，……可見，既然人的生命的現實的異化仍在發生，而
且人們越意識到它是異化，它就越成爲更大的異化；所以，它只有通過付諸實
行的共產主義才能完成。要揚棄私有財產的**思想**，有**思想上的**共產主義就完全
夠了。而要揚棄現實的私有財產，則必須有**現實的**共產主義行動。歷史將會帶
來這種共產主義行動，而我們**在思想中**已經認識到的那正在進行自我揚棄的運
動，在現實中將經歷一個極其艱難而漫長的過程」[183]。而《德意志意識形態》
關於「共產主義運動」的表述則是：「共產主義對我們來說不是應當確立的**狀
況**，不是現實應當與之相適應的**理想**。我們所稱爲共產主義的是那種消滅現存
狀況的**現實的運動**」[184]。並說：「共產主義和所有過去的運動不同的地方在於：
它推翻一切舊的生產關係和交往關係的基礎，並且第一次自覺地把一切自發形
成的前提看作是前人的創造，消除這些前提的自發性，使這些前提受聯合起來
的個人的支配。因此，建立共產主義實質上具有經濟的性質，這就是爲這種聯
合創造各種物質條件，把現存的條件變成聯合的條件。共產主義所造成的現存
狀況，正是這樣一種現實基礎，它使一切不依賴於個人而存在的狀況不可能發
生，因爲這種存在狀況只不過是各個人之間迄今爲止的交往的產物。這樣，共

---

[183]《馬克思恩格斯全集》第 3 卷，北京：人民出版社，2002 年第 2 版，第 347 頁。
[184]《馬克思恩格斯選集》第 1 卷，北京：人民出版社，2012 年第 3 版，第 166 頁。

產主義者實際上把迄今為止的生產和交往所產生的條件看作無機的條件」[185]。筆者對《手稿》和《德意志意識形態》中關於「共產主義運動」論述的這兩段較長引用，就是為了說明，在馬克思看來，揚棄異化與消滅剝削不只是「共產主義思想」和「共產主義的集體計畫」的事情，更要訴諸於現實的「共產主義行動」或「共產主義運動」。因為，即便是「共產主義的集體計畫」，如果不付諸實踐和實行，也只能停留於觀念和思想的層次或水準。

　　其次，洪先生認為，從這種「自我增益的異化」觀出發，可以更好地把握《手稿》中的異化論內容，尤其是其中的人性的異化、喪失及其復歸的過程。在洪鎌德看來，把握馬克思自我增益的異化理論之最好途徑是，在與黑格爾和費爾巴哈相關觀點對比中進行[186]。他們三人都認為，異化的過程首先要以主體存在，即有異化的行為擔當者作為前提。差別在於，黑格爾把其指認為「絕對精神」，即絕對精神外化於自然，並通過人類的歷史來實現絕對精神的自我意識和自我認知。費爾巴哈則認為，黑格爾那種作為異化主體的絕對精神，本質來說不過是神或上帝的化身，從而其外化的過程外觀上看是自我意識和絕對精神的外化，但實際上則不過是神的外化或上帝力量的投射。他認為，異化的真正主體不應該是絕對精神或神，而應該是「活生生的人」。馬克思顯然批判性地汲取了費爾巴哈的上述觀點。他同樣認為異化的主體不是「絕對精神」，而是「現實的、肉體的、站在堅實的呈圓形的地球上呼出和吸入一切自然力的人」[187]。這種意義上的主體「人」顯然不是觀念論所想像的抽象物，而是具有生產對象事物之能力，可以活動和自我認知的自然存在物。但這樣的主體「人」，又不僅是「自然存在物」，還是「**人的社會存在物**」，即「是自為地存在著的存在物，因而是**類存在物**」，「他必須既在自己的存在中也在自己的知識中確證並表現自身」[188]。換言之，人區別於其他動物之處在於，他是追求獨立、自由和自主的動物。人類這種追求獨立、自由和自主的過程，是通過集體勞動進行自我創造的長期過程。而勞動，本質上來說就是人類把其自身內在的本性和能力對象化到外在的對象身上，使其發生改變並有益於自身的過程。

---

[185]《馬克思恩格斯全集》第 3 卷，北京：人民出版社，2002 年第 2 版，第 202-203 頁。

[186]洪鎌德：《人的解放——21 世紀馬克思學說新探》，臺北：揚智文化，2000 年，第 51 頁。

[187]《馬克思恩格斯全集》第 3 卷，北京：人民出版社，2002 年第 2 版，第 324 頁。

[188]《馬克思恩格斯全集》第 3 卷，北京：人民出版社，2002 年第 2 版，第 326 頁。

在這個意義上，可以說整個所謂世界歷史實際上就是「人通過人的勞動而誕生的過程」，是「自然界對人來說的生成過程」[189]。在此勞動過程中，人本主義與自然主義融爲一體，用馬克思的話說，它既非觀念論，也非物質論，而是「把這二者結合起來的眞理」[190]。換言之，它把尊重自然、物質的首要性與倡導人的主體能動性有機地結合起來。

　　但人通過勞動對象化的方式實現自身發展，是很可能會付出慘重之犧牲與代價的。其原因在於，人在發展的過程中，需要把自身內在的力量外化到外在的對象身上，而這種對象化活動及其成果卻不是人所能夠控制的[191]。一旦勞動對象化的成果變成一個與人分離和對立的東西，甚至反客爲主來宰制他，那麼，其勞動對象化的過程就進入到一個異在和畸變的階段，即馬克思所說的「異化」。總之，在資本主義社會中，人的「對象化」（外化）勞動很可能會變成「異化」勞動。從《手稿》的論述來看，這種異化勞動主要表現在四個方面，即把人從自然（勞動產品）中異化出來、把人從其勞動活動本身中異化出來、把人從其類本質中異化出來，以及把人從其他人中異化出來。那麼，異化勞動既然造成了人與其他人的異化，爲什麼他們還結合在同一個社會中？洪先生認爲，答案在於，「使異化的人能夠聚在一起的力量，也就是人類自我異化所形成最高表現之力量，那就是社會的分工與貨幣的交易」[192]。從根本上說，分工和貨幣都可能會增加人對外在自然的控制能力，但同時也將導致人性異化和喪失的代價。正因爲如此，洪先生斷言：「經濟異化不但把人們貶低到其所創造的事物之下，更把工人壓抑而匍匐於私產的擁有者之下」[193]。這也是馬克思把消滅私有制看作人類解放的必要條件之原因。

　　不過，對馬克思而言，消滅私有制（私有財產）肯定不能像粗陋的共產主義者那樣，主張退回到沒有任何個人需求的浪漫化的原始社會中。對私有財

---

[189]《馬克思恩格斯全集》第 3 卷，北京：人民出版社，2002 年第 2 版，第 310 頁。

[190]《馬克思恩格斯全集》第 3 卷，北京：人民出版社，2002 年第 2 版，第 324 頁。

[191]洪鎌德：《人的解放——21 世紀馬克思學說新探》，臺北：揚智文化，2000 年，第 52 頁。

[192]洪鎌德：《人的解放——21 世紀馬克思學說新探》，臺北：揚智文化，2000 年，第 53 頁。

[193]洪鎌德：《人的解放——21 世紀馬克思學說新探》，臺北：揚智文化，2000 年，第 53 頁。

產的消滅實際上是一種積極揚棄，亦即「在人類的需要已發展到高度和普遍之際，私產固然應該取消，但工人對其勞動成果之再獲得卻必須重新建立。要之，私產的取消應該在解決『對象化於自我證實的鬥爭』，使工人對其生產品再度擁有，也就是剷除這些產品中自主、搞怪的惡質，而俯首聽命於生產者的指揮和運用」[194]。關於這一點，學界通常依據《宣言》中的那句著名論斷，即「共產黨人可以把自己的理論概括為一句話：消滅私有制」[195]，把馬克思指認為私有財產的反對者。但實際上，馬克思所持的消滅私有制（私有財產）之主張是有特定所指的。在《手稿》中，馬克思曾區分兩類不同性質的私有財產關係，即「作為勞動的私有財產關係」和「作為資本的私有財產關係」[196]。他主張消滅的是後者，而非前者。其原因在於，「作為資本的私有財產關係」內在地蘊含著有產者對無產者的支配、奴役和統治關係。而「作為勞動的私有財產關係」，則是人自身勞動力付出的合法所得和占有，也是人生存的必備條件。其中並不包含財產所有人對他人的支配和剝奪關係。在後來的《宣言》中，馬克思與恩格斯更為清楚地把其表述為「共產主義的特徵並不是要廢除一般的所有制，而是要廢除資產階級的所有制」。因為，「現代的資產階級私有制是建立在階級對立上面、建立在一些人對另一些人的剝削上面的產品生產和占有的最後而又最完備的表現」[197]。並且說「共產主義並不剝奪任何人占有社會產品的權力，它只剝奪利用這種占有去奴役他人勞動的權力」[198]。

值得特別指出的是，洪先生以註腳的形式所給出的解釋性說明，是相當中肯的。他說：「談到私產的取消或私產的揚棄，吾人必須理解馬克思所謂的私產究竟何指？並非所有個人所擁有的東西都為私產。反之，馬克思首先分辨生產資料與生存資料。後者是直接滿足人的生存所不可或缺的物質資料與勞務，前者則是為了獲取這種生存的資料與勞務而從事生產與再生產的東西。其次，他分辨個人（personal）的財產與私自（private）的財產之不同。前者為個人使用勞力獲得成果，後者則為對生產工具（生產原料、工具、自然資源等）之

[194] 洪鎌德：《人的解放──21世紀馬克思學說新探》，臺北：揚智文化，2000年，第54頁。
[195]《馬克思恩格斯選集》第1卷，北京：人民出版社，2012年第3版，第414頁。
[196]《馬克思恩格斯全集》第3卷，北京：人民出版社，2002年第2版，第283頁。
[197]《馬克思恩格斯選集》第1卷，北京：人民出版社，2012年第3版，第414頁。
[198]《馬克思恩格斯選集》第1卷，北京：人民出版社，2012年第3版，第415頁。

洪鎌德著《黑格爾哲學新解》，五南圖書出版股份有限公司，2016

　　私人擁有。私有制並不限於資本主義社會中資本家對財富、資本的擁有方式，就是在前資本主義時期，只要與社會的、集體的財產相對相反的財產擁有方式（例如視奴隸爲奴隸主私人的財產），都是私產制的一種。是故，馬克思所要消除或揚棄的私產，是靠著剝削別人勞動成果而占有生產資料的那類財產。換言之，在資本主義社會中，資本家對勞動者之剝削性的社會關係，就是建立在資本家對勞動者勞動成果的占有之上。爲了要取消這種剝削性的社會關係，就必須首先揚棄私有財產制度」[199]。洪先生對馬克思筆下「私有財產」概念內涵複雜性的理解，並沒有侷限於《手稿》本身，而是囊括了《手稿》、《宣言》和《資本論》相關論述的整體語境。能夠做到不就《手稿》言說《手稿》，而是就整個馬克思思想語境言說《手稿》這一點，本身就非常難得。一定意義上，這也顯示出洪先生對馬克思思想整體語境的熟稔和相關具體內容的精通。

　　基於對「自我增益的異化」與「消滅私有財產」的上述理解，馬克思對異化產生的原因和異化的揚棄有了更爲清楚的認識。在他看來，人類異化的原因

---

[199] 洪鎌德：《人的解放——21世紀馬克思學說新探》，臺北：揚智文化，2000年，第53-54頁「腳下註」。

肯定不限於宗教[200]。這在《論猶太人問題》和《〈黑格爾法哲學批判〉導言》中已經得到了確認。鑑於「宗教裡的苦難既是現實苦難的表現，又是對這種現實的苦難的抗議」[201]。因此，宗教只是人類異化的一種表現，但不是主要表現。人類異化最根本的是發生在社會和經濟領域。相應地，異化的原因也應該追溯到「社會的和經濟的」層面。以此類推，異化的克服和揚棄亦不只是知識論意義上的自我解放，而是人類整體從現實社會與經濟的苦難和宰制中解放出來，是不同於知識論層面的現實生存論解放。從事揚棄異化活動的行為主體，則只能是人類自己，在資本主義社會中尤其表現為無產階級[202]。

如果說以上的闡釋主要限於《手稿》的相關內容，那麼，洪先生在該書中的另一可貴之處是，他「順帶」討論了馬克思《詹姆斯・穆勒〈政治經濟學原理〉一書摘要》的內容。在之前臺灣對《手稿》的相關研究中，無論是鄭學稼、胡秋原，還是姜新立、王章陵和宋國誠，都是就《手稿》本身的內容展開討論，幾乎都沒有涉及到《詹姆斯・穆勒〈政治經濟學原理〉一書摘要》的任何內容[203]。在這個意義上，洪先生儘管只是「順帶」對其進行了粗略的討論，但在臺灣已屬十分難得。我們知道，《詹姆斯・穆勒〈政治經濟學原理〉一書摘要》係馬克思逗留巴黎一年多時間裡所作的九本政治經濟學筆記中的一部分（寫在其中的第四和第五本上）。它與《手稿》內容上既具有高度的一致性，又具有自身的特殊性和新穎性。因此，學界通常把其作為《手稿》的「附錄」來看待。就具體討論的內容來看，與《手稿》主要關注「異化勞動」略有不同，《詹姆斯・穆勒〈政治經濟學原理〉一書摘要》重點關注的是「貨幣異化」和「交往異化」。進一步言之，如果說《手稿》中的「異化勞動」之關注點在於「人與自然」和「人與人」兩個方面，那麼，《詹姆斯・穆勒〈政治經濟學原理〉一書摘要》的關注點則主要在後者，即「人與人」或社會關係異化方面。

---

200 洪鎌德：《人的解放——21世紀馬克思學說新探》，臺北：揚智文化，2000年，第55頁。

201 《馬克思恩格斯選集》第1卷，北京：人民出版社，2012年第3版，第2頁。

202 洪鎌德：《人的解放——21世紀馬克思學說新探》，臺北：揚智文化，2000年，第55頁。

203 在同時期的臺灣《手稿》研究者中，李英明是個例外。他在其1984年的博士論文中以專章內容的形式介紹了《詹姆斯・穆勒〈政治經濟學原理〉筆記》。參見李英明：《馬克思異化論研究》，國立政治大學東亞研究所學位論文，1984年。

儘管有這種細微的差異，但「異化」肯定是二者共同關注的主題。在這個意義上，洪先生的相關評論還是比較客觀中肯的。他說：「在《詹姆士‧穆勒〈政經元素〉一書的評論》（1844）一文中，人的異化問題再度成為青年馬克思的主題，這裡他大大譴責金錢，把金錢描寫為外在於個人、凌駕個人、宰制個人的『異化仲介物』（alien mediator），亦即異化的事物對人的徹底控制。又聲稱貨幣的交換以及為市場而進行生產是導致人人相互奴役的原因。要之，此一短評顯示馬克思對市場經濟與為出賣產品而進行生產（商品生產）之高度的不滿」[204]。

再次，以「自我增益的異化」為視角，洪先生對《手稿》為主要體現的青年馬克思異化論之意義進行了總體評價。他指出，從思想的傳承關係和共同關注的議題看，早期馬克思的異化論無疑承襲自黑格爾的自我增益的異化觀。只不過，馬克思不滿意於黑格爾把「絕對精神」當成自我增益的異化之主體，而主張這樣的主體應該為「人」，且是活生生的「現實的個人」（*wirklichen Individuen*）。從而，馬克思實現了對黑格爾歷史哲學的革命性變革。歷史的變遷更替，不再是抽象的、神祕的精神或自我意識的歷險史，而是活生生的諸個人（Individuals）及其勞動活動所構成的人類全體的冒險史。換言之，黑格爾筆下的絕對精神之演歷史被馬克思轉變為現實的人的發展史[205]。而促成這種歷史變遷的動力，在黑格爾那裡是精神或自我意識的內在矛盾和對立，在馬克思那裡則為人類自身的內在矛盾和對立。「要之，就是增益其不能的異化」。因此，可以說異化是促成精神分裂以及人類與其生存環境對抗的主要原因，經由這種矛盾的對立和辯證的發展，人類的歷史才能夠向前推進和發展[206]。不過，筆者認為，洪先生作出這種斷言似乎是把「異化」等同於人類的內在「矛盾」理解了。因此，他進而總結說：「表面上看來，客體化、物化、異化、商品化都是妨阻人類向前發展的絆腳石，成為人類必須加以克服的對象。但就其實質的存在，這些對人類發展產生負面作用的『自然現象』，卻是馬克思視為

---

[204] 洪鎌德：《人的解放──21世紀馬克思學說新探》，臺北：揚智文化，2000年，第55頁。

[205] 洪鎌德：《人的解放──21世紀馬克思學說新探》，臺北：揚智文化，2000年，第62-63頁。

[206] 洪鎌德：《人的解放──21世紀馬克思學說新探》，臺北：揚智文化，2000年，第63頁。

人類向前躍進，步向解放之路，躍入自由之域不可或缺的動力。就是這種矛盾的說詞，辯證的推理，使馬克思的異化論成為研究他的自由觀與解放觀登堂入室所不可忽視的鑰匙」[207]。

綜合來看，相較於洪先生之前的作品，在《人的解放》一書中他對《手稿》理解的突出特點在於提出了「自我增益的異化」概念，並以此去重釋馬克思青年時期的異化論內容。他的這種重釋，一方面強化了馬克思異化論的黑格爾思想淵源，另一方面也對青年馬克思異化論的理解上帶來了新視角和新觀點，一定意義上破除了過去人們把「異化」只是看作一種惡的或不好的現象之成見。在具體論述上，他的一些觀點也回應了國際學界關於《手稿》的相關爭議。比如，洪先生指出，《手稿》中馬克思以異化勞動批判資本主義下有產者對無產者的剝削和奴役，但其後他發現導致資本主義社會中異化產生的最強大勢力是市場和資本。因此，「商品拜物教」和「資本拜物教」成為異化中的最壞的形式。這也解釋了後期尤其是在《資本論》中馬克思何以重點批判「商品拜物教」和「資本邏輯」。由此也可看出，馬克思前後期思想是內在一致的。西方學界關於兩個馬克思（青年馬克思和成熟馬克思，早期馬克思和晚期馬克思）的區分，尤其是阿圖塞所主張的「認識論斷裂」是十分錯誤的。因為，正像洪先生所說的那樣，「馬克思由早期的異化觀轉變為中期以後的物化觀，『異化』概念也逐漸由『剝削』的概念所取代，但其本質仍舊脫離不了自我增益的異化之引申」[208]。當然，我們在正面肯定《人的解放》一書對《手稿》研究所作出的貢獻的同時，也應該指出其存在的不足。就該書中的相關學術觀點而言，我認為這種不足主要體現在兩個方面。

其一，洪先生借用黑格爾的「自我增益的異化」概念來闡釋《手稿》為主體內容的青年馬克思異化論，認為馬克思是「自我增益的異化」論的直接傳承者。此說在某種意義上當然具有合理性，但問題的關鍵在於，「自我增益的異化」論中所說的「異化」與馬克思《手稿》中所討論的「異化」，是不是同一個意思？如果把「自我增益的異化」把握為「異化有豐富自己、增益本身的作用」，認為「異化雖是人性的扭曲，人創造的事物，回過頭來凌虐創造者的人

[207] 洪鎌德：《人的解放——21 世紀馬克思學說新探》，臺北：揚智文化，2000 年，第63-64 頁。

[208] 洪鎌德：《人的解放——21 世紀馬克思學說新探》，臺北：揚智文化，2000 年，第 46頁。

類，但正因為有這種異化、矛盾、疏離、分裂之存在，人類才會反躬自省，增益其所不能」[209]，那麼，這樣的「異化」主要是黑格爾《精神現象學》中所說的「外化」（等同於「對象化」）。正像馬克思指出的那樣，由於黑格爾沒有區分「異化」與「對象化」，致使其看到的只是勞動的「積極的方面」，而沒有看到勞動的「消極的方面」。在黑格爾那裡，「異化」與「外化」並無差別，他認為勞動就是人的意識或絕對精神的「外化」展開過程。倘若把這樣的「外化」稱為「異化」，又鑑於這樣的勞動總是「積極的」，因此，當然可以說它是「自我增益的異化」。但在馬克思明確區分了「異化」和「對象化」（外化）的不同之後，勞動的「消極的方面」被清晰地揭示了出來。在馬克思那裡，「異化」顯然是對應於勞動的「消極的方面」的。在這個意義上，如果說馬克思也是主張「自我增益的異化」觀點，則顯然十分不妥。如果「自我增益的異化」為馬克思所贊同的話，那麼，他肯定就不會花費那麼多時間和精力去批判資本主義社會下的異化現象了。可見，洪先生在沒有明確區分「異化」與「外化」（對象化）的前提下，直接把黑格爾的「自我增益的異化」套用到馬克思頭上，很可能是理論上的一大失誤。

　　其二，依據這種「自我增益的異化」去評價《手稿》中的「共產主義」論述時，洪先生說：「馬克思這樣理解下的共產主義何異世俗化、內在化的人類集體解脫與拯救？這無異把人格提升到神格的地位，使人性散發著神性的光輝。如此一來，巴黎手稿不啻為人類解放或救贖的神話（soteriological myth），是一部新的世俗的祕識（gnosis），亦即人類自我神化的詭祕之初探（Walicki 1995: 48-49），也是馬克思對費爾巴哈把人視為神之說法的補充」[210]。並說：「……解放後的理想境界──千年祈福的未來烏托邦──則為共產主義社會的建立。……在這一意義下，本身具有當代普羅米修士（斯）之譽的馬克思把普勞階級轉化為集體的普羅米修士（斯），集體的先知，其職責在指引人類走向最終解放、充滿自由與和諧的樂園」[211]。在筆者看來，洪先生如此闡釋

---

[209] 洪鎌德：《人的解放──21 世紀馬克思學說新探》，臺北：揚智文化，2000 年，第 44 頁。

[210] 洪鎌德：《人的解放──21 世紀馬克思學說新探》，臺北：揚智文化，2000 年，第 55 頁。

[211] 洪鎌德：《人的解放──21 世紀馬克思學說新探》，臺北：揚智文化，2000 年，第 55 頁。

《手稿》中的「共產主義」之問題在於，共產主義被打造成了「人間的天國」，一種純粹美好的「千年祈福的未來烏托邦」想像。如果是這樣，那麼，馬克思最終豈不完全倒向了神學？馬克思對宗教的批判難道只是為了重建宗教？馬克思思想中的無神論豈不只是一種假象？我們不否認馬克思思想背後有強大的神學背景，我們同樣也不否認馬克思主義後來被史達林（大陸譯為「斯大林」）時代的蘇聯做成了一種類似於宗教意義上的教條，但不能因此倒推出馬克思本人的思想就是一種宗教。具體到「共產主義」，馬克思在《手稿》中說得非常明確，「共產主義」是對私有財產即人的自我異化的積極的揚棄，它是「人的不再以宗教的揚棄為仲介的積極的自我意識」，「共產主義是作為否定的否定的肯定，因此，它是人的解放和復原的一個**現實的**、對下一段歷史發展來說是必然的環節。**共產主義**是最近將來的必然的形式和有效的原則。但是，共產主義本身並不是人的發展的目標，並不是人的社會的形式」[212]。所謂「**共產主義**是最近將來的必然的形式和有效的原則」，但它「本身並不是人的發展的目標，並不是人的社會的形式」，是說馬克思所理解的共產主義，根本不可能是歷史目的論或末世論意義上的「目標」或「天國」，它只是人類走向解放和自由之歷史運動的一個環節。這與之後《德意志意識形態》中馬克思與恩格斯把共產主義把握為「社會行動」或「社會運動」是內在一致的。結合這種語境來看，洪先生對《手稿》中共產主義的理解顯然是存在問題的，儘管很大程度上可以說馬克思此時對共產主義的理解尚帶有很強的思辨哲學與哲學人類學的痕跡。

二、《從唯心到唯物》對《手稿》的研究

　　上文已經表明，進入 21 世紀以後，洪先生對《手稿》持續關注的特點之一是，突出黑格爾《精神現象學》中的「勞動」主題和「精神外化論」對馬克思思想的影響。這一特點，在其 2007 年出版的《從唯心到唯物——黑格爾哲學對馬克思主義的衝擊》中體現的最為明顯。從該書的結構來看，直接涉及《手稿》內容的部分，集中在第四章「馬克思早期的著作與黑格爾哲學的批判」中的第五節「《經濟哲學手稿》的創意」、第五章「馬克思詮釋黑格爾《精神現象學》之文本與析評」、第六章「馬克思評《現象學》的解讀」、第七章「從

---

[212]《馬克思恩格斯全集》第 3 卷，北京：人民出版社，2002 年第 2 版，第 297、311 頁。

唯心主義到唯物主義的辯證法」第四、五、六節（小標題分別為：「主僕關係」、「對世界的反思與商品拜物教」和「異化與顛倒」）以及第八章「馬克思的人性論」第五、八節（小標題分別為：「人與人類」和「資本主義社會中人的異化」）。該書的上述這些章節，有些是對《手稿》文本的直接解讀和評析（如第五、六章），有的則是追溯《手稿》相關內容的黑格爾淵源和依據，但主題基本上都是在與黑格爾哲學，尤其是黑格爾《精神現象學》中的「勞動」和外化論的比較中展開。

洪鎌德著《從唯心到唯物——黑格爾哲學對馬克思主義的衝擊》，人本自然文化事業有限公司，2007

在該書中，洪先生首先指出，在馬克思早期著作中「仍以《巴黎手稿》最具創意」[213]，因為「《巴黎手稿》代表一個知識上長程的發現之旅，裡頭充滿新奇發現之樂趣」[214]。基於此種認知之上，他批判了學界對待《手稿》的三種錯誤態度。

其一是以阿圖塞為代表的西方部分學者認為，《手稿》只不過是馬克思

---

[213] 洪鎌德：《從唯心到唯物——黑格爾哲學對馬克思主義的衝擊》，臺北：人本自然文化事業有限公司，2007 年，第 152 頁。

[214] 洪鎌德：《從唯心到唯物——黑格爾哲學對馬克思主義的衝擊》，臺北：人本自然文化事業有限公司，2007 年，第 153 頁。

早期不成熟的半成品，與後來代表馬克思思想成熟和理論體系科學化的《資本論》根本無法比擬。但洪先生認為，這種看法「不無錯誤之嫌」，因為「後來的作品不該用來遮蓋 1844 年草（手）稿的光芒，特別是草（手）稿中提到『異化的勞動』那個重要主題」[215]。其二是一些學者認為，作為《手稿》核心範疇的異化概念只不過是馬克思鸚鵡學舌般地模仿費爾巴哈的宗教異化之說法而已，並無實質性的創新之處。「在這種說詞之下，批評家說馬克思在《巴黎手稿》中變成了這種費爾巴哈式的說詞之囚犯，其結果給予吾人的不過是一個人類學的理論，一個把人當抽象的動物之理論，而脫離了人群社會與歷史關係」[216]。但實際上，在異化問題的理解上，馬克思顯然並非費爾巴哈宗教異化論的簡單模仿者，而是「延伸擴大費爾巴哈的見解」[217]。《手稿》時期的馬克思，其思想儘管有明顯的哲學人類學痕跡，但這種哲學人類學亦並非完全等同於費爾巴哈意義上的。馬克思保留了費爾巴哈關於人的「類本質」的說法，但其所理解的「人」肯定不是抽象的和脫離人類社會與歷史關係的存在。這在《手稿》中有十分清晰的表述可以證明：「首先應當避免重新把『社會』當作抽象的東西同個體對立起來」[218]。換言之，個人是社會性和關係性存在。《手稿》中關於人的這種理解，在之後的〈關於費爾巴哈的提綱〉、《德意志意識形態》和《政治經濟學批判導言》中均有進一步發揮。其中，在《提綱》中馬克思把其表述為「人的本質不是單個人所固有的抽象物，在其現實性上，它是一切社會關係的總和」[219]；在《形態》中，他則說：「只有在共同體中，個人才能獲得全面發展其才能的手段，也就是說，只有在共同體中才可能有個人自由」[220]。在《導言》中他更進一步表明「人是最名副其實的政治動物，不僅是一種合群的動物，而且是只有在社會中才能獨立的動物。孤立的一個人在社會之

---

[215] 洪鎌德：《從唯心到唯物——黑格爾哲學對馬克思主義的衝擊》，臺北：人本自然文化事業有限公司，2007 年，第 153 頁。

[216] 洪鎌德：《從唯心到唯物——黑格爾哲學對馬克思主義的衝擊》，臺北：人本自然文化事業有限公司，2007 年，第 154 頁。

[217] 洪鎌德：《從唯心到唯物——黑格爾哲學對馬克思主義的衝擊》，臺北：人本自然文化事業有限公司，2007 年，第 154 頁。

[218]《馬克思恩格斯全集》第 3 卷，北京：人民出版社，2002 年第 2 版，第 302 頁。

[219]《馬克思恩格斯選集》第 1 卷，北京：人民出版社，2012 年第 3 版，第 135 頁。

[220]《馬克思恩格斯文集》第 1 卷，北京：人民出版社，2009 年，第 571 頁。

外進行生產——這是罕見的事」[221]。可見，把人理解爲社會性和關係性存在，在馬克思思想中是一貫的。斷定《手稿》中馬克思對人的理解仍然是抽象的和非歷史的，並不符合馬克思思想的實際情況。其三是一些學者認爲，「異化」和「疏離」等用語只是馬克思早期不成熟的用法，在其後期作品中這些術語漸告消失。馬克思後期放棄對這些範疇的使用，事實上已經表明他本人對其早期思想是不滿意的。這也警示我們不應該給予包括《手稿》在內的馬克思早期作品以過高的重視。但洪先生認爲，由後期馬克思逐漸減少「異化」概念的使用這一情況，來斷定馬克思早期思想之不成熟的做法無法成立。這種做法實際上正顯示了批評者在馬克思的異化論認識上的無知：「這種批評顯示批評者無知於馬克思把異化、疏離同拜物教看成一體，或至少忘記他把『Entässerung』、『Entfremdung』與『Versachlichung』、『Verdinglichung』看成同義字。事實上，在 1859 年的另一長稿《綱要》與《剩餘價值的理論》出現了上百個『異化』、『疏離』等字眼」[222]。當然，前文相關論述中筆者已經表明過，洪先生把馬克思筆下的「Entässerung」、「Entfremdung」與「Versachlichung」、

---

[221]《馬克思恩格斯全集》第 30 卷，北京：人民出版社，1995 年第 2 版，第 25 頁。

[222] 洪鎌德：《從唯心到唯物——黑格爾哲學對馬克思主義的衝擊》，臺北：人本自然文化事業有限公司，2007 年，第 154 頁。在該書的另一處洪先生進一步説道：「把前期的馬克思著作當作『人本主義』或『人道主義』的馬克思學說，把其後期的作品看作『科學的』社會主義學說，而硬性腰斬馬克思爲前期與後期的斷然不同（像阿圖舍指稱的『認識學上之斷裂』）是沒有道理的。其原因爲：（1）『早期馬克思』與『後期馬克思』的學說並無鑿枘難容、軒輊有別的截然不同，而是早晚擁有清楚的與不容懷疑的連續性；（2）馬克思本人不只始終對這個連續性有所意識，而且很明顯地在其後期巨作《資本論》中透露其研究的主要標的是黑格爾，也是對黑格爾學說的不滿所產生的反彈。」參見洪鎌德：《從唯心到唯物——黑格爾哲學對馬克思主義的衝擊》，臺北：人本自然文化事業有限公司，2007 年，第 183 頁。在 2010 年出版的《馬克思的思想之生成與演變——略談對運動哲學的啓示》一書中，洪先生也説：「假使馬克思早年創造一個哲學的共產主義，而成年之後完成另一個科學的社會主義的話，那麼兩個馬克思主義並沒有法國哲學家阿圖舍所宣稱的『認識學論上的斷裂』，反而是一套中心思想，沒有前後矛盾反而始終秉持一貫圓融的主張。只是前期比較側重個人、異化、勞動異化及其克服、批判兼實踐的鼓吹，後者則注視分工、階級、剝削、階級鬥爭、世界革命的推行。重點儘管有異，但前後期的目標，都是消除典章制度對人的束縛、壓迫，力求廢除私產，而達到人全面的解放。」參見洪鎌德：《馬克思的思想之生成與演變——略談對運動哲學的啓示》，臺北：五南圖書出版股份有限公司，2010 年，第 163 頁。

「*Verdinglichung*」看成同義詞的做法，並不完全可取。因為，馬克思是明確區分了「異化」（*Entfremdung*）與「外化」（*Entässerung*）的。在他那裡，「*Versachlichung*」（物象化、事物化）與「*Verdinglichung*」（物化）也並不完全一致[223]。但洪先生對學界對待《手稿》之上述三種錯誤態度的批評，無疑是十分中肯的。

其次，相比於其之前對《手稿》的研究主要關注其中的異化論不同，洪先生在該書中對《手稿》研究的最大特點是，集中對第三手稿中的「對黑格爾辯證法和一般哲學的批判」進行了詳細的文本分析和批評。這種文本分析和批評，正體現了洪先生一直以來致力於以西方「馬克思學」（*Marxologie*）精神研究和評判馬克思著作，以及揭示馬克思思想精髓之旨趣。在洪先生看來，就《手稿》第三部分的論述內容來看，馬克思認為黑格爾《精神現象學》的重要性在於，它把人的自我產生把握為一個過程，把對象化理解為失去對象，理解為外化和外化之揚棄。這一事實表明，黑格爾把握住了勞動的本質，「把對象性的人、現實的因而是真正的人理解為他**自己的勞動**的結果」[224]。人與作為類存在的他自身發生現實的和能動的關係，換言之，人把自己實現為真正的類存在的可能性在於，他把其所有的潛在類能力「做實在的應用」[225]。要達到此一目標，「只有通過人的全部活動、只有作為歷史的結果」[226]，並把這些潛在的類能力當作對象來對待。但這首先又要求必須外化它們，即對其以對象化的形式來呈現[227]。在馬克思看來，黑格爾能做到這一點，無疑是人類思想史上的一大創舉。但其功績並不能掩蓋《精神現象學》的失誤。從總體上看，馬克思認為黑格爾在《精神現象學》中犯了兩大錯誤[228]。第一個錯誤在於，黑格爾對

---

[223] 關於馬克思筆下「*versachlichung*」與「*verdinglichung*」的具體區分，可參見劉森林：〈重思「物化」——從 *Verdinglichung* 與 *Versachlichung* 的區分入手〉，《哲學動態》（北京），第 10 期，2012 年。

[224]《馬克思恩格斯全集》第 3 卷，北京：人民出版社，2002 年第 2 版，第 320 頁。

[225] 洪鎌德：《從唯心到唯物——黑格爾哲學對馬克思主義的衝擊》，臺北：人本自然文化事業有限公司，2007 年，第 167 頁。

[226]《馬克思恩格斯全集》第 3 卷，北京：人民出版社，2002 年第 2 版，第 320 頁。

[227] 洪鎌德：《從唯心到唯物——黑格爾哲學對馬克思主義的衝擊》，臺北：人本自然文化事業有限公司，2007 年，第 167 頁。

[228] 洪鎌德：《從唯心到唯物——黑格爾哲學對馬克思主義的衝擊》，臺北：人本自然文化事業有限公司，2007 年，第 165 頁。

異化做了觀念論式理解。在作為黑格爾哲學精神之「眞正誕生地和祕密」[229]的《精神現象學》中，人類的一切經驗現象（如財富、國家和權力等）均被把握為絕對精神的外化產物，即哲學思想的抽象品，從而整個意識活動的終點只能停留於絕對知識之上。由此，「異化的整部歷史與異化的整體取消變成了絕對思想、邏輯的思辨的思想之生產史。疏離（外化）及其超越是整個異化說眞正引人注目之形式，乃是在己與為己的對立，是意識與自我意識的對立，是客體與主體的對立，是思想本身與感性的實在（或是實在的感覺）之間的對立。其他的對立和對立的運動只是外觀、表現、面具，或是兩個對立物所呈現怪異的面目，這些都是世俗的對立，這不是一種事實，而是人的本質在非人的方式下客體化（對象化）為它本身，為的是與抽象化的思想不同與反對。這構成了異化、外化的本質而企圖加以克服與超越」[230]。總之，鑑於黑格爾犯了只是在思想中發現了異化和要求在思想中克服異化的錯誤，他對人類歷史和社會現象的全部描述也都不過是純粹思想和意識中的事情。

黑格爾的第二個錯誤在於，其思想的強大觀念論傳統所帶來的神祕主義和非批判性[231]。正是由於黑格爾把一切感覺世界的事物都把握為絕對精神的對象化形式，認為精神和思維才是人的眞正的本質，才是邏輯展開的起點、終點和動力。相應地，作為人類勞動產物的人化自然，被把握為精神和思想的產物。因此，「《現象學》掩蔽與神祕化批判主義，造成批判主義無法達到自我澄清的地步。就算它可以在人的異化裡掌握異化——不是現實的人，而是思想中的人——所有的批判主義之因素都隱藏在其中，而常常在準備與發掘中超過了黑格爾的觀點。例如『不快樂的意識』、『誠實的意識』、高貴與低賤意識的對抗等等都含有批判性的因素，但仍舊在異化的形式中，也就是在宗教、國家、市民社會中打轉。正因為黑格爾所處理的單元與對象都是思想單元，因之主體不是意識，便是自我意識，或是把對象、客體當成抽象的意識與自我意識的表現。因之，抽象的意識一旦被視為客體，它的本身就成為自我意識的環節（瞬間、片刻）。運動（變化）的結果無非自我意識或意識、絕對知識的認同體制

---

[229]《馬克思恩格斯全集》第 3 卷，北京：人民出版社，2002 年第 2 版，第 316 頁。
[230] 洪鎌德：《從唯心到唯物——黑格爾哲學對馬克思主義的衝擊》，臺北：人本自然文化事業有限公司，2007 年，第 165-166 頁。
[231] 洪鎌德：《從唯心到唯物——黑格爾哲學對馬克思主義的衝擊》，臺北：人本自然文化事業有限公司，2007 年，第 166 頁。

生成變化。抽象的思想不再指向外頭，而是在其本身中活動，是故結果乃爲純粹思想的辯證活動」[232]。

可以看出，馬克思指認黑格爾所犯的兩大錯誤，實際上都可以歸結於黑格爾思想的觀念論本質之上。基於對黑格爾思想的這種把握，馬克思進而對《精神現象學》中的勞動觀進行了批判。馬克思首先指出，黑格爾所持有的立場是現代國民經濟學的觀點，即他把勞動把握爲人的本質以及人的本質外化的過程。這是黑格爾早期研究斯圖加特和斯密等人政治經濟學的產物，也是他在人的本質的理解上所做出的重大創見。如果說斯密因爲發現了勞動在經濟學中的重要性，而被稱爲「經濟學中的路德」的話，那麼，基於同樣的理由我們也可以把黑格爾稱爲「哲學中的路德」。可見，在發現勞動之於人的本質的重要性這一點上，馬克思與黑格爾保持高度的一致，但這並不意味著馬克思就完全認同黑格爾的觀點。

再次，洪先生細緻地梳理了《手稿》中馬克思對黑格爾外化論的批判性論述。在洪先生看來，《手稿》中馬克思顯然是借鑑了費爾巴哈的「轉型批判法」（即主謂顛倒法），把黑格爾的「精神的異化」指認爲事實上「無非是人的異化」，並要求把被黑格爾弄顛倒了的神與人、主詞與謂詞之關係重新顛倒過來[233]。由此出發，馬克思不是把《精神現象學》當作「精神的教化史」或「自我意識的教化史」，而是當作「人的教化史」來閱讀。其中，馬克思認爲黑格爾的最重要創舉就是其辯證法內蘊的「作爲推動原則和創造原則的否定性」，這是指黑格爾把人的自我創造當成過程來看待，把對象化當作失去對象，當作外化和這種外化的揚棄。因此，可以說，黑格爾把握到了勞動的本質，把對象性的人理解爲其自身勞動的結果[234]。但黑格爾的這種創建是以觀念論之形式闡釋出來的，其所付出的代價也是巨大的。從總體上看，馬克思認爲黑格爾的主要錯誤有：把人化約爲自我意識，相應地，把人的活動化約爲精神的勞動；只看到了勞動的積極的方面，而沒有看到勞動的消極的方面，並把對象化、外化與異化相混淆；把異化的揚棄等同於精神向自身內部的回返和復歸。我們分別展開來加以考察。

---

232 洪鎌德：《從唯心到唯物——黑格爾哲學對馬克思主義的衝擊》，臺北：人本自然文化事業有限公司，2007 年，第 166-167 頁。

233 洪鎌德：《從唯心到唯物——黑格爾哲學對馬克思主義的衝擊》，臺北：人本自然文化事業有限公司，2007 年，第 189 頁。

234《馬克思恩格斯全集》第 3 卷，北京：人民出版社，2002 年第 2 版，第 320 頁。

黑格爾依據「精神」的自我運動建構了一個龐大的觀念論體系

　　其一，馬克思在讚揚黑格爾把握到了勞動之於人的本質重要性的同時，批評他把人化約爲自我意識，把人的活動化約爲精神的活動。在馬克思看來，黑格爾站在現代國民經濟學家的立場上，感受到了人本質上是從事勞動和進行生產的動物。但由於整個《精神現象學》探討的是「意識經驗的科學」（*Wissenschaft der Erfahrung des Bewußseins*），因此，黑格爾所說的全部內容就是意識或精神的事情，而非現實的個人自身的事情。相應地，他所談到的勞動本質上也不過是「精神的勞動」，其所涉及的是意識和自我意識的活動，而非馬克思所說的「現實的個人」或「現實的、有生命的個人」[235]之感性對象性活動。以此類推，黑格爾所探討的「外化」、「異化」必然是絕對精神和自我意識的外化、異化，而非「現實的個人」的生活外化、異化。換言之，由於黑格爾把人的本質等同於自我意識，其結果必然造成「人性」的所有異化除了是自我意識之外什麼都不是。根據黑格爾的觀點，自我意識的異化不能只是被看作人在現實中異化的具體表達。相反，「實際的、在現實中的異化，在其最終的眞實本質裡只是自我意識異化的表面、外貌」。正因爲其只討論表面、外貌

---

[235]《馬克思恩格斯選集》第 1 卷，北京：人民出版社，2012 年第 3 版，第 151-153 頁。

和現象，馬克思說黑格爾才把關於「意識經驗的科學」稱為「現象學」[236]。

其二，馬克思批評黑格爾只看到了勞動的「積極的方面」，而沒有看到勞動的「消極的方面」，並把「對象化」、「外化」與「異化」相混淆。由於黑格爾「站在現代國民經濟學的立場上」把握到了勞動的重要性，但現代國民經濟學在領會了勞動構成各國財富之真正源泉的同時，恰恰竭力避免討論勞動的「消極的方面」，因此，「站在現代國民經濟學立場上」的黑格爾必然延續國民經濟學的這種缺陷，即只關注勞動的「積極的方面」，而忽視勞動的「消極的方面」。不過，馬克思認為：「勞動本身，不僅在目前的條件下，而且就其一般目的僅僅在於增加財富而言，在我看來是有害的、招致災難的」[237]。這尤其表現在，「貧困從現代勞動本身的**本質**中產生出來」[238]。進一步說，「勞動為富人生產了奇跡般的東西，但是為工人生產了赤貧。勞動生產了宮殿，但是給工人生產了棚舍。勞動生產了美，但是使工人變成畸形。勞動用機器代替了手工勞動，但是使一部分工人回到野蠻的勞動，並使另一部分工人變成機器。勞動生產了智慧，但是給工人生產了愚鈍和癡呆」[239]。總之，勞動自身的生產物變成異己的外在支配力量，反過來對抗其自身。正是因為黑格爾只看到勞動的「積極的方面」，而沒有看到其「消極的方面」，造成他把「外化」、「對象化」與「異化」相混淆。根據馬克思的理解，「對象化」之內涵大約等同於

---

236 洪鎌德：《從唯心到唯物——黑格爾哲學對馬克思主義的衝擊》，臺北：人本自然文化事業有限公司，2007 年，第 192 頁。在《手稿》中，馬克思的表述是：「**人的本質，人，在黑格爾看來＝自我意識。因此，人的本質的全部異化不過是自我意識的異化。自我意識的異化沒有被看作人的本質的現實異化的表現**，即在知識和思維中反映出來的這種異化的表現。相反，**現實的即真實地出現的異化，就其潛藏在內部最深處的**——並且只有哲學才能揭示出來的——本質來說，不過是現實的人的本質即**自我意識的異化現象。因此，掌握了這一點的科學就叫現象學**。因此，對異化了的對象性本質的全部重新占有，都表現為把這種本質合併於自我意識：掌握了自己本質的人，僅僅是掌握了對象性本質的自我意識。因此，對象向自我的復歸就是對象的重新占有。」《馬克思恩格斯全集》第 3 卷，北京：人民出版社，2002 年第 2 版，第 321-322 頁。

237《馬克思恩格斯全集》第 3 卷，北京：人民出版社，2002 年第 2 版，第 231 頁。

238《馬克思恩格斯全集》第 3 卷，北京：人民出版社，2002 年第 2 版，第 232 頁。

239《馬克思恩格斯全集》第 3 卷，北京：人民出版社，2002 年第 2 版，第 269-270 頁。

「現實化」，因此，他說「勞動的現實化就是勞動的對象化」[240]。而「異化」則是「對象化」的一種異變形式。換言之，「異化」只是「對象化」發展過程中的一個特定階段，且是一種畸形的發展階段。如果說，「對象化」是通過勞動的方式來實現的，那麼，黑格爾由於沒有區分勞動的「積極的方面」與「消極的方面」，他就無法從精神的「外化」[241]過程中識別出「異化」，更遑論對異化現象展開批判。正像洪先生所說的那樣，「黑格爾把外化與異化等同，使他對異化不採取批評的態度」[242]。

　　但洪先生認為，這或許是馬克思對黑格爾的一大誤解，並由此影響了後來的黑格爾批評家。原因在於，黑格爾於《精神現象學》中根本就沒有使用過「對象化」（即洪先生下文中所說的「客體化」）這個詞：「我們翻遍《現象學》一書卻找不到哪頁、哪行黑格爾曾使用『客體化』（*Vergegenständlichung*）的字眼，我們在全書本文中只發現黑格爾使用 *Entäusserung*，如果以為黑格爾只把『客體化』當作異化來看待，那麼馬克思所使用的『客體化』範疇便告消失（此字在肯定的意思下是指透過勞動或對客體物的加工，使客體物建立起其內在本質的關係）。不只如此，也（疑為「他」的筆誤──引者注）這樣把客體化用一個完全不同的 *Entäusserung* 的詞彙來取代，也等於轉移黑格爾的問題叢結。就像 *Vergegenständlichung*（客體化）一樣，*Entäusserung* 不只有『設定為客體』之意，還有放棄、棄絕（那些可以呈現出來的外表）之意思。馬克思遂說：『異化（*Entfremdung*）建構了這個外化（棄絕）*Entäusserung* 的真實旨趣』」[243]。針對有人可能會質疑說，《精神現象學》中黑格爾儘管沒有使用「對象化」，但卻使用了「對象性」（*Gegenständlichkeit*）這一範疇，洪先生回答說：「但黑格爾無法想像客體性（即對象性──引者注），除非把它當成異化、外化來看待。是故他何以用『客體性』來取代『異化』之原因，是令人費解的。再說，把客體性等同於外化、異化使黑格爾能夠解釋實際的異化是從一般性、普遍性的客體化當中產生（湧現）出來，而非從某一特別歷史制約之客

---

[240]《馬克思恩格斯全集》第 3 卷，北京：人民出版社，2002 年第 2 版，第 268 頁。

[241] 一般來說，在黑格爾那裡，「外化」之意涵等同於「對象化」。

[242] 洪鎌德：《從唯心到唯物──黑格爾哲學對馬克思主義的衝擊》，臺北：人本自然文化事業有限公司，2007 年，第 202 頁。

[243] 洪鎌德：《從唯心到唯物──黑格爾哲學對馬克思主義的衝擊》，臺北：人本自然文化事業有限公司，2007 年，第 198 頁。

體性的『方式』（*Weise*, mode）中產生（湧現）出來。因之，取代實在的歷史解決，黑格爾把問題置入於一般哲學的思考裡，然後發出完全屬於哲學的解決辦法」[244]。當然，質疑者可以進一步向洪先生追問說，《精神現象學》中黑格爾是否使用了「對象化」這個詞並不是十分重要，重要的是，從語用學的角度去把握，其所說的「外化」事實上與後來的「對象化」一詞幾乎同義。從這個意義上說，馬克思批評黑格爾混淆了「對象化」和「異化」之間的差別，當然是成立的。筆者認為，無論洪先生判定馬克思誤讀黑格爾是否成立，他的這種「馬克思學」的考據精神都是值得學習和倡導的。

其三，馬克思批評黑格爾把異化的揚棄等同於精神向自身內部的回返和復歸。馬克思認為，在黑格爾那裡，異化的克服不是通過歷史的和現實實踐活動，而是訴諸於精神向自身的回返和復歸。其觀念論實質決定了，即便他涉及到私有財產、國家和宗教等之揚棄主題，也不過是「先承認它們存在於意識、思想中，然後一一予以摒棄、超越」[245]。馬克思顯然不會滿足於這種只在觀念中打轉的做法。在他看來，如果克服異化採取黑格爾《精神現象學》中的方式，即只停留於觀念中揚棄私有財產而不在現實中採取任何實際行動，「異化會繼續留下來」[246]。換言之，黑格爾提供的「和解」現代性分裂之方案只限於精神層面，仍把現實中的異化置於一邊而不顧。這表示他「對異化的實在世界一點批判也沒有，更不要說要改變客體世界的本質與形貌」[247]。與黑格爾的做法相反，馬克思認為只有通過訴諸革命實踐而非思辨的和解之方式，現實中的異化才能真正被克服。因此，他說：「要揚棄私有財產的**思想**，有**思想上的**共產主義就完全夠了。而要揚棄現實的私有財產，則必須有**現實的**共產主義行動」[248]。

---

[244] 洪鎌德：《從唯心到唯物——黑格爾哲學對馬克思主義的衝擊》，臺北：人本自然文化事業有限公司，2007 年，第 198-199 頁。

[245] 洪鎌德：《從唯心到唯物——黑格爾哲學對馬克思主義的衝擊》，臺北：人本自然文化事業有限公司，2007 年，第 193 頁。

[246] 洪鎌德：《從唯心到唯物——黑格爾哲學對馬克思主義的衝擊》，臺北：人本自然文化事業有限公司，2007 年，第 193 頁。

[247] 洪鎌德：《從唯心到唯物——黑格爾哲學對馬克思主義的衝擊》，臺北：人本自然文化事業有限公司，2007 年，第 193 頁。

[248]《馬克思恩格斯全集》第 3 卷，北京：人民出版社，2002 年第 2 版，第 347 頁。

三、《馬克思的思想之生成與演變》對《手稿》的理解

　　2010 年出版的《馬克思的思想之生成與演變》一書，洪先生繼續沿著新世紀以來其研究《手稿》的特點，即重點挖掘《手稿》中黑格爾思想資源向前推進。這種「推進」，主要表現在三個方面。其一，洪先生把《手稿》中馬克思借用費爾巴哈的「轉型批判」（主謂顛倒法）對黑格爾精神現象學之觀念論實質的批判，概括為從「精神現象學」到「人學現象學」的轉變。其二，與之前的相關研究相比，洪先生不僅強調黑格爾的精神外化論與費爾巴哈的宗教異化論對馬克思異化勞動思想的影響，更突出《手稿》中異化勞動論的青年黑格爾派淵源，尤其是強調蒲魯東的財產權批判和赫斯的金錢異化及剝削論對馬克思的重要影響。其三，洪先生在把馬克思早期所理解的共產主義指認為「哲學的共產主義」基礎上，對《手稿》中的共產主義思想進行了集中的探討。這種「推進」也表現在其使用的相關術語的規範方面，比如，與之前混合使用「疏離」、「外化」與「異化」相比，洪先生開始比較自覺地把「異化」概念作為主導用法，並把他之前使用的「外在化」、「客體化」改稱為「對象化」。儘管「外化」範疇仍經常使用，但「疏離」這一說法明顯減少，頂多只是偶然出現。一種術語或範疇的改變，不僅僅涉及語言學層面的問題。實際上，其背後折射的是此種術語或範疇的使用者對該術語或範疇的具體內涵及其所依託的文

洪鎌德著《馬克思的思想之生成與演變——略談對運動哲學的啟示》，五南圖書出版股份有限公司，2010

本語境理解之深化。即便從語言哲學的觀點看，語義的問題亦必須放在語用學語境中才能得到更好的理解和解決。諸如「外化」、「異化」和「對象化」這些範疇，對其的理解事實上直接涉及對馬克思與黑格爾思想異同的把握。馬克思於《手稿》中對黑格爾因不了解勞動的「消極的方面」從而混淆「異化」與「對象化」之差別的批判，正表明了這一點。

首先，從「精神現象學」到「人學現象學」。從其早期思想的演進歷程來看，馬克思對黑格爾思辨哲學的反省由來已久。早在萊茵報時期「第一次遇到要對所謂物質利益發表意見的難事」[249]時，他就開始著手反思物質利益與國家和法的關係問題，並爲批判黑格爾理性法哲學做了鋪墊和準備。其間，費爾巴哈對黑格爾哲學之觀念論實質的批判，尤其是《關於哲學改革的臨時綱要》中他對思維與存在關係問題的唯物主義論述，給予馬克思提供了方法論上的借鑑。透過《黑格爾法哲學批判》的撰寫，馬克思認爲黑格爾顛倒了市民社會和政治國家之間的關係。黑格爾把國家觀念變成了獨立的主體，而家庭和市民社會對國家（理念）的現實關係則變成了「觀念的**內在想像**的活動」[250]。但實際上，「家庭和市民社會都是國家的前提」[251]，它們才是根本性的動力，「政治國家沒有家庭的自然基礎和市民社會的人爲基礎就不可能存在。它們對國家來說是必要條件」[252]。馬克思認爲黑格爾的法哲學不過是其邏輯學的具體應用，相較於法哲學而言，邏輯學對黑格爾才更基礎。因此，倘若把黑格爾的觀念論還原爲其邏輯學的話語，即爲他顛倒了主詞和謂詞之間的關係。「重要的是黑格爾在任何地方都把觀念當作主體，而把本來意義上的現實的主體，例如『政治信念』變成謂語。而發展卻總是在謂語方面完成的」[253]。馬克思對黑格爾哲學之觀念論本質的這種批判在《手稿》中以另一種形式得到進一步展開。不過，其所關注的黑格爾文本從《法哲學原理》轉變爲《精神現象學》。之所以如此，是因爲馬克思認爲《精神現象學》是黑格爾哲學的「眞正的誕生地和祕密」。

[249]《馬克思恩格斯全集》第 31 卷，北京：人民出版社，1998 年第 2 版，第 411 頁。
[250]《馬克思恩格斯全集》第 3 卷，北京：人民出版社，2002 年第 2 版，第 10 頁。
[251]《馬克思恩格斯全集》第 3 卷，北京：人民出版社，2002 年第 2 版，第 10 頁。
[252]《馬克思恩格斯全集》第 3 卷，北京：人民出版社，2002 年第 2 版，第 12 頁。
[253]《馬克思恩格斯全集》第 3 卷，北京：人民出版社，2002 年第 2 版，第 14 頁。引文中的「主體」應譯爲「主詞」才能與「謂詞」或「謂語」對應。

　　洪先生認為，黑格爾於《精神現象學》中初步建構的歷史哲學「為馬氏建構人的現象學之藍本，特別是人在勞動過程中的自我異化」[254]。之所以如此，是因為馬克思斷定黑格爾在其中所談論的絕對精神的外化和辯證發展歷程，實質上不過是關於「意識經驗的科學」，即人從無意識到有意識、從無知到有知的心理變遷行徑[255]。因此，外化的真正主體實際上不是黑格爾所說的「絕對精神」，而是感性的、活生生的和「現實的個人」（wirklichen Individuen）。與費爾巴哈把黑格爾的「絕對精神」等同於「神」，認定神的本質就是人的本質的異化形式，並因而要求以抽象的類「人」代替「絕對精神」不同，馬克思儘管同意費爾巴哈的宗教異化論的主要內容，但他認為異化的主體不應該是不食人間煙火的抽象化的一般「人」（Menschen），而應該是從事經濟財富和商品生產的「現實的人」（wirklichen Menschen）。與費爾巴哈相比，黑格爾《精神現象學》中對相關論題的分析更切中人的現實，也是其以思辨的形式對古典政治經濟學的呼應。由此，馬克思認為黑格爾的《精神現象學》事實上以隱蔽的形式回應與再現了斯密等人的政治經濟學內容。這尤其體現為《精神現象學》中的勞動論題，「是故黑格爾主義的祕密說穿了是涉及人的勞動過程」[256]。在馬克思看來，黑格爾充分認識到了人是從事勞動的動物，並其在從事勞動的過程中成長、發展和完善自己，因此，勞動成為人區別於其他動物的重要根據。相應地，黑格爾所展示的絕對精神的勞動外化史事實上「潛藏著對政治經濟學之批判」，「假使以『人』取代『精神』的話，那麼黑格爾這個理論可以表達人的經濟生活乃為『異化的勞動』（entfremdete Arbeit）。這便是政治經濟學批判的鑰匙，因為『政治經濟學在忽視勞動者與生產直接關係下，把勞動的性質中所包含的異化加以隱藏』」[257]。質言之，根據馬克思的觀點，《精神現象學》實際上已經以隱蔽的形式勾勒出了「人的現象學」，只是黑格爾本人

---

[254] 洪鎌德：《馬克思的思想之生成與演變——略談對運動哲學的啟示》，臺北：五南圖書出版股份有限公司，2010 年，第 167 頁。

[255] 洪鎌德：《馬克思的思想之生成與演變——略談對運動哲學的啟示》，臺北：五南圖書出版股份有限公司，2010 年，第 167 頁。

[256] 洪鎌德：《馬克思的思想之生成與演變——略談對運動哲學的啟示》，臺北：五南圖書出版股份有限公司，2010 年，第 167 頁。

[257] 洪鎌德：《馬克思的思想之生成與演變——略談對運動哲學的啟示》，臺北：五南圖書出版股份有限公司，2010 年，第 168 頁。

對此並不自知，更不可能詳加闡釋。

　　洪先生認爲，馬克思基於對黑格爾《精神現象學》的上述認知，在《手稿》中「發展一套圍繞黑格爾思想打轉的哲學」，但其又不完全是黑格爾式的，而是「本身帶有馬克思思維的印記」[258]。這主要體現爲，馬克思把自己新思維的主題設定爲「人類如何把自己從非人、低等的人製造成自由的人、完人之歷程」[259]，而非黑格爾意義上的絕對精神的外化展開。通過對費爾巴哈「類人」說法的借用，馬克思亦認爲人並非是指原子化的、孤立存在的個人，而是指稱作爲族類成員的人，後來他進一步把其稱爲「社會關係中的個人」。《手稿》中馬克思儘管同樣使用了費爾巴哈的「類人」的說法，把人理解爲一種類的存在，但這並不意味著馬克思「忽視了諸個人是人類集體的部分或參與者」[260]。事實上，馬克思認爲「個人的生活和類生活並無分別」，原因在於近代意義上的個人之規定只不過是人類諸規定之一。在這個意義上，個人的生活是其類生活的縮影。因此，洪先生斷言《手稿》中所說的「人」必須被理解爲「普遍人、一般人」[261]。這種「普遍人、一般人」，其現實性在於馬克思賦予他們的「創造力」。馬克思基本上把他們看作生產性的存在。在他看來，所謂「類生活」，本質上就是一種「生產性的生活」（productive-living），並且是在各種不同形式下的「生產性的生活」。在《手稿》之後的《德意志意識形態》中，馬克思與恩格斯甚至說：「個人怎麼樣表現自己的生命，他們自己就是怎樣。因此，他們是什麼樣的，這同他們的生產是一致的——既和他們生產**什麼**一致，又和他們**怎樣**生產一致。因而，個人是什麼樣的，這取決於他們進行生產的物質條件」[262]。

　　總之，如果說黑格爾將世界歷史把握爲絕對精神的外化史，那麼，馬克思則在創造性地吸收黑格爾思想的基礎上，把世界歷史理解爲人通過勞動與生產

[258] 洪鎌德：《馬克思的思想之生成與演變——略談對運動哲學的啓示》，臺北：五南圖書出版股份有限公司，2010 年，第 168 頁。

[259] 洪鎌德：《馬克思的思想之生成與演變——略談對運動哲學的啓示》，臺北：五南圖書出版股份有限公司，2010 年，第 168 頁。

[260] 洪鎌德：《馬克思的思想之生成與演變——略談對運動哲學的啓示》，臺北：五南圖書出版股份有限公司，2010 年，第 170 頁。

[261] 洪鎌德：《馬克思的思想之生成與演變——略談對運動哲學的啓示》，臺北：五南圖書出版股份有限公司，2010 年，第 171 頁。

[262]《馬克思恩格斯選集》第 1 卷，北京：人民出版社，2012 年第 3 版，第 147 頁。

對象化的創生史。這在《手稿》中被凝鍊地表達爲：「**整個所謂世界歷史不外是人通過人的勞動而誕生的過程，是自然界對人來說的生成過程，所以關於他通過自身而誕生、關於他的形成過程，他有直觀的、無可辯駁的證明**」[263]。正因爲如此，洪先生認爲馬克思把勞動與生產看作創造世界歷史的原動力。這也構成了馬克思理解人的現象的具體方式。如果說黑格爾的精神現象學對勞動外化的分析，表明他把握到了「抽象的精神的勞動」之創造性和生產性的原則意義，那麼，馬克思通過對古典政治經濟學與黑格爾思想的批判性分析，同樣把握到了勞動和生產之於人類歷史的存在論（Ontology）意義。只不過，經由吸納費爾巴哈的唯物論和轉型批判方法，馬克思不再把歷史的主體把握爲黑格爾意義上的「絕對精神」，而是把握爲能動的、活生生的作爲類存在的「人」。從而，世界歷史由黑格爾所理解的絕對精神的外化史，轉變爲馬克思所說的人的類本質和各種潛能的對象化展開史。相應地，黑格爾的「精神現象學」也被轉變爲馬克思筆下的「人的現象學」。

其次，拓展了《手稿》中異化論的青年黑格爾派思想淵源。在對《手稿》中異化論思想淵源的研究上，既往學界多集中於黑格爾的精神外化論與費爾巴哈的宗教異化論發力，而對早年馬克思同時期的其他青年黑格爾派代表關注得不夠。洪先生在該書中對《手稿》異化論淵源的探討上，則一改既往學界的上述狀況，不僅重點考察了黑格爾與費爾巴哈對馬克思異化論的重要影響，還考察了蒲魯東和赫斯等青年黑格爾派主要代表對馬克思《手稿》內容的影響。就蒲魯東來看，他對於馬克思異化論思想的影響，主要體現在他於 1840 年出版的《什麼是所有權？或對權力和政治的原理的研究》[264]一書。事實上，甚至連赫斯的貨幣異化理論一定意義上也是受蒲魯東的這本書影響。在該書中，與古典自由主義者從自然權利或法權角度論證私有財產的合法性和正當性不同，蒲魯東立足於小資產階級立場，把私有財產把握爲法權幌子下的權力支配關係，並從而提出「財產就是盜竊！」的驚世觀點。換言之，蒲魯東在私有財產與個人合法占有和使用的貨物之間做了明確區分。他並不否認每個人基於自身勞動力付出所得的、符合權利的占有。但是，「私有財產」由於是資本所有者爲實現資本利潤增值和積累最大化而合法剝削他人的勞動力所得，因此，其背後必

---

[263]《馬克思恩格斯全集》第 3 卷，北京：人民出版社，2002 年第 2 版，第 310 頁。

[264] 蒲魯東：《什麼是所有權？或對權力和政治的原理的研究》，孫署冰譯，北京：商務印書館，1963 年。

然蘊含著有產者對無產者的權力支配關係。換言之，蒲魯東極其敏銳地認識到，資產階級以法權的形式規定私有財產的合法性，實質上不過是爲無償占有乃至盜竊他人勞動果實提供形式上的正當性依據，因此，「他斷言財產完全是從勞動果實中榨取得來的」[265]。對蒲魯東而言，資本主義社會中的私有財產實際上就是法律正當性掩蓋下的權力支配關係，進而言之，是資本家剝奪無產者勞動果實的強制性和支配性的權力關係。蒲魯東的這種把作爲資本的私有財產與權力支配關係相關聯的做法，無疑深刻地影響了馬克思。以至於馬克思在《手稿》論述「資本的利潤」時，明確說：「資本，即對他人勞動產品的私有權」，不僅如此，它還是對他人「勞動及其產品的支配權力」[266]。正因爲如此，洪先生斷言說：「是故蒲魯東早於馬克思，把資本與勞動關係解釋爲『人對人的榨取、剝削』」[267]。

　　至於赫斯對馬克思異化論的影響，主要體現在其於1844年發表於《二十一印張》文集上的文章，包括〈行動的哲學〉、〈社會主義和共產主義〉和〈唯一而完全的自由〉，以及之後的〈論貨幣的本質〉。這些文章，都不同程度地影響了馬克思。在《手稿》的「序言」中，馬克思曾明確表示參考了赫斯發表在《二十一印張》文集中的論文[268]。日本學者望月清司認爲，正是「通過赫斯的論文，馬克思認識到異化論不僅可以應用於宗教和國家等上層建築，而且還可以應用於帶來商品＝貨幣的資產階級社會的經濟基礎。於是，馬克思又回過頭來研究費爾巴哈的內在邏輯，並以此爲仲介將它改造成自己的新武器」[269]。同樣地，廣松涉也指出，受赫斯的影響，馬克思「將異化邏輯應用於社會和經濟問題」，並首先把異化邏輯的矛頭「對準了『私有財產』」[270]。至於〈論貨幣的本質〉一文，它大約是赫斯於1843年左右完成並投寄給馬克思和盧格主

265 柯爾：《社會主義思想史・第1卷・社會主義思想的先驅者》，何瑞豐譯，北京：商務印書館，1977年，第211頁。

266《馬克思恩格斯全集》第3卷，北京：人民出版社，2002年第2版，第238頁。

267 洪鎌德：《馬克思的思想之生成與演變——略談對運動哲學的啓示》，臺北：五南圖書出版股份有限公司，2010年，第200頁。

268《馬克思恩格斯全集》第3卷，北京：人民出版社，2002年第2版，第207頁。

269 望月清司：《馬克思歷史理論的研究》，韓立新譯，北京：北京師範大學出版集團，2009年，第8頁。

270 廣松涉：《馬克思主義的成立過程》，東京：至誠堂，1968年，第70頁。轉引自望月清司：《馬克思歷史理論的研究》，韓立新譯，北京：北京師範大學出版集團，2009年，第9頁。

編的《德法年鑑》，但由於該刊物很快遭到普魯士政府的查禁而被迫停刊，致使該文延遲到 1845 年才在《萊茵社會改革年鑑》上刊出[271]。不過，其被正式刊出之前，馬克思閱讀過它應該是確信無疑的。正因爲如此，洪先生指出，馬克思「從賀斯（即赫斯——引者注）那裡得知政治經濟學提供了解人群經濟生活異化所需之資料，這種情況可以比美費爾巴哈藉神學之批判而了解人的宗教生活之異化」[272]。

　　赫斯的上述這些文章，就主題的集中度以及論述的深刻和詳細程度來說，《論貨幣的本質》與馬克思的《手稿》更爲接近。就內容而言，〈論貨幣的本質〉主要從貨幣之於人的外在性、宰制性和奴役性的視角，考察貨幣作爲「人的世俗的異化」之本質。赫斯認爲：「上帝對理論生活所起的作用，同貨幣對顛倒的世界的實踐生活所起的作用是一樣的：人的外化了的能力（*entäußertes Vermögen*），人的被出賣了的生命活動（*verschacherte Lebensthätigkeit*）」[273]。在他看來，資本主義工商業社會中崇拜的對象，已經由原來的「神明」轉變爲作爲物質基礎的「貨幣」。貨幣崇拜不再是黑格爾所說的精神的、理論的和抽象的，而是物質的、實踐的和具體的。相應地，用來闡明貨幣崇拜的理論也不再是神學，而是政治經濟學[274]。赫斯甚至把蒲魯東對私有財產的批判吸收到費爾巴哈的異化論中，主張經濟生活的異化與私有財產之間有著內在關聯。並進而指出，在現代商業社會中，出現了各種顛倒現象。其中，最典型的就是人把其內在的本質和能力外化爲金錢貨幣，成爲蒲魯東所說的非法對他人盜竊的「私有財產」。「在這個顛倒的世界裡自私自利的人爲聚斂金錢不惜剝削與壓榨工人的勞動」[275]，這種壓制關係本身就是彼此異化的體現。只有在未來的共產主義或社會主義中，貨幣異化現象才可能消除。因爲，只有在這種社會中，

---

[271] 洪鎌德：《馬克思的思想之生成與演變——略談對運動哲學的啓示》，臺北：五南圖書出版股份有限公司，2010 年，第 200 頁。

[272] 洪鎌德：《馬克思的思想之生成與演變——略談對運動哲學的啓示》，臺北：五南圖書出版股份有限公司，2010 年，第 210 頁。

[273] 莫澤斯‧赫斯：《論貨幣的本質》，載《赫斯精粹》，刁習議編譯，方向紅校譯，南京：南京大學出版社，2010 年，第 145 頁。

[274] 洪鎌德：《馬克思的思想之生成與演變——略談對運動哲學的啓示》，臺北：五南圖書出版股份有限公司，2010 年，第 165 頁。

[275] 洪鎌德：《馬克思的思想之生成與演變——略談對運動哲學的啓示》，臺北：五南圖書出版股份有限公司，2010 年，第 201 頁。

人類將致力於自由合作的生產，並且每個人都是自主、自由、相親和相愛的生產者 [276]。

洪鎌德著《黑格爾哲學之當代詮釋》，人本自然文化事業有限公司，2007

　　馬克思效仿赫斯，也把商業社會中的貨幣崇拜現象把握為人的自我異化的物質形式，並把金錢和貨幣當成人本身之才能異化的表達，而這個異化物反過來又統治、宰制和凌虐人本身 [277]。進而，馬克思推論說，赫斯對貨幣本質的批判實際上就是對資本主義社會中人們的現實生活處境的批判，即當下我們所說的現代性批判。就認定貨幣是異化的經濟根據表現形式之一而言，赫斯對異化問題的認知的確比費爾巴哈進步了許多，並且一定意義上與馬克思的「異化勞動」批判有很多的相似性。但赫斯的貨幣異化理論並非沒有問題，赫斯對貨幣異化和金錢拜物教的批判，其最大問題在於，他沒有真正認識到異化和拜物教發生的經濟基礎，沒有把對資本主義私有財產制度的批判推進到對資本主義生產關係展開批判的高度 [278]。與赫斯相反，馬克思把人在貨幣上所表現出來的異

[276] 洪鎌德：《馬克思的思想之生成與演變──略談對運動哲學的啓示》，臺北：五南圖書出版股份有限公司，2010 年，第 203 頁。

[277] 洪鎌德：《馬克思的思想之生成與演變──略談對運動哲學的啓示》，臺北：五南圖書出版股份有限公司，2010 年，第 203 頁。

[278] 張守奎：《思想史語境中的馬克思財產權批判理論》，北京：中國社會科學出版社，

化狀況，「不是看作一個獨立自在的因素，而只是看作在勞動生產活動內部實現的異化的物質的和客觀的表現」[279]。就此而言，在異化論問題上，馬克思既繼承了赫斯又超越了赫斯。

　　再次，該書相關章節集中探討了《手稿》中的「共產主義」思想。洪先生指出，共產主義的落實是馬克思終生的奮鬥目標。不過，與把共產主義視為人類最高理想的烏托邦主義者不同，他早期的共產主義理念是「經由哲學的反思與歷史的投射，而為人性的返回諸己，特別是異化現象的消除」[280]。它在內在結構上遵從黑格爾與費爾巴哈的「異化三部曲」模式[281]。就此而言，可以把馬克思早期的共產主義概括為「哲學的共產主義」。這種哲學的共產主義，係馬克思師承黑格爾關於人的精神異化學說，並經由費爾巴哈把人與上帝異化的「轉型批判」，結合蒲魯東、赫斯的共產主義批判思想，再加上恩格斯的國民經濟學批判的相關理論，最後綜合建構而成。儘管它最初在 1843 年已經顯現，但對其內涵的更為深刻的理解，「則非評析 26 歲的馬克思所寫成的《經濟學和哲學手稿》不可」[282]。

　　具體而言，在洪先生看來，《手稿》中所主張的「哲學的共產主義」，實際上是馬克思為嘗試「和解」人類歷史諸種分裂（異化）現象所做出的一次理論上的嘗試與努力。馬克思認定進入真正的共產主義之前的全部人類歷史只是「人類的史前史」，「是人尚未成全人，人尚未以自己的意識去創造與發展

2019 年，第 208 頁。

[279] 列尼・巴日特諾夫：《哲學中的革命變革的起源：馬克思的〈1844 年經濟學──哲學手稿〉》，劉丕坤譯，北京：中國社會科學出版社，1981 年，第 59 頁。

[280] 洪鎌德：《馬克思的思想之生成與演變──略談對運動哲學的啟示》，臺北：五南圖書出版股份有限公司，2010 年，第 215 頁。

[281] 洪先生把黑格爾式的精神異化三部曲概括為「精神──異化──異化的消除（揚棄）」，把費爾巴哈的宗教異化或哲學人類學的異化三部曲概括為「人──人的外化與異化──外化與異化之揚棄」，相應地，把馬克思的人的異化三部曲概括為「社群本性的人──私有財產（人的異化）──共產主義」。參見洪鎌德：《馬克思的思想之生成與演變──略談對運動哲學的啟示》，臺北：五南圖書出版股份有限公司，2010 年，第 216-217 頁。

[282] 洪鎌德：《馬克思的思想之生成與演變──略談對運動哲學的啟示》，臺北：五南圖書出版股份有限公司，2010 年，第 213 頁。

之歷史」[283]。在這種歷史下，人仍然受各種自然的和外在的盲目力量的強制和支配。換言之，它是人類的異化史。馬克思從《精神現象學》中汲取了黑格爾的精神外化史觀之因素，但他不認同其觀念論之實質。在馬克思看來，歷史的主體是「人」，而「人是生產者，他只靠勞動來實現其自我。他只是把他自身的才能、本事外化到身外，而變成了異化的、敵對的，不斷成長的異己力量」[284]。由於馬克思堅信「自我異化的揚棄同自我異化走的是一條道路」[285]，因此，他對人類史前史即人類異化史的終結方式的把握與黑格爾亦不相同。異化史的主體既然是人，那麼終結和揚棄異化也只能訴諸於人類的「現實的運動」：破除有產者對無產者進行奴役和宰制的權力關係之結構。這種權力關聯式結構，馬克思把其稱爲資本主義生產資料私有制（私有財產）。而這種具體的「運動」或「行動」，他又稱爲「共產主義」。與黑格爾僅僅訴諸於思想或精神向自身回復的方式克服異化不同，馬克思在異化之揚棄上要求踐行「現實的共產主義行動」。因此，他說：共產主義是對私有財產的積極的揚棄，並且「要揚棄私有財產的**思想**，有**思想上的**共產主義就完全夠了。而要揚棄**現實的**私有財產，則必須有現實的共產主義行動」[286]。鑑於「作爲資本的私有財產關係」本身就是人的自我異化的表現樣式[287]，因此，私有財產的積極揚棄，本

---

[283] 洪鎌德：《馬克思的思想之生成與演變——略談對運動哲學的啓示》，臺北：五南圖書出版股份有限公司，2010 年，第 218 頁。

[284] 洪鎌德：《馬克思的思想之生成與演變——略談對運動哲學的啓示》，臺北：五南圖書出版股份有限公司，2010 年，第 218 頁。

[285] 《馬克思恩格斯全集》第 3 卷，北京：人民出版社，2002 年第 2 版，第 294 頁。

[286] 《馬克思恩格斯全集》第 3 卷，北京：人民出版社，2002 年第 2 版，第 347 頁。

[287] 馬克思在《手稿》中說道：「私有制使我們變得如此愚蠢而片面，以致一個對象，只有當它爲我們擁有的時候，就是說，當它對我們來說作爲資本而存在，或者它被我們直接占有，被我們吃、喝、穿、住等等的時候，簡言之，在它被我們使用的時候，才是**我們的**。儘管私有制本身又把占有的這一切直接實現僅僅看作**生活手段**，而它們作爲手段爲之服務的那種生活，是私有制的**生活**——勞動和資本化。……因此，對私有財產的揚棄，是人的一切感覺和特性的徹底**解放**；但這種揚棄之所以是這種解放，正因爲這些感覺和特性無論在主體上還是在客體上都成爲人的。眼睛成爲人的眼睛，正像眼睛的**對象**成爲社會的、人的、由人並爲了人創造出來的對象一樣。因此，**感覺**在自己的實踐中直接成爲**理論家**。感覺爲了物而同物發生關係，但物本身是對自身和對人的一種對象性的、人的關係，反過來也是這樣。」《馬克思恩格斯全集》第 3 卷，北京：人民出版社，2002 年第 2 版，第 303-304 頁。

質上就是對人的自我異化的積極揚棄。在這個意義上,可以說「共產主義的革命乃是人自我改革之革命,而共產主義本身遂成爲人類本質重新掌握的新狀況……青年馬克思界定共產主義爲這種異化、非人的情況之克服。這是人重新掌握他本身(*Selbstgewinnung*),是『人的重新整合〔其自己〕,回歸到他本身,人自我異化之揚棄』」[288]。總之,根據馬克思的觀點,旨在實現人的自我異化之積極揚棄的「現實的共產主義行動」,區別於黑格爾的精神外化運動的主要表現是,其要求以發動無產階級革命的方式推翻被有產階級所壟斷的私有財產制度,而黑格爾僅僅停留於精神向其自身的回返或復歸。

不過,洪先生認爲,馬克思早期的這種「哲學的共產主義」思想,儘管明確批判了黑格爾觀念論的顛倒性:在黑格爾的觀念論體系中,進行外化和異化的主體是絕對精神或自我意識,「現實的人和現實的自然界不過是成爲這個隱蔽的非現實的人和這個非現實的自然界的謂語、象徵。因此,主語和謂語之間的關係被絕對地相互顛倒了:這就是**神祕的主體—客體**,或**籠罩在客體上的主體性**,作爲**過程**的**絕對主體**,作爲使自身**外化**並且從這種外化返回到自身的,但同時又把外化收回到自身的**主體**,以及作爲這一過程的主體;這就是在自身內部的純粹的、不停息的圓圈」[289]。不過,馬克思的看法與黑格爾的思辨哲學顯然又有高度的一致性。這主要表現在,馬克思將共產主義革命把握爲人類從事的自我變革之運動,是人類致力於能夠充分實現自己的一次徹底「大轉變」。「在想像共產主義革命的情景時,馬克思不忘跟隨黑格爾哲學的心靈模型,在該模型或模式中,能知的主體(精神)依賴吸取其身外之客體物(其創造之典章制度),而達到克服自我異化的地步。換言之,面對陌生、敵對、異化的外頭世界,心靈改變其本身,靠的就是外面的世界透過認知過程,吸收在其內心中,完成心物合一。在對外面的事物加以取回之後,精神最終實現其本質」[290]。在洪先生看來,早期馬克思旨在用來和解現代性諸種分裂現象的共產主義,在內在結構上與黑格爾的精神或心靈外化模式無異。因此,他說:「同樣的理念再度在馬克思共產主義革命的理論上出現。雖然馬氏有異於黑格爾,

---

[288] 洪鎌德:《馬克思的思想之生成與演變——略談對運動哲學的啓示》,臺北:五南圖書出版股份有限公司,2010 年,第 218 頁。

[289]《馬克思恩格斯全集》第 3 卷,北京:人民出版社,2002 年第 2 版,第 332-333 頁。

[290] 洪鎌德:《馬克思的思想之生成與演變——略談對運動哲學的啓示》,臺北:五南圖書出版股份有限公司,2010 年,第 219 頁。

視歷史上世界占取的掠奪運動是人類再度實現自己的方式，但最終他卻返回黑格爾的結論，那是指認在創造世界時，雖然把自己遺失給本身的貪婪，但仍舊需要再演一次『再奪回〔再取回〕』（*Wiedergewinnung*）的戲碼，爲的是改變人的本身。這齣戲碼無他，乃是在其青年時代所界定的共產主義革命，或普勞階級（即無產階級──引者注）革命之謂也」[291]。正是基於這樣的認識，洪先生甚至斷言，對馬克思早期共產主義相關概念的理解，只有在充分把握了黑格爾《精神現象學》的背景下才成爲可能。在《手稿》中，馬克思幾乎從頭到尾都在追蹤《精神現象學》的主題，並由此完成他的第一個體系。因此，儘管二人在哲學立場上存在重大差異，但「馬克思把共產主義的概念重加製造時，卻是以黑格爾歷史的目標爲取向。取代精神在『絕對精神』的階段上知道其本身，我們卻在共產主義中找到人知道自己究竟是誰，也知道自然（人性）乃是道道地地的人」[292]。

此外，基於對青年馬克思之「哲學的共產主義」與黑格爾的《精神現象學》所呈現的精神外化回返方案異同分辨之上，洪先生還闡釋了《手稿》中馬克思對「粗陋的共產主義」的批判。他認爲，與黑格爾不同，馬克思並不認爲「否定的否定」即爲肯定。黑格爾之所以主張「否定的否定」即爲肯定，是因爲他認爲精神在否定其自身爲有限物時，這種認知活動本身就產生了正面的和肯定的意識，即精神意識到其自身爲無限之物。但對馬克思來說，異化的揚棄不是意識或精神自身內部的事情。即便是共產主義行動的實現，亦尙無法造成人能夠肯定自己爲人的意識。換言之，通過共產主義行動揚棄私有財產後，「尙不會達致人的自我實現之正面效果」[293]。革命完成後的很長一段時間，人類仍然會「生活在沉淪之域」[294]。原因在於，透過揚棄私有財產的革命行動，即人的否定之否定後產生了「不思想的」、「粗陋的共產主義」，生活在這種社會

[291] 洪鎌德：《馬克思的思想之生成與演變──略談對運動哲學的啓示》，臺北：五南圖書出版股份有限公司，2010 年，第 219 頁。

[292] 洪鎌德：《馬克思的思想之生成與演變──略談對運動哲學的啓示》，臺北：五南圖書出版股份有限公司，2010 年，第 228-229 頁。

[293] 洪鎌德：《馬克思的思想之生成與演變──略談對運動哲學的啓示》，臺北：五南圖書出版股份有限公司，2010 年，第 221 頁。

[294] 洪鎌德：《馬克思的思想之生成與演變──略談對運動哲學的啓示》，臺北：五南圖書出版股份有限公司，2010 年，第 221 頁。

中，「人將比過去更停留在自我的否定裡」[295]。從本質上說，粗陋的共產主義並非是對私有財產的真正揚棄，而是把私有財產普遍化和社會化，即把私有財產制度推廣徹底化：「粗鄙的共產主義不是私有財產的真正揚棄，而是私產的普遍化；它不是貪婪的取消，而是私欲的一般化；它非勞力的取消，而是把勞動推廣到所有人的身上。這只是新瓶裝舊酒，把私產的惡毒披上新的外衣、新的形式」[296]。馬克思將粗陋的共產主義把握為人類無限度的降格和沉淪，把握為人從異化中自我提升和自我揚棄的「轉捩點」與「過渡期」，它最終必將被更高階段的共產主義所代替。這種更高階段的共產主義，是對「**私有財產即人的自我異化的積極的**揚棄，因而是通過人並且為了人而對**人的本質**的真正**占有**；因此，它是人向自身、向**社會的**即合乎人性的人的復歸，這種復歸是完全的，自覺的和在以往發展的全部財富的範圍內生成的」[297]。在洪先生看來，《手稿》中馬克思對粗陋的共產主義的批判，以及對作為私有財產積極的揚棄的共產主義的闡釋，均顯示了黑格爾對馬克思的影響深遠，以至於「馬克思以黑格爾式的行文作風，聲稱最終共產主義的來臨，乃是『歷史之謎的解答，且它本身知道這就是一個解答』」[298]。

---

[295] 洪鎌德：《馬克思的思想之生成與演變——略談對運動哲學的啟示》，臺北：五南圖書出版股份有限公司，2010 年，第 221 頁。

[296] 洪鎌德：《馬克思的思想之生成與演變——略談對運動哲學的啟示》，臺北：五南圖書出版股份有限公司，2010 年，第 222 頁。

[297]《馬克思恩格斯全集》第 3 卷，北京：人民出版社，2002 年第 2 版，第 297 頁。

[298] 洪鎌德：《馬克思的思想之生成與演變——略談對運動哲學的啟示》，臺北：五南圖書出版股份有限公司，2010 年，第 223-224 頁。

第二章

有關《共產黨宣言》的研究

第二章　有關《共產黨宣言》的研究

第一節　日據時期《宣言》在臺灣的傳播
第二節　戒嚴時期對《宣言》的研究
第三節　解嚴時期對《宣言》的研究
第四節　21世紀以來對《宣言》的研究

如果說《資本論》是工人階級的聖經，那麼《共產黨宣言》（以下簡稱爲《宣言》）無疑是喚醒無產階級的階級意識，並自覺發動人類解放運動的理論武器。回顧《宣言》發表 170 年的歷史可以發現，在世界社會主義運動史上，《宣言》始終是喚醒與引導弱勢和被壓迫民族反抗強權壓迫和殖民統治的理論指南，更是指導世界無產階級發動武裝革命運動的行動綱領。《宣言》在臺灣的傳播及其所發揮的效用亦是如此。自 1920 年前後馬克思主義初次傳入臺灣始[1]，《宣言》就是臺灣左翼知識菁英學習與傳播馬克思主義的主要文本依據和思想載體。在日據時代，它對喚醒臺灣人民的階級意識和民族認同，以及自覺反抗日殖民統治及其幫凶，無疑起到一定的引導作用。系統梳理《宣言》在臺灣的傳播和研究史，有助於豐富我們對《宣言》和馬克思主義在包括臺灣在內的亞洲地區的傳播史和發展史的認識，也有助於拓展和深化我們對馬克思主義內涵的理解，還有助於推進對馬克思主義的民族化和時代化的把握。在《宣言》於臺灣的傳播和研究史中，洪鎌德先生扮演著極爲重要的角色。自 1970 年代末以來，他在其不同時期關於馬克思主義研究的作品中，都曾涉及對《宣言》相關內容的論述。鑑於此，本章內容將結合《宣言》在臺灣的傳播和研究史，主要論述洪鎌德教授對《宣言》相關內容的研究。

黃煜文譯《宣言》，麥田出版社，2014

五南引進大陸版《宣言》，2014

---

[1] 《臺灣社會運動史》（1913-1936）（第三冊·共產主義運動），王乃信等譯，臺北：創造出版社，1989 年，第 1-2 頁。

第一節　日據時期《宣言》在臺灣的傳播

　　1894 年甲午戰爭中國戰敗，次年《馬關條約》簽訂，臺灣及澎湖列島被迫割讓給帝國日本，從此開啓其長達五十餘年被日本殖民統治的時代。臺灣人民也開始走向反對日殖民主義及其幫凶資產階級統治的艱難征程。《宣言》作為落後民族地區人民和無產階級反抗帝國主義與強權統治的理論武器，正是在此種狀況下被當時有日本和蘇俄留學背景的知識分子引介到臺灣。其中，連溫卿、楊逵、陳逢源和臺灣共產黨人彭華英、許乃昌和謝雪紅等，都是《宣言》在臺日據時期傳播的早期代表。他們對《宣言》引介和傳播的路徑主要有兩條：一是通過對日文版《宣言》及介紹社會主義的著作有選擇性地摘譯和思想吸收，在臺灣進行傳播；二是透過在上海、北京和廣州等地的臺灣學生，把五四運動以後在中國大陸廣泛傳播的社會主義、馬克思主義，尤其是漢譯本《宣言》思想，帶入臺灣。從目前的相關文獻記載來看，傳入臺灣的《宣言》較早的版本為日譯本、英譯本和漢譯本。其中，漢譯本在臺灣的最早傳播時間在 1923 年左右。其傳播人為當時文化協會和「馬克斯（馬克思）研究會」[2]的主要成員連溫卿。據學者考證，1923 年連溫卿與山口小靜在臺北祕密成立了「馬克斯（馬克思）研究會」，以學習和研究馬克思主義經典著作為宗旨。鑑於日本對臺灣的嚴酷殖民統治，以及臺灣欲擺脫這種被宰制狀況急需喚醒民眾的民族情感和階級意識的事實，《宣言》成為他們學習和研究的首選對象：「連溫卿首先取得漢譯本的《共產黨宣言》，意欲以此為講義；但小靜卻需要日譯本，她便寫信向山川菊榮索取」[3]。這為後者所證實：「文化協會的連溫卿先生拿到漢譯本的共產黨宣言。本想在成立馬克斯研究會時以此為講義，但因會內有日本人，所以也有日譯本的需要。於是山口小姐便向我索取，可是明治時代的譯本已然絕版，無法入手，便只好如此回信」[4]。雖然我們現在尚無法確

---

2 「馬克斯研究會」這一命名為連溫卿本人所明確提到的，故凡涉及此名稱時都不以目前通用譯名「馬克思」代替「馬克斯」。

3 邱士傑：《一九二四年以前臺灣社會主義運動的萌芽》，臺北：海峽學術出版社，2009，第 89 頁。

4 轉引自邱士傑：《一九二四年以前臺灣社會主義運動的萌芽》，臺北：海峽學術出版社，第 89 頁。

定連溫卿所獲《宣言》漢譯本的具體情況，但依據《宣言》在中國大陸傳播的時間推算，應該可以肯定是陳望道先生的譯本[5]。但估計受眾並不廣，這從後來楊逵和林秋梧等人主要還是依據日譯本和英譯本《宣言》學習馬克思主義和社會主義思想可以看得出來。

　　就現存的日據時代臺灣的左翼著作而言，能夠體現《宣言》主旨精神和具體內容的，主要有 1921 年 5 月彭華英在《臺灣青年》第 2 卷第 4 號上發表介紹社會主義學說的〈社會主義の概說〉[6]、1923 年許乃昌於《新青年》上發表的〈黎明期的臺灣〉（署名「沫雲」）和《臺灣》上發表的〈臺灣議會與無產階級解放〉（署名「秀湖生」）、1926 年陳逢源在《臺灣民報》上發表的與許乃昌關於「中國改造論」的爭論文章〈最近之感想（一）（二）（三）〉、〈答許乃昌氏的駁中國改造論〉、1929 年林秋梧發表在《南瀛佛教》第 7 卷第 2 號上的〈階級鬥爭與佛教〉、1929 年發表在《臺灣民報》上的〈唯物論者所指摘的歷史上宗教所扮演的主角〉和 1931 年發表在《臺灣新民報》上的〈階級鬥爭是非道德行爲嗎？〉，1931 年 7 月刊行的楊逵翻譯的《馬克思主義經濟學〔1〕》以及尙無法確定翻譯和寫作年份的〈戰略家列寧〉和〈勞動者階級的陣營〉等等。《宣言》在臺灣的這些早期傳播者，或者直言受惠於日本某馬克思主義者（主要是山川均、界利言和河上肇）的影響[7]，或表明直接受到中國大陸五四運動之後馬克思主義革命思潮之衝擊（如張深切、張秀哲、許乃昌和翁澤生等）。

　　以陳逢源爲例，他對馬克思唯物史觀的理解主要是透過閱讀日本著名馬克思主義者河上肇著作的方式實現的：「我雖不懂馬克思的唯物史觀的原文，然而我由這個會靠得住的河上博士苦心的譯文，和他的解釋而窺其一斑」[8]。但

5　據學者考證，在 1920 年代以前的日本曾發表過兩種《宣言》中譯本。其中，第一種中譯本是 1907 年在東京出版，由當時留日學生署名「蜀魂」翻譯。不過，該譯本是否眞正出版了尙無法證實。第二種中譯本於 1908 年在東京出版，是由當時留日學生署名「民鳴」翻譯的，譯文包括《宣言》的前引和第一章。參見高放：〈《共產黨宣言》有 23 種譯本〉，《光明日報》，2008 年 10 月 16 日版。綜合考慮，倘若 1923 年連溫卿所得到的《宣言》漢譯本爲全譯本，則很可能就是陳望道譯本。

6　原題爲《社會主義の概說（上）》，但未見下篇。

7　如連溫卿、陳逢源和王敏川等人。

8　陳逢源：〈答許乃昌氏的駁中國改造論〉（1926），參見《陳逢源選集》，黃頌顯編譯，臺北：海峽學術出版社，2006 年，第 124 頁。

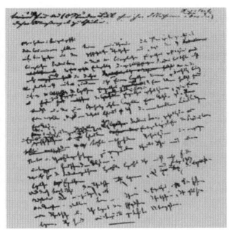

此爲《宣言》1848年德文第1版封面（左）和馬克思所寫《宣言》手稿的一頁，頭兩行爲馬克思夫人燕妮的手跡。

他對《宣言》的閱讀和把握所依據的版本應該是英譯本，這從其引用《宣言》時所附的相應英文可以看得出：「然則馬氏的中心思想果如何？只因馬氏自己的思想也有相互矛盾，有時是說進化主義，有時是說革命主義。例如他在唯物史觀與資本論的裡頭，都是採取前者。反而，他與他的友人恩格爾（Engels）合著的《共產黨宣言》（一八四八年）的裡頭，分明是採取後者吧了。他在《資本論》第一卷第一版（一八六七年）的序文有說過：『……那個社會不能跳越過自然的發展階段，亦不能拿立法來排除。但能短縮或能緩和其苦惱的產期。』一面他在《共產黨宣言》的最後的一節有說過：『……他們（共產主義者）公開宣言他們的目的，只靠強力的顛覆一切現在的社會秩序才會達到。』（they openly declare that their ends can be attained only by the forcible overthrow of all existing social condition.）[9]」陳逢源引用《宣言》的目的，是爲了說明馬克思著作中原本就存在「進化主義」和「革命主義」這兩種「相互矛盾的思想」，並以此闡明許乃昌倡導的列寧式的「不論資本主義成熟的程度如何」「都可以拿暴力推倒」的觀點的錯誤性。他認爲，如此的結果必然只能類同於俄國，

9　陳逢源：〈答許乃昌氏的駁中國改造論〉（1926），參見《陳逢源選集》，黃頌顯編譯，臺北：海峽學術出版社，2006年，第141頁。

「只有政治革命的事實，卻沒有社會革命的內容」[10]。可見，其對《宣言》的關注重心是「階級鬥爭」和「革命」問題。

　　與陳逢源一樣，楊逵身處臺灣農民運動和社會運動蓬勃發展的 1920、30 年代，早年又有日本留學經歷，能夠切身地體會到臺灣人民所遭受的日殖民統治和封建地主階級剝削的辛苦。因此，自日本留學接觸到社會主義始，他就「有目的性地翻譯一些關於社會主義的作品。其目的在於，把翻譯活動視為啓蒙運動、社會運動的推動手段，企圖藉由農民組合的讀書會組織或是社團活動來作為介質，將翻譯的內容大力推廣出去。因應時代和社會狀況的需求，楊逵在日治時期的翻譯多半都鎖定於社會主義的翻譯」[11]。據其本人回憶，早在 1924 年初到日本，他就發現那些熱衷於社會科學的學生已經認定馬克思主義將會取代資本主義。因此，受這種觀念影響，自那時起楊逵就開始閱讀《資本論》和《宣言》[12]。這也是其作品中反覆提及馬克思主義作品和階級鬥爭的原因。正如有學者指出的那樣，在楊逵一生的著作中表明「勞動者的被剝奪」和「階級鬥爭」的重要性始終是核心主題[13]。

　　與上述二人相比，同樣是活躍在 1920 年代臺灣日據時代的僧人林秋梧，則嘗試借用《宣言》中的「階級鬥爭」概念來批判當時臺灣佛教存在的「異化」與「俗化」現象的重要方法，這在其 1931 年發表在《臺灣新民報》上的〈階級鬥爭是非道德行為嗎？〉一文中，得到了最明確的體現。因為，正是在該文中，林秋梧引用了恩格斯為 1888 年英文版《宣言》（林秋梧的原文為《××黨宣言》）所作的序言中的一段話：「從前人類社會的歷史（實行土地共有制度的原始種族社會結束後的歷史）全部都是階級鬥爭的歷史。也就是掠奪階級與被掠奪階級，支配階級與被壓抑階級之間的鬥爭的歷史」，並以此來說明階級鬥爭是人類歷史發展中的事實。他還進一步指出：「階級鬥爭從來就不是無

10　陳逢源：〈答許乃昌氏的駁中國改造論〉（1926），參見《陳逢源選集》，黃頌顯編譯，臺北：海峽學術出版社，2006 年，第 141 頁。

11　鄧慧恩：《日治時期外來思潮的譯介研究——以賴和、楊逵、張我軍為中心》，臺南：臺南市立圖書館，2009 年，第 39 頁。

12　彭小妍主編：《楊逵全集》第 14 卷資料卷，國立文化資產保存研究中心籌備處，1998 年，第 61 頁。

13　鄧慧恩：《日治時期外來思潮的譯介研究——以賴和、楊逵、張我軍為中心》，臺南：臺南市立圖書館，2009 年，第 181-182 頁。

產階級所創造出的，而是自從這個社會以階級社會的形式成立以來就一直有階級鬥爭的存在。在過去，被支配者有如羊群一般安分地服從著支配者的命令過生活，因此即使被支配者對支配者沒有採取階級鬥爭這種挑戰性的態度，支配者也會爲了保護自己的利益費盡心力做好鬥爭的準備。宗教，即是支配者所利用的武器中最穩定，亦是最銳利的一項。這可從過去不容否認的歷史得知。如此一來，只要宗教學說屬於無產階級的一部分，即使階級鬥爭被否定成立，但只要屬於一部分特權階級，階級鬥爭就會得到肯定，甚至還會以參加階級鬥爭爲榮。因此，結果就會導向宗教家一向否定階級鬥爭，但卻又其實一直參與著階級鬥爭這個詭譎的結論」[14]。從其引用恩格斯爲《宣言》1888 年英文版所寫的序言內容來看，林秋梧所接觸到的《宣言》底本不可能是中譯本。因爲，無論是 1920 年陳望道的譯本，還是 1930 年華崗譯本，均沒有翻譯 1888 年英文版序言 [15]。鑑於其當時引用恩格斯爲《宣言》1888 年英文版所寫的序言，且以日文形式（階級鬥爭は非道德行爲か）發表該文，我們可以推測他閱讀的《宣言》版本應該是英文本或日譯本 [16]。

此外，1928 年 4 月臺灣共產黨成立後，爲吸收黨員及提升共產主義革命意識和對馬克思主義基礎知識的把握，臺共曾先後多次在臺灣各地組成名爲讀書會、茶話會等多個團體，宣講包括《宣言》在內的馬克思主義知識。「其方法則由黨員任講師或指導者，初步教材有『資本主義的騙局』、『勞動者的明白』、『戰旗』等，而程度稍高者有『共產黨宣言』、『共產主義 ABC』、『無產階級政治教程』等」[17]。在這些學習教材中，馬克思與恩格斯著的《共產黨宣言》漢譯本於 1920 已經被陳望道譯出，而布哈林著的《共產主義的ABC》也於 1926 年被譯爲中文並正式出版 [18]。

14　轉引自嚴瑋泓：〈從「階級鬥爭」到「現世」淨土──林秋梧批判早期臺灣佛教的方法與目的〉，《存在交涉：日據時期的臺灣哲學》，第 157-158 頁。

15　1930 年的華崗譯本附有《宣言》的英文全文，這是我國首次出版英文本《宣言》，採用的是恩格斯親自校閱的 1888 年英文版本。但只包括「1872 年序言」、「1883 年序言」和「1890 年序言」三個德文版序言，1888 年英文版序言並未被翻譯出版。

16　《臺灣新民報》是當時臺灣以日文形式發行和出版的左翼報刊。

17　《臺灣社會運動史》（1913-1936）（第三冊・共產主義運動），王乃信等譯，臺北：創造出版社，1989 年，第 215-216 頁。

18　布哈林：《共產主義的 ABC》，無署名譯者，上海：新青年社，1926 年。《共產主義的 ABC》實際上是布哈林和普列奧布拉任斯基於 1919 年寫成的通俗性理論讀物，

盧修一著《日據時代臺灣共產黨史》，前衛出版社，1990；郭傑、白安娜著《臺灣共產主義運動與共產國際》，中研院臺史所，2010

　　從傳播特點來看，臺灣這些早期《宣言》的傳播者，主要強調《宣言》中的階級分析方法和階級鬥爭理論，突出無產階級的階級覺悟和階級意識的重要性。這顯然與《宣言》的主旨內容相關，更與這些早期知識分子對臺灣的社會性質的判斷有關。

　　一方面，《宣言》的政治目的是要喚起無產階級的階級意識，並通過武裝革命的方式推翻資產階級的統治，從而實現每個人的自由發展是一切人自由發展的條件的自由人聯合體。因此，它對階級史觀和階級鬥爭尤其強調，革命和人類解放是其核心議題。另一方面，隨著日本帝國主義對臺殖民統治的開始，以及在臺灣推行資本主義工業化發展模式，臺灣社會面臨一個重要的「轉型期」，傳統社會結構開始解體，「傳統的自給自足的經濟，轉變成為市場取向的經濟」[19]，加之日殖民統治下的政治經濟制度化的不公平和臺灣地主階級及官僚資本家對普通民眾的剝奪狀況，使得當時臺灣先進的知識分子把臺灣社會判

　　1926 年的漢譯本只譯出了該書的第一部分，即「理論部分：資本主義的發展及其滅亡」，共五章內容。該書曾被譯為多種語言，日譯本於 1925 年由「司法省」出版。我們目前無法判斷臺共使用的具體是該書的哪一個版本，但考慮到 1928 年臺共成立時的黨員構成及背景，可以判斷是日文、俄文或漢譯本的可能性比較大。

19　簡炯仁：《臺灣共產主義運動史》，臺北：前衛出版社，1997 年，第 154 頁。

定爲殖民地和資本主義性質的。儘管其資本主義並未充分發展，社會成員構成仍以農民爲主體，無產階級尙不強大，但依傍於日本帝國主義之上而產生並與其密切勾結的官僚大資本家階級已經產生，本土資本家階級也在逐漸成長中。因此，此種狀況下，臺灣人民遭受雙重的壓迫，即來自外部的日殖民統治與來自民族內部的官僚資本家和本土資本家階級的盤剝。而要擺脫這雙重壓迫，就必須喚醒普通民眾和無產者的階級意識和階級自覺，而「民眾的自覺，則有賴臺灣文化的認同與普及」，進而「組織政治運動」[20]，與日殖民統治者、大資本家和本土資本家階級展開鬥爭。儘管對於擺脫日殖民統治的具體實現路徑存有分歧，但當時「大多數知識分子都同意，臺灣必須以革命的手段從日本人手中解放出來」[21]。由此不難理解 1920 年代「臺灣文化協會」、「臺灣農民組合」、「臺灣議會請願運動」、「臺灣無政府主義」和「臺灣共產主義運動」的急劇興起。其中，1927 年改組後左傾的新文協和 1928 年成立的臺灣共產黨，明確主張以階級鬥爭爲手段走社會主義革命道路，其指導思想很大程度上正是取自《宣言》。但 1931 年隨著臺灣共產黨組織的徹底被取締[22]，馬克思主義和《宣言》在臺灣的傳播很長一段時間近乎中斷。

第二節　戒嚴時期對《宣言》的研究

1949 年國民黨在國共內戰中戰敗，蔣介石退守臺灣，出於與共產黨的政治立場和共產主義意識形態對立考慮，蔣氏推行嚴格的黨禁和報禁政策，馬克思主義和《宣言》由此成爲人們的思想禁區，只有極少數國民黨反共高官和高級知識分子出於「反共」和「批馬」的需要，方有機會接觸到。這種狀況下，譯文方面，1969 年臺灣國際關係研究所出版的《共產黨原始資料選輯》（第一集）中，就包括《共產黨宣言》[23]，這是目前爲止在臺灣見到的最早公開出版

---

20 簡炯仁：《臺灣共產主義運動史》，臺北：前衛出版社，1997 年，第 42 頁。

21 簡炯仁：《臺灣共產主義運動史》，臺北：前衛出版社，1997 年，第 44 頁。

22 《臺灣社會運動史》（1913-1936）（第三冊·共產主義運動），王乃信等譯，臺北：創造出版社，1989 年，第 192-194 頁。

23 參見馬克思與恩格斯：《共產黨宣言》，莫斯科：外國文書籍出版局，1950 年；中華

的全譯本《宣言》[24]。經對照鑑別，該譯本是直接抄襲1950年莫斯科外國文書籍出版局的中譯本，譯文幾乎無任何改動。從出版說明來看，國民黨當局應允出版此書的目的，顯然並非為了向臺灣民眾傳播馬克思主義和共產主義理論，而是為國民黨反共高官和高級知識分子提供「反馬」和「批共」的第一手資料，並借此論證三民主義作為國民黨統治之指導思想的合法性和正確性。

　　研究方面，整個戒嚴時期《宣言》在臺灣主要作為反共和批判馬克思主義靶子的形式出現。其中，趙蘭坪的《馬克思主義批評》（臺北：正中書局，1953）、羅時實的《馬克思主義之批判》（臺北：中央文物供應社，1955）、尹慶耀的《歷史寫下了答案：共產黨宣言一二〇年》（臺北：中華民國國際關係研究所，1968）、葉青（任卓宣）的《階級鬥爭論批判》（臺北：帕米爾書店，1952）、《共產主義批判》（臺北：帕米爾書店，1952）、《三民主義底比較研究》（臺北：帕米爾書店，1953）、《馬克思主義批判》（臺北：帕米爾書店，1974）、黃天健的《馬克思主義的理論與實際》（臺北：黎明文化事業股份有限公司，1958初版，1974再版）、黃啓文的《國民黨宣言與共產黨宣言比較研究》（臺南：國父遺教研究會，1980）、俞諧（俞方柏）的《馬克思主義研究》（臺北：正中書局，1981）、嚴靈峰的《歷史對馬列主義的考驗》（載安洛出版公司，1981）、謝信堯的〈《共產主義者宣言》所謂「十大綱領」之研究〉（《復興崗學報》，第26期，1981）、吳玉山的〈共產黨宣言、哥達綱領批判和愛爾福特綱領批判之比較〉（《東亞季刊》，第12卷第4期，1981）、洪鎌德的《馬克思與社會學》（臺北：遠景出版事業有限公司，

民國國際關係研究所：《共產黨原始資料選輯》第1集，臺北：國立政治大學東亞研究所，1969年。需要指出的是，莫斯科外國文書籍出版局出版的《宣言》漢譯本，首版於1949年，係《宣言》發表「百周年紀念版」。該譯本儘管沒有署名譯者，但據學者考證，主要是由謝唯真根據1848年《宣言》德文版並參考國內陳望道譯本、成仿吾和徐冰譯本以及博古譯本重新翻譯的。這是當時《宣言》最好的漢譯本，它不僅直接從德文原文譯出，還譯全了七篇序言，且譯文更加準確、規範和流暢。人民出版社1958年出版的《馬克思恩格斯全集》第4卷中收入的《宣言》，也是在謝唯真譯校本基礎上修訂的，且定稿人是「唯真」。1959年人民出版社又出版了《宣言》該版本的單行本，並一直流行到1964年5月人民出版社發行的中央編譯局譯本的單行本出版之前。

[24] 連溫卿在1923年前後就已經取得了《共產黨宣言》的中譯本，但只有這個譯本才是在臺灣公開出版發行的，儘管其受眾面依然十分有限。

1983）、趙雅博的《改變近代世界的三位思想家 —— 馬克斯、尼采、佛洛伊德》（臺北：臺灣商務印書館，1987）等論著中都曾涉及探討《共產黨宣言》中的內容。

從研究的具體內容看，戒嚴時期臺灣對《宣言》的研究，主要集中於批判其「階級鬥爭」、「共產主義」觀念和「十大綱領」等方面。其中，葉青對《宣言》中「共產主義」的相關主題，如「思想淵源」、「經濟基礎」、「階級鬥爭」、「社會革命」、「無產階級專政」、「鬥爭策略」和「民族政策」等問題，進行了集中的分析和批判。他認為，《宣言》中闡述的共產主義不同於其他共產主義之處「在於方法」。換言之，馬、恩給共產主義提出了一套系統性的方法論證，即「階級鬥爭、社會革命（武力革命）、國際主義、無產階級專政」。但他認為這些方法，無論怎麼「都是錯誤的」[25]。其理由如下：

首先，就「階級鬥爭」來說，馬克思所敘述的階級鬥爭「只是事實底一面，並非事實底全面」。事實的另一面不是階級鬥爭，而是「階級互助」。「很明白，資本主義不是單有資產階級或資本家就成功的，也不是單有無產階級或工人就成功的，而是兩個階級都不可少。這就表明兩個階級有一種連帶關係存在了。它們相互為用，相互協助」[26]。但「馬克思只注意鬥爭，並加以系統的敘述。於是鬥爭就變成經常的和本質的了。其實，這是片面之見，一偏之見」[27]。其次，就《宣言》中的「民族政策」和「國際主義」精神來看，馬克思主張共產黨是國際主義的，並呼籲「全世界無產者聯合起來」，以及主張「無產階級的共同行動，是他們獲得解放的一個主要條件」。馬克思的這種主張，事實上是從經濟的和階級的層面說明共產黨的國際主義。但「經濟不是國際主義底唯一來源，宗教、道德、政治、法律等，也可成為國際主義底來源」[28]。至於民族主義，儘管《宣言》中說「工人沒有祖國」，但事實上對民族和國家來說「無產階級也是需要的」。「馬克思忽視了工人所接受宣言的道理。他否認民族，否認工人與資產階級同一民族的事實，否認他們底共同利益，皆屬不當。這是一種反科學的態度。根據客觀事實底研究，無產階級是民族一部分，當然需要民族主義。如果作為階級底一種來看，那也是需要民族主義的。這一

---

25 葉青：《馬克思主義批判》，臺北：帕米爾書店，1974 年，第 545 頁。

26 葉青：《馬克思主義批判》，臺北：帕米爾書店，1974 年，第 509 頁。

27 葉青：《馬克思主義批判》，臺北：帕米爾書店，1974 年，第 510 頁。

28 葉青：《馬克思主義批判》，臺北：帕米爾書店，1974 年，第 517 頁。

點，就是馬克思也不能否認」[29]。總之，「從前面說的種種來看，國際主義是無產階級的，也是資產階級的；民族主義是資產階級的，也是無產階級的了。國際主義沒有階級性，民族主義也沒有階級性。馬克思把國際主義配給無產階級，把民族主義配給資產階級，是錯誤的」[30]。再次，馬克思《宣言》中關於未來共產主義社會的見解也是錯誤的。其原因在於，他混淆了思想與事實、理想和行為之間的根本區別。「馬克思對於未來社會的見解，都屬於推論方面。雖然推論有事實根據；但是推論所得是結論，卻非事實，而為思想。所以馬克思對於未來社會的見解，就是他對於未來社會的理想。然而他不看作理想，反說了輕視理想的話」[31]。馬克思以為《宣言》中建構的共產主義理論是一種「科學」，不是單純的「理想」、「形而上學抽象」或「烏托邦」。但實際上，

馬克思與恩格斯共同起草《宣言》

29　葉青：《馬克思主義批判》，臺北：帕米爾書店，1974 年，第 519 頁。

30　葉青：《馬克思主義批判》，臺北：帕米爾書店，1974 年，第 520 頁。

31　葉青：《馬克思主義批判》，臺北：帕米爾書店，1974 年，第 544 頁。就作者的闡釋內容看，這裡所謂的「理想」實際上指的是共產主義的「形而上學」或「烏托邦」面向。

「共產主義既是主義，便是一種邏輯、能一貫、成系統的思想。這就不是科學
了。科學中沒有這樣的思想。這樣的思想是由推理或推論來的」。因此，「共
產主義，不能成為科學。它只可以有科學性」[32]。葉青對「共產主義」的歪曲性
認知顯然有政治目的，即通過曲解和貶低「共產主義」的方式來抬高「三民主
義」：「共產主義無論在哲學基礎、科學基礎、主義本身及鬥爭策略等方面，
處處均不及三民主義，而處於劣勢」[33]。

　　可見，葉青對《宣言》的分析和批判，帶有典型的國共對立時代的特徵和
濃厚的意識形態偏見。不論是他以「階級互助」指責「階級鬥爭」的「錯誤」，
還是對《宣言》中「工人沒有祖國」和「國際主義」的理解，抑或對共產主義
「不是科學」而是「烏托邦」的指認，其背後隱含的政治意圖和意識形態偏見
都顯而易見：替國民黨當局在臺統治的合法性辯護，替三民主義指導思想的正
當性做論證。基於此種偏見和政治意圖考慮之上，他對《宣言》內容的分析和
批判，很顯然只能是一種純粹的「意識形態謬論」，而無太多的學術性和科學
性可言。

　　與葉青純粹出於「反馬」和「批共」研究《宣言》相比，黃天健的研究
儘管也在這種基調下進行，但他在認定《宣言》發表是馬克思主義誕生之標誌
的基礎上，首先對其發表過程和整體結構做了介紹性說明。他指出：「《共產
主義者宣言》發表於 1848 年 2 月，在倫敦以德文印行，當法國二月革命爆發
以前數日內分送到同盟的各支部。其內容係兩人共同商議的結果，而其最後形
式，則是馬克思所決定的。」而至於其整體結構，《宣言》「開始即以驚人的
形式出現：『有一個妖魔正在歐洲徘徊著——這個妖魔就是共產主義』。結語
也是無比的鋒利：『讓各統治階級在共產主義革命的面前去發抖吧！在這裡，
無產者除了鎖鏈以外，再沒有可失的東西，而他們所得到的將是整個世界』。
至全部內容共分為四個部分：第一章是肯定一切過去社會的歷史是階級鬥爭的
歷史；第二章宣布共黨的政策，提出綱領十條，主張消滅生產手段的私有和
樹立共有權；第三章是辱罵各別社會主義的流派，認為那些是反動、保守以
及空想的；第四章則為各反對黨派所採取的態度，說要與他們聯合以推翻現制

32　葉青：《馬克思主義批判》，臺北：帕米爾書店，1974 年，第 545 頁。

33　轉引自蕭行易：〈揚棄馬列邪說，精研三民主義——恭賀任卓宣教授九秩嵩壽〉，
　　《復興崗學報》，第 7 期，1969 年。

度」[34]。其次,他對《宣言》中的「階級鬥爭論」、「革命理論和策略」、「無產階級革命(專政)」和「國家消亡論」等主題進行了較爲詳細的探討[35]。並總結性地認爲:「這一宣言,可以說是一個歷史的結論,也是一個歷史的預言。亦即馬、恩兩人專斷的見解,同時也是他倆全部政治的以及社會的煽動計畫」[36]。由這種帶有意識形態偏見的認知去把握《宣言》,落腳到「共產主義」上,必定把其指認爲無法實現的烏托邦:一般說來,「整個的宣言除了痛罵布爾喬亞制度以外,則並沒有什麼。即使說布爾喬亞眞正是罪惡的,但這也不能證明所到來的一定是社會主義呢?即使說社會主義眞的能到來,但它是否絕對優於資本主義呢?也沒有給人以明白肯定的答覆。它所給予人們的,只是一個『迷糊的憧憬』,一個『海上的蜃樓』[37]!」

與葉青和黃天健相比,戒嚴時期洪鎌德儘管沒有發表集中研究《宣言》內容的成果,但他借鑑西方馬克思學方法所寫就的《馬克思與社會學》一書中涉及《宣言》的論述則顯得較爲規範化和學術化。比如,在論及馬克思「未來的共產主義」究竟是一個什麼樣的共同體時,他引用《宣言》中的那句著名的話作爲結論,即「代替那存在著階級和階級對立的資產階級舊社會的,將是這樣一個聯合體,在那裡,每個人的自由發展是一切人的自由發展的條件」[38]。而在談到馬克思的階級理論時,他不僅根據《宣言》的論述指出「一部人類史無異爲階級鬥爭史」,還指出,階級鬥爭是推動歷史變遷的「主力」,也是導致現代社會轉型的有力武器。階級鬥爭深入階級社會的經濟、政治和意識形態領域,且以各種不同的形式出現。因此,不探討階級鬥爭就「無法了解階級社會

---

[34] 黃天健:《馬克思主義的理論與實際》,臺北:黎明文化事業股份有限公司,1974年,第106-107頁。

[35] 黃天健:《馬克思主義的理論與實際》,臺北:黎明文化事業股份有限公司,1974年,第五、七章。

[36] 黃天健:《馬克思主義的理論與實際》,臺北:黎明文化事業股份有限公司,1974年,第108頁。

[37] 黃天健:《馬克思主義的理論與實際》,臺北:黎明文化事業股份有限公司,1974年,第107頁。

[38] 《馬克思恩格斯選集》第1卷,北京:人民出版社,2012年第3版,第422頁。洪鎌德的引文爲「代替舊的市民社會、代替它的階級與階級對立,我們將擁有一個組合體,在這個組合體中一個人自由的發展,將是其他所有的人自由發展的條件」。參見洪鎌德:《馬克思與社會學》,臺北:遠景出版事業有限公司,1983年,第165頁。

的本質」，也無法了解階級社會中宗教、意識、科學和哲學等方面的發展。在階級鬥爭的諸多形式中，「首推政治鬥爭最為重要」。因為，政治鬥爭是為了國家領導權的爭取所展開的鬥爭，「是故馬克思在《共產黨宣言》中稱：『每一階級鬥爭都是政治鬥爭[39]。』」當然，他對包括《宣言》中階級論述在內的馬克思階級理論的批評存在諸多錯誤之處。比如，他認為馬克思「太重視階級，以及階級鬥爭對人類歷史的影響，從而忽視了社會上人群其他結合的方式，也疏忽了這些團體對歷史變化所起的作用」[40]；隨著後來資本主義社會現實階級結構的變化和「新階級」的出現，馬克思的階級理論對於解釋資本主義社會實際上是無效的。因此，「馬克思把現代社會分析為兩個主要階級是不適當的」，其階級理論「只能視為 19 世紀逾時的社會觀點，而無法作為 20 世紀現代社會的分析工具」[41]。但事實上，馬克思不僅重視階級和階級鬥爭，還重視包括「團結」和「愛」在內的人類社會的其他結合方式；其階級理論雖然是 19 世紀的產物，但在階級和階級對立仍然存在的 20 世紀以及當代社會，顯然仍具有其他社會科學理論無法替代的解釋效力。

　　在之後出版的《傳統與反叛》一書中，洪先生甚至把《宣言》與《德意志意識形態》並舉，將它們共同指認為「青年馬克思歷史唯物論的倡說及其應用」[42]。並且，他在「社會分工與階級對立的化除」這一主題下，討論了《宣言》中的道德觀點，以及《宣言》與之前的「異化論」思想的內在關係。眾所周知，在《宣言》中馬克思與恩格斯曾斷言，對無產者來說：「法律、道德、宗教在他們看來全都是資產階級偏見，隱藏在這些偏見後面的全都是資產階級利益」[43]。洪先生依據這段引文指出，馬克思在把道德認定為階級道德的基礎上，又進一步戳穿階級道德背後隱藏著的階級利益。這就等於把道德觀念奠定在唯物史觀的現實基礎之上。根據這一理解，階級利益與意識形態觀念是相互耦合與共謀的關係。因此，「在強調共產革命之目的在於改變向來的財產關係時，馬克思也指出這一革命必然與傳統的理念，包括宗教、道德、哲學與法律

---

39 洪鎌德：《馬克思與社會學》，臺北：遠景出版事業有限公司，1983 年，第 174 頁。

40 洪鎌德：《馬克思與社會學》，臺北：遠景出版事業有限公司，1983 年，第 175 頁。

41 洪鎌德：《馬克思與社會學》，臺北：遠景出版事業有限公司，1983 年，第 177-180 頁。

42 洪鎌德：《傳統與反叛——青年馬克思思想的探索》，臺北：臺灣商務印書館，1986 年，第 87 頁。

43 《馬克思恩格斯選集》第 1 卷，北京：人民出版社，2012 年第 3 版，第 411 頁。

理念『徹底分家』」[44]。在洪先生看來，《形態》中的這一思想與《手稿》中的「異化論」內容是內在一致的，「《共產黨宣言》不僅是馬克思與恩格斯成年的著作，更是一份強而有力的社會宣傳手冊，更是馬克思異化理論的總結。在馬克思最早期的著作中，他曾指出宗教的異化植根於政治的異化。稍後他把政治的異化歸納為勞動的自我表現。直至《德意志意識形態》一稿完成時，他又將異化的概念濃縮為分工。至於異化的最終原因，則在《共產黨宣言》中他指明為階級敵對以及階級鬥爭。馬克思指出階級的形成，乃是社會與經濟必然的發展，階級一概念中即隱含鬥爭與異化的意味，是故階級鬥爭成為馬克思異化說的關鍵。原來階級鬥爭的最終目的在締造一個新的『真正人的社會』，在該社會中分工與階級都消弭於無形。此時人在經驗世界中的攜二、分裂、零碎終被克服，取而代之則為理性的統一。不過道德的真正基礎並非個人的良心與行為，而是社會的組織。為此原因馬克思宣布將致力於締造一個理性的社會，『使人類的自由獲得具體化』」[45]。

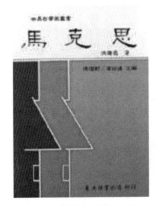

洪鎌德著《馬克思》，東大圖書公司，1998 版、2015 修訂二版、2020 版

　　洪鎌德對《宣言》中「階級鬥爭」所內在潛含的異化思想的上述理解，無疑值得引起學界同仁重視。因為，此種理解不僅打通了《手稿》與《宣言》思

44 洪鎌德：《傳統與反叛——青年馬克思思想的探索》，臺北：臺灣商務印書館，1986年，第 91 頁。

45 洪鎌德：《傳統與反叛——青年馬克思思想的探索》，臺北：臺灣商務印書館，1986年，第 91 頁。

想上的內在聯繫，還破除了西方學界所謂成熟時期的馬克思放棄了異化論思想的錯誤偏見。洪先生主張「階級鬥爭」與「異化論」很大程度上可以互釋，顯然就挑明了《宣言》乃至之後的馬克思並未放棄「異化論」之思想。因為，《資本論》甚至到晚年時期的馬克思仍主張以「階級鬥爭」的形式實現人類解放。基於此種理解，洪先生進而斷定，《宣言》中的「共產主義」亦不能被理解為關於大同思想（communalism）的社會學，或只是關於異化之揚棄的哲學，而是應該被把握為有關人類幸福的新道德理論，或一種重建的新式倫理學。他明確指出，「馬克思藉自我的概念、自由、權力與財產的概念來為他理想的共產主義，創造一個嶄新的道德體系」[46]。洪先生此種觀點的長處在於，其指認了《宣言》中的「共產主義」所內蘊的「以人類幸福為指向」的道德與倫理向度。但其短處在於，把馬克思藉助自我概念、自由、權力與財產概念所建構出來的「共產主義」把握為一種「嶄新的道德體系」，很可能會把《宣言》中的「共產主義」道德化或倫理化，弱化乃至遮蔽其原本具有的現實性與革命性。

第三節　解嚴時期對《宣言》的研究

　　1987 年解嚴前後，由於國民黨的意識形態管控相對放寬，馬克思主義研究在臺灣逐漸不再是禁忌，民間與學界也開始通過引進「西馬」、「新馬」和「後馬」思潮的方式，釋放在戒嚴時期思想自由和言論自主長期受到壓抑的不滿情緒。在這種狀況下，《宣言》在臺灣一方面開始逐漸擺脫戒嚴時期的「反馬」和「批共」的「研究」模式，走向較為學術化和中立化的研究道路，另一方面其研究主題開始從「革命」、「階級鬥爭」轉向重點關注「自由」、「解放」和「全球化」。解嚴初期，一方面受「西馬」、「新馬」思潮盛行的推動，以及《手稿》的思想史效應引起臺灣學者的關注，臺灣該時期對《宣言》研究的特點主要表現為，藉助「西馬」和「新馬」思想資源和研究方法，把《宣言》中的「每個人的自由發展是一切人自由發展的條件」的主題與《手稿》中的「異

---

46 洪鎌德：《傳統與反叛——青年馬克思思想的探索》，臺北：臺灣商務印書館，1986年，第 92 頁。

化論」批判緊密結合起來。另一方面，藉助此種闡釋路徑表明人們對自由的迫切期望，並企圖爲臺灣的民主化和自由化改革製造輿論氛圍。

在此狀況下，1998 年適逢《宣言》發表 150 周年紀年，世界各國左翼學者紛紛發表紀念文章。臺灣也不例外。正是在這一年 4 月，《當代》雜誌第128 期（復刊第 4 期）刊發了紀念「《共產黨宣言》150 年專輯」。該專輯不僅刊發了《宣言》的全文譯文，而且還發表了李永熾的〈邁向《共產黨宣言》〉、黃瑞祺的〈《共產黨宣言》與現代性〉、孫善豪的〈幽靈與精神〉、張旺山的〈韋伯論《共產黨宣言》〉、姚朝森的〈正義的條件〉和周樑楷的〈永遠的死對頭〉六篇紀念文稿。而其刊發的《宣言》譯文，經核對，基本上是採用中央編譯局 1958 年的第一次譯文，但有幾十處修改，也算是一個新的校譯本。該譯文總的看來是把口頭語較多地修改爲書面語。例如將「同它」改爲「與之」，將「把它」改爲「將之」，將「前後」改爲「前夕」[47]。此外，黃瑞祺主編的《馬克思論方法》（臺北：巨流圖書出版公司，1994）、《馬克思論現代性》（臺北：巨流圖書出版公司，1997），以及國立政治大學孫善豪博士編譯的《馬克思作品選讀：第一個非馬克思主義者》（臺北：誠品書店，1999）均收入了《宣言》漢譯文的部分內容。其中，前者依據的是大陸中文版《馬克思恩格斯全集》第 1 版第 5 卷中的《宣言》譯文，後二者依據的是《馬克思恩格斯選集》中文版第 2 版（1995 年）第 1 卷中的《宣言》譯文。

研究方面，除了《當代》雜誌刊發的紀念「《共產黨宣言》150 年專輯」的六篇紀念文稿外，李英明教授的《馬克思的社會衝突論》（臺北：時報文化出版企業股份有限公司，1990）、陳自現的《〈共產黨宣言〉研究》（臺北：蘇俄問題研究社，1990）、陳墇津的《回向馬克思》（臺北：蒲公英出版社，1992）、姜新立教授的《分析馬克思——馬克思主義理論典範的反思》（臺北：五南圖書出版股份有限公司，1997）、洪鎌德教授的《馬克思》（臺北：東大圖書公司，1997；修訂二版，2015）以及陳培雄的〈共產黨宣言之研究〉（《東亞季刊》，1987）等著作，對《宣言》中的「階級」、「國家」、「共產主義」、「自由」以及「全球化」理論均有所研究。其中，陳自現的《〈共產黨宣言〉研究》是臺灣第一部系統性研究《宣言》具體問題的專著。但由於該著作是作者對其之前研究成果的彙集，時間上跨越了 1970 至 80 年代，因此

---

[47] 《當代》，第 128 期，「《共產黨宣言》150 年專輯」。又參見高放：〈《共產黨宣言》有 23 種譯本〉，《光明日報》，2008 年 10 月 16 日版。

明顯帶有那個時代的意識形態痕跡，對《宣言》的理解和把握也存在諸多不足和錯誤之處。

　　就研究的具體內容而言，李英明在當代西方社會思想史和西方馬克思主義語境中，結合韋伯、盧卡奇、阿圖塞、葛蘭西和米利班德對馬克思的相關研究成果，對《宣言》中的「階級」、「階級意識與階級衝突」、「階級與政黨的關係」、「國家自主性」等問題進行了系統性地考察與分析。他認爲，從《宣言》和馬克思其他相關論述來看，「階級理論可以作爲連結其唯物史觀論和對資本主義進行社會學分析的仲介橋梁」[48]，並「通過具有社會學意涵的階級理論可以將歷史唯物論和對各個歷史階段的社會學分析連結起來，從而使得歷史唯物論能夠與社會的歷史發展勾連在一起，讓歷史唯物論的詮釋架構體現其現實意涵」[49]。而就具體內容來說，《宣言》及馬克思其他相關著作中所體現出來的階級理論的社會學意涵主要包括：馬克思的階級理論主要關注社會結構是如何變遷的問題，因此它主要是作爲解釋社會變遷的工具而存在的；馬克思既注意到了社會階級的多樣性，又以「兩階級模型」來分析社會變遷發展的主要依據；通過回答「社會階級形成的結構性條件是什麼？」這個問題，馬克思將歷史唯物論與資本主義的社會學分析結合起來，將經濟基礎與上層建築結合起來；在階級形成上，馬克思認爲階級的形成，既需要共同的階級情境或社會經濟情境，也需要組成有組織的集團參與政治衝突活動；馬克思階級形成以及衝突理論，基本上就是一套適合發展和歷史演變的理論；他所提供的既不是靜態的社會觀，也不將社會看成鐵板一塊，而是看成其內部組成因素或次級系統能平穩地發生維繫社會運作功能的有機體或系統組合[50]。總之，對馬克思而言，勞動階級和資產階級的衝突和鬥爭，必須被納入私有制和僱傭關係主導的資產階級和勞動階級的結構性利益衝突中去理解。由於馬克思把統治階級和被統治階級的利益衝突和鬥爭，當作每個社會具有支配力的衝突和鬥爭，而在資本主義社會中，最具有支配力的社會衝突和鬥爭就是資產階級和無產階級的衝突和

48　李英明：《馬克思社會衝突論》，臺北：時報文化出版企業股份有限公司，1990 年，第 9 頁。

49　李英明：《馬克思社會衝突論》，臺北：時報文化出版企業股份有限公司，1990 年，第 14 頁。

50　李英明：《馬克思社會衝突論》，臺北：時報文化出版企業股份有限公司，1990 年，第 9-12 頁。

鬥爭，它們理所當然就是資本主義社會中的統治階級與被統治階級，因此採取「兩階級模式」分析社會衝突和鬥爭[51]。

李英明認為，儘管從社會學的角度看馬克思的階級理論和階級分析模式具有諸多優點，但並不完善。首先，馬克思在討論階級衝突時，雖然注意到了無產階級在成為自為階級時所進行的不成熟鬥爭，但他主要重視的是「顯性的階級鬥爭」（明顯的、公開的鬥爭），而沒有注意到「隱性的或潛在的階級鬥爭」（隱而不顯的鬥爭）。並且，馬克思從社會階級結構分析而推出階級衝突將會直接激化的看法，帶有明顯的結構決定論色彩。其次，馬克思在論述無產階級通過衝突形成階級意識並導致革命時帶有線性思考的色彩，從而給人的感受是，「無產階級形成階級意識後就會進一步進行革命的意志和行動」。但事實上，整個資本主義社會的發展歷史顯示，無產階級和資產階級的互動並不必然形成「階級意識」，並進而導致「階級革命」爆發。再次，馬克思也忽略了資本主義社會通過自我變革而不斷地吸納無產階級的認同，使無產階級融入資本主義社會或躋身成為資產階級行列的可能性[52]。

從唯物史觀發生史來看，李英明對《宣言》及馬克思其他著作中所體現出的「階級」理論的指責，顯然有失公允。事實上，馬克思的階級理論不只重視「顯性的階級鬥爭」，還重視「隱性的階級鬥爭」。至於採取哪一種階級鬥爭形式，則要根據各國的制度、風俗、民情和傳統等具體情況而定。比如，馬克思不僅倡導歐洲大陸上大多數國家中，無產階級應以發動武裝暴力革命的形式推翻資產階級統治，晚年他還與恩格斯一起主張英美等國家的無產階級，可以利用議會鬥爭和爭取普選權等合法鬥爭或「隱性的階級鬥爭」方式奪取政權，從而實現向社會主義的和平過渡[53]。在階級問題上，馬克思也不是「結構決定

---

51 李英明：《馬克思社會衝突論》，臺北：時報文化出版企業股份有限公司，1990年，第159-160頁。

52 李英明：《馬克思社會衝突論》，臺北：時報文化出版企業股份有限公司，1990年，第163-164頁。

53 1871年7月3日，馬克思在一次談話中就明確指出：「在英國，工人階級面前就敞開著表現自己的政治力量的道路。凡是利用和平宣傳能更快可靠地達到這一目的的地方，舉行起義就是不明智的。」（《馬克思恩格斯全集》第17卷，北京：人民出版社，1963年，第683頁）1872年9月關於海牙代表大會的演說中，馬克思又進一步指出：「工人總有一天必須奪取政權，以便建立一個新的勞動組織……但是，我們從來沒有斷言，為了達到這一目的，到處都應該採取同樣的手段。我們知道，必須考慮到

論」者，更不是採取單一的「線性」思考模式。否則，在唯物史觀中，無產階級的主體能動性和個人自由又如何可能？在革命發生的構成要件上，除需要「物質因素」之外，人之「能動因素」又如何可能？

李英明著《馬克思社會衝突論》，時報文化出版企業股份有限公司，1990；《社會衝突論》，揚智文化，2002

　　與李英明注重《宣言》中「階級」理論的社會學意涵不同，洪鎌德則借鑑西方「馬克思學」方法主要考察了《宣言》的起草過程，並對馬克思和恩格斯在撰寫《宣言》的過程中各自所扮演的角色進行了大膽推測。他認為：「如就文章的體裁與文字遣詞來判斷，宣言大部分的內容出於馬克思的手筆，但理念則有部分來自於恩格斯。至少恩格斯所提共產黨十二點大綱被馬克思照單全收，只是被濃縮為十點。不過有關階級鬥爭和普勞角色則為馬克思的本意」[54]。從總體上看，整部《宣言》內容旨在批判資產階級對無產階級的剝削、壓榨和

　　各國的制度、風俗和傳統；我們也不否認，有些國家，像美國、英國，……工人可以用和平手段達到自己的目的。」（《馬克思恩格斯全集》第 18 卷，北京：人民出版社，1964 年，第 179 頁）恩格斯晚年面對革命形勢的發展，也曾明確提出：「普選權……在目前是無產階級運動的最好的槓桿。」（《馬克思恩格斯全集》第 36 卷，北京：人民出版社，1974 年，第 381 頁）。

54 洪鎌德：《馬克思》，臺北：東大圖書公司，1997 年，第 105 頁。

奴役的歷史事實，從而喚起無產階級作為一個自為階級的階級意識，並自覺聯合起來發動推翻資產階級統治的革命運動。在這個意義上，《宣言》無疑為革命運動「注入新而可怕的訊息」，但也同時「埋下社會衝突與仇恨的新種子」。原因在於，與空想社會主義者主張博愛和團結不同，《宣言》中倡導的是「階級的敵對與鬥爭」，甚至對原來已有所聯合的社會主義也持抨擊態度。在把「階級鬥爭」判定為「階級對立」和「暴力革命」的基礎上，洪鎌德進而指出：「在《共產黨宣言》中，馬克思為共產黨人武裝，也鼓勵他們造反有理，其所對抗的無他，乃是業已文明化的資本主義世界」[55]。這一論斷，儘管有部分道理，但未免有失偏頗。原因在於，《宣言》的確主張無產階級的現實生存處境決定了其將對資本家階級發動革命，但「對抗」資本家階級和資本主義世界並非目的，而只是實現「每個人的自由發展」的必要環節和手段。

第四節　21世紀以來對《宣言》的研究

一、新世紀以來臺灣對《宣言》研究的總體狀況

進入 21 世紀，臺灣的馬克思主義研究群體越發萎縮。但《宣言》的傳播和研究在臺灣不僅沒有停止，相反地，新世紀初葉還相繼出現了四種不同的《宣言》繁體漢譯本。這四種譯本，有的是臺灣學者獨自翻譯完成的，有的則是根據中央編譯局譯本改譯的，且譯文依據的底本也不盡相同。其中，2001年出版的唐諾譯本採取中英文對照形式，依據的底本是《宣言》英文版，且「有很多新譯法」[56]。比如，與中央編譯局譯本相比，它把「資產者與無產者」改譯為「資產階級與無產階級」，把「集中在聯合起來的個人手裡」改譯為「集中於國家所屬的大型工會之手」，把「將是這樣一個聯合體，在那裡，每個人的自由發展是一切人的自由發展的條件」改譯為「我們將擁有一個每個人為自

---

[55] 洪鎌德：《馬克思》，臺北：東大圖書公司，1997 年，第 106 頁。

[56] 高放：〈《共產黨宣言》有 23 種譯本〉，《光明日報》，2008 年 10 月 16 日版。

身自由發展、而且以之爲所有人自由發展條件的聯合體」[57]。2003年啓思出版社的譯本，無署名譯者，經對照譯文，基本上可以斷定是對中央編譯局1995年譯文的改譯[58]。2004年的管中琪與黃俊龍譯本，依據的底本是《宣言》德文版，並且「譯文有不少驚奇之處」[59]。比如，把「資產者與無產者」改譯爲「布爾喬亞成員與普勞分子」，把「集中在聯合起來的個人手裡」改譯爲「集中在團結起來的個人手裡」，把「共產黨人對各種反對黨派的態度」改譯爲「共產黨人回應諸多反對派的態度」，把「全世界無產者，聯合起來！」改譯爲「全世界普勞分子，聯合起來！」並且，該譯本還附錄了霍布斯鮑姆寫的〈論共產黨宣言〉一文的譯文（黃煜文譯）[60]。更值得指出的是，該譯本前面收入了洪鎌德先生的推薦性長文。鑑於該「薦文」之於臺灣讀者理解《宣言》內容的重要性，在下文中我將單列出來進行論述，此處暫且不作展開。2014年麥田出版社的中譯本是臺灣目前最新的《宣言》自主譯本，譯文依據的底本是英文版。該譯本附有林宗弘教授對《宣言》內容的導讀，譯文上也有一些新譯法。比如，把「集中在聯合起來的個人手裡」改譯爲「集中於國家掌握的大型計畫經濟委員會之手」[61]。當然，譯文是否完全忠實於《宣言》精神有待商榷。此外，2014年臺北五南圖書出版股份有限公司還出版了中共中央編譯局最新版的《宣言》譯本[62]。

就《宣言》的研究方面，洪鎌德的《人的解放——21世紀馬克思學說新探》（臺北：揚智文化，2000）、〈馬克思的烏托邦——他心目中共產主義理想下之新人類與新社會〉（《臺灣國際研究季刊》，2010）、《個人與社會——馬克思人性論與社群觀的評析》（臺北：五南圖書出版股份有限公司，2014）、黃瑞祺的《馬學與現代性》（臺北：允晨文化實業股份有限公司，2001）、孫善豪的〈馬克思理論中「共產主義」觀念的作用〉（《哲學與文

57 馬克思、恩格斯：《共產黨宣言》，唐諾譯，臺北：臉譜出版社，2001年。

58 馬克思、恩格斯：《共產黨宣言》，臺北：啓思出版文化公司，2003年。

59 高放：〈《共產黨宣言》有23種譯本〉，《光明日報》，2008年10月16日版。

60 馬克思（Karl Marx）、恩格斯（Frederick Engels）：《共產黨宣言》，管中琪、黃俊龍譯，臺北：左岸文化出版，2004年。

61 馬克思（Karl Marx）、恩格斯（Friedrich Engles）：《共產黨宣言》，麥田編輯室譯，臺北：麥田出版社，2014年。

62 馬克思、恩格斯：《共產黨宣言》，中央編譯局譯，臺北：五南圖書出版股份有限公司，2014年。

化》，2004）和《批判與辨證：馬克思主義政治哲學論文集》（臺北：唐山出版社，2009）、陳宜中的〈從列寧到馬克思：論馬克思的共產思想及其與列寧的關聯性〉（《政治與社會哲學評論》，2002）、鄧海南的〈激憤情緒與縱容理性：《共產黨宣言》與《論自由》之比較〉（《當代中國研究》，2005）、賴建誠的〈為什麼《共產黨宣言》對英國影響不大？〉（《當代》，第237期，2007/8）、姜新立的《解讀馬克思》（臺北：五南圖書出版股份有限公司，2010）、孫中興的《馬／恩歷史唯物論的歷史與誤論》（臺北：群學出版有限公司，2013）、萬毓澤的《你不知道的馬克思》（新北：木馬文化事業股份有限公司，2018）等均有涉及。

　　總體上看，這一時期臺灣對《宣言》的譯介和研究呈現如下特點：既偏重於對《宣言》具體內容的文本學和思想史的分析，也傾向於結合當今人類社會面臨的時代境遇和重大問題進行考察。比如，洪鎌德和孫善豪就是把《宣言》中的「共產主義」、「階級」、「自由」和「解放」等主題置於馬克思思想史和不同時期的文本脈絡中進行探討，萬毓澤圍繞著《宣言》具體內容的翻譯準確性問題進行了分析，黃瑞祺則結合當今人類面臨的現代性反思處境與生態危機問題，探討《宣言》中的現代性思想和生態維度，從而為《宣言》賦予現代意義。

洪鎌德著《馬克思主義》，一橋出版，2002

　　就研究的具體內容而言，洪鎌德從馬克思主義思想史和「馬克思學」視角研究了《宣言》中「共產主義」的發生史和獨特性。他認為，與《手稿》主要主張通過消滅異化勞動而生成的「哲學性的共產主義」不同，《宣言》中所談論的共產主義，是以闡明無產階級的階級意識和「工人的解放鬥爭」為主旨，「具有宣傳、煽動作用，而更為具體的如何使工人階級擺脫資產階級打壓與剝削的解放運動」[63]。這種作為解放運動的共產主義，不僅意味著階級的取消，更意味著階級敵對和階級鬥爭的消失，從而使得人在無異化、無剝削狀況之下享有解放與自由。用《宣言》的原話來說，就是這樣一種「自由人聯合體」，在其中，「每個人的自由發展是一切人自由發展的條件」。由此可見，《宣言》中的共產主義相較於馬克思早期的觀點，更顯示出「務實可行的一面」，不過其理論關切和現實關懷則是一貫的，即旨在實現每個人的自由和解放[64]。

　　如果說在《宣言》的研究上，洪鎌德教授偏重於思想史和馬克思學路徑，那麼，黃瑞祺與陳宜中則注重對其當代性的闡釋。黃瑞祺在《馬學與現代性》一書中，嘗試從一個新的角度即現代性視角來解讀《宣言》。他認為對《宣言》的這種解讀，能夠更容易呈現它的歷史、社會和思想等不同維度，而不只是政治的面向；同時，也可藉此豐富對現代性內涵的理解和把握。從這樣的視角出發，可見《宣言》不僅是一個重要的「政治性文獻，企圖喚起無產階級推翻資產階級的統治，以解救無產階級的貧困，乃至解決資本主義社會中的異化問題」，同時還是一部理論作品，「從歷史唯物論的觀點陳述階級鬥爭的理念，指出人類歷史就是一部階級鬥爭史。在此基礎上馬恩在《共產黨宣言》裡著重分析現代社會（馬恩稱之為『資產階級社會』或『布爾喬亞社會』）的特徵以及來龍去脈。因此《共產黨宣言》是一部分析現代性的作品。而它分析現代性主要是從階級（尤其是資產階級）的角度出發，在馬恩看來，資產階級乃現代社會及現代世界的主角。要了解現代社會（或現代性）必須了解資產階級」[65]。依照馬克思的說法，新航路的開闢和新大陸的發現為「世界市場」的形成打下了基礎，大工業生產則真正實現或確立了世界市場。而「世界市場的建

63　洪鎌德：〈馬克思的烏托邦──他心目中共產主義理想下之新人類與新社會〉，《臺灣國際研究季刊》，第 6 卷第 1 期，2010 年。

64　洪鎌德：〈馬克思的烏托邦──他心目中共產主義理想下之新人類與新社會〉，《臺灣國際研究季刊》，第 6 卷第 1 期，2010 年。

65　黃瑞祺：《馬學與現代性》，臺北：允晨文化實業股份有限公司，2001 年，第 153 頁。

立，不斷擴大產品銷路的需要，驅使資產階級奔走於全球各地。它必須到處創業，到處建立據點，到處建立聯繫。這樣使得資產階級成為一個世界性的階級或普遍的階級」。受資本邏輯的驅動，資產階級使一切國家的生產和消費都成為「世界性」的，甚至要「按照自己的形象為自己創造出一個世界」。換言之，現代社會及現代世界是資產階級按照其性格創造出來的。在這個意義上，了解資產階級是了解現代世界或現代社會的關鍵[66]。反對資產階級統治，就是反對現代性弊端及其基本建制。當然，馬克思對現代性的反對不是採取簡單否定和拋棄的立場，而是採取「批判性繼承」的態度。「因此對資本主義生產方式和工業革命所造成的生產力及其解放潛能予以肯定，而對資本主義的生產關係（主要是階級關係）以及工人的工作條件則加以抨擊；對資產階級的歷史角色給予高度的評價，而同時批判資產階級對無產階級的『剝削』；對啟蒙運動的思潮有所繼承，而同時批判其隱含之烏托邦的成分以及資產階級的立場」[67]。陳宜中結合現代政黨政治發展史考察了《宣言》中「共產黨」的角色問題。他認為，「馬克思寫作於現代政黨政治才剛萌芽起步的歷史階段，所以既未能預見第二國際時代的政黨政治，更難以想像列寧的先鋒政黨、史大林式的極權統治這些 20 世紀的新興事物。在《共產黨宣言》裡，馬克思一方面賦予共產黨人某些積極的政治任務，另方面則強調黨與無產階級之間不存在著領導關係，因為他認為共產黨人不過是無產階級之中較有意識的一群，並未發明出任何教條、原則或意識形態，也不是本於對歷史與資本主義的科學分析，而僅被動地體現或表現出真實的歷史關係，所以稱不上是改變歷史進程的行動者。現代政黨的官僚化和民粹化傾向，以及領袖與群眾、領導與服從、黨意與民意、高層與基層之關係等等，皆非馬克思所關心的課題，但卻是後來的馬克思主義者所必須面對的現實問題」[68]。

此外，進入 21 世紀以來，隨著臺灣和世界各地文化交流的頻繁，《宣言》漢譯翻譯的準確性問題也引起了學者的注意。萬毓澤就曾對《宣言》中的一段漢譯文進行了不同版本的比較性探討。針對《宣言》中的「當階級的差別

[66] 黃瑞祺：《馬學與現代性》，臺北：允晨文化實業股份有限公司，2001 年，第 159 頁。
[67] 黃瑞祺：《馬學與現代性》，臺北：允晨文化實業股份有限公司，2001 年，第 103-104 頁。
[68] 陳宜中：〈從列寧到馬克思：論馬克思的共產思想及其與列寧的關聯性〉，《政治與社會哲學評論》，第 2 期，2002 年。

在發展過程中已經消失，而一切生產都集中在聯合起來的個人的手裡（*in den händen der assoziierten individuen konzentriert*）的時候，公共權力就會失去其政治特性。……舊的資產階級社會存在著階級和階級對立，而取代這種舊社會的，將是這樣的聯合體（Assoziation）：在那裡，每個人的自由發展是所有人的自由發展的先決條件。」這段譯文，他透過比較臺灣和大陸的不同譯文後指出：「上面這段文字涉及一個重要的翻譯問題：*in den händen der assoziierten individuen konzentriert* 該怎麼譯？先行的中共中央編譯局譯本譯為『集中在聯合起來的個人手裡』，這是最準確的翻譯……為什麼說『最為準確』？因為連恩格斯本人參與審閱的一八八八年英譯本都譯得不好，譯成了 concentrated in the hands of a vast association of the whole nation。臺灣兩個根據英譯本轉譯的中譯本分別譯為『集中於國家所屬的大型工會之手』（《共產黨宣言》，唐諾譯，臺北：城邦文化）和『集中於國家掌握的大型計畫經濟委員會之手』（《共產黨宣言》，麥田編輯室譯，臺北：麥田出版社）」[69]。作者認為，諸如此類的翻譯容易使讀者產生誤解，似乎共產主義或社會主義就是「國家主義」，從而把一切權力都集中在國家機關手中。雖然《宣言》有幾處論述的確表達了這樣的意思，但那多半是用來挑戰既有社會體制的具體政治訴求，而非對於未來社會運作樣態的想像。「這段文字，則是在談『當階級差別在發展進程中已經消失』的未來社會，自然不是在提什麼綱領、訴求。德文原文明白地寫『集中在聯合起來的個人的手裡』，強調的是『聯合起來的個人』，而不是某種行政機關、委員會，更不是『計畫經濟』的委員會。這是一段非常強調『自由人的聯合』的表述。因此，英譯的 a vast association of the whole nation 是不理想的翻譯；中譯的『國家所屬的大型工會』或『國家掌握的大型計畫經濟委員會』則純屬錯譯」[70]。萬毓澤教授是當今臺灣馬克思主義研究的新生代典範，他結合德語特點和文本整體脈絡的把握對《宣言》不同漢譯文之準確性的這種比較性研究，無論是對我們更準確地理解《宣言》的具體內容，還是把握其基本精神和當代意義，都具有極為重要的意義。

69　萬毓澤：《你不知道的馬克思》，新北：木馬文化事業股份有限公司，2018 年，第 187 頁。

70　萬毓澤：《你不知道的馬克思》，新北：木馬文化事業股份有限公司，2018 年，第 187-188 頁。

二、洪鎌德2004年「薦文」對《宣言》的理解

　　2004 年在其爲管中琪和黃俊龍翻譯的《共產黨宣言》（臺北：左岸文化出版，2004）的薦文中，洪先生對《宣言》寫作的緣起、恩格斯《共產主義原理》的主要內容、馬克思對《宣言》的新貢獻、《宣言》的意涵與重譯《宣言》的意義等方面，做了粗略的勾勒。其中，尤其值得特別指出的是，洪先生對恩格斯《共產主義原理》的主要內容、馬克思對《宣言》的新貢獻與《宣言》之意涵的論述。

　　第一，在恩格斯的《共產主義原理》方面，洪先生首先獨立摘譯了其中的部分內容。這主要是兩個向度的，一是恩格斯關於共產黨聯盟追求的目標、奮鬥的方向的論述，二是恩格斯更爲清楚地勾勒的未來共產主義社會樣貌的十二點主張。洪先生之所以重點摘譯這兩方面的內容，主要是因爲它們不僅高度凝鍊地概括了恩格斯《共產主義原理》的思想主旨，還能體現其與馬克思主筆的《共產黨宣言》內容的關聯和細微差別：「爲了比較恩格斯原著，與馬克思新作之異同，我們有必要把恩氏這篇文章加以摘要的敘述」[71]。這一點也是洪先生的馬克思主義研究始終所持西方「馬克思學」立場的具體體現。因爲，在既往相關研究中，學者們多強調《宣言》與恩格斯所著《共產主義原理》的內在關聯和總體上的一致性，而不太重視其間的細微差別。相反地，倒是西方「馬克思學」學者注重對二者間差別的研究。他們通過對《宣言》與《共產主義原理》的比較，認爲這兩篇文獻在歷史觀和共產主義觀方面是對立的，提出「《共產黨宣言》―《共產主義原理》關係問題」，以馬克思與恩格斯思想關係的差異性和片面性取代其整體性和全面性，並由此衍生出「馬恩對立論」[72]。但洪先生

---

[71] 洪鎌德：〈推薦馬克思和恩格斯的傑作《共產黨宣言》（1848）及其新譯〉，《共產黨宣言》：管中琪、黃俊龍譯，臺北：左岸文化出版，2004 年。

[72] （法）馬科斯米里安·呂貝爾（Maximilien Rubel）：《呂貝爾馬克思學文萃》，鄭吉偉譯，北京：北京師範大學出版社，2018 年；（美）諾曼·萊文：《辯證法：內部的對話》，張翼星譯，昆明：雲南人民出版社，1997 年。西方「馬克思學」和當代國外馬克思主義在「馬克思―恩格斯關係」問題上，主要形成了三種觀點，即「馬恩一致論」、「馬恩對立論」和「馬恩差異論」。比較而言，前兩種觀點都較爲極端，並不可取。而第三種觀點即「馬恩差異論」則既看到二者之間的內在一致性，又看到了它們在某些方面的差別。

顯然只是吸收了西方「馬克思學」的研究精神和方法，而非單純地對其具體結論也照單全收。從而，他也就避免了陷入西方「馬克思學」所主張的「馬恩對立論」之陷阱。

　　洪先生的譯文有其自身的特點，這對豐富《共產主義原理》中譯文版本以及對其具體內容的理解，都具有推動作用。鑑於此，筆者對其摘譯文進行直接轉述。

管中琪、黃俊龍譯《宣言》，左岸文化出版，2004

唐諾譯《宣言》，臉譜出版社，2001

　　洪先生的摘譯，主要集中於恩格斯關於共產黨聯盟追求的目標、奮鬥的方向，以及他關於未來共產主義社會樣貌的十二點主張的論述：

（一）恩格斯關於共產黨聯盟追求的目標、奮鬥的方向之論述

＃問題 1：什麼是共產主義？

＃回　答：共產主義是普勞階級解放的條件之學說。

＃問題 2：什麼是普勞階級呢？

＃回　答：普勞階級乃是社會的階級，〔其成員〕以出賣勞力，而非倚賴資本所產生的利潤來賺取生活資料，其興衰與生死、其整個存活完全仰賴對勞動的需要，因此也依賴商業的時好時壞，以及無節制的競爭所造成的擺盪爲活。普勞階級，也就是普勞分子所造成的階級爲 19

世紀的工人（勞工）階級。

#問題 3：因之，是不是向來便有普勞分子的存在？

#回 答：並不如此。窮人與工人向來便存在過。工人在絕大部分的時間都陷身於貧窮中，但這些窮人、這些生活在貧窮條件下的工人，也就是上述普勞分子，卻不是向來都出現過、存在過的工人，就像所謂的競爭並非一向就是那麼自由、那麼激烈而沒有節制。

#問題 4：普勞階級怎樣興起？

#回 答：普勞的崛起乃是工業革命的產物。工業革命為上個世紀下半葉出現在英國，其後不斷蔓延到世界各國……〔工業革命拜受機器發明之利，昂貴的機器卻生產便宜的貨物，而改變傳統的生產方式，排除工人就業機會，機器只能交到大資本家的手中，而使工人的謀生工具變成無用之物。工廠制度首先出現在紡織業，不久擴散至各行各業，工人也從製造一個完成的產品轉變到只為產品的部分而加工，分工的結果工人每天只反覆操作單調的機械生產動作。機器逐漸取代人工，而擁有機器的大老闆、大資本家遂不斷威脅工人的獨立與自主，在工業與資本主義擴張下，工廠制度幾乎征服了文明的各國。向來的中產階級、小工商人士便逐一淪落為破產戶，與普勞階級的一無所有一樣，合併成一個階級，而大資本家階級，就是布爾喬亞，因為擁有所有的生存資料與生產資料，遂與普勞階級徹底分化、分離〕。

#問題 5：在怎麼樣的情況下，普勞分子將其勞力出賣給布爾喬亞呢？

#回 答：就像其他的貨物一樣，勞動本身就是一種的商品，其價格同其他商品無異，也要受到〔商品運動〕律則的規範……〔勞動的價格大體上與生產該勞動的成本相等，也就是製造一個工人的養育訓練之價錢。為著生產的目的，勞動的價格，也就是工人的薪資為維持其生存的最起碼的費用。隨著商務的時好時壞，公司發給工人的薪資便有多也有少。隨著大規模的工業進占各行各業之後，薪資的規律會更嚴格地施用〕。

#問題 6：在工業革命前存在著怎麼樣的勞動階級呢？

#回 答：隨社會發展之階段不同，勞動階級生活於各種不同的條件之下，其與有產階級和統治階級之關係也各個不同……

#問題 7：在怎樣的情況下普勞分子與奴隸不同？

#回　答：奴隸是一次便被販賣搞定，而普勞階級卻是每日每時在販賣自己的
　　　　　勞力。〔奴隸主至少得保障奴隸的生存，布爾喬亞階級卻隨其勞務
　　　　　與生意的好壞，決定僱用或解聘其員工，自然不管其屬下普勞分子
　　　　　的死活〕。

#問題8：在怎樣的情況下普勞分子與農奴有別？

#回　答：農奴擁有與使用生產工具〔包括其耕作的小片土地〕以賺取他勞作
　　　　　的部分收成。普勞分子使用的生產工具歸屬別人，他靠出賣勞力換
　　　　　取其勞動成果的部分〔當成薪資〕……

#問題9：普勞分子與工藝師傅有何不同？

#問題10：普勞分子與徒手工匠有何不同？

#回　答：〔主要的不同為徒手工匠住在鄉下、擁有生產工具，像家中擺設的
　　　　　簡單紡織機，甚至小片果園，但普勞分子住在市鎮上，與雇主的關
　　　　　係只限於金錢、薪資〕……（以上：Marx and Engels, 1969[1]: 81-
　　　　　85）[73]。

（二）恩格斯關於未來共產主義社會樣貌的十二點主張

1. 以所得增值稅、提高遺產稅、取消繼承等等的方式限制私人的占有。

2. 逐步沒收土地擁有者、工廠廠主、鐵路、船舶大亨的私產，藉由國營企業
與之競爭，或直接補償其損失，而沒收其產業。

3. 沒收移出者與叛亂者之財產。

4. 在國有資產、生產機構、工廠中，讓普勞分子進占與操作，目的在透過競
爭，迫使私人公司讓步，或促其改善工人待遇。

5. 在私人擁有制度〔私產制度〕未完全取消之前，迫使社會的每一個成員都
要進行勞動，形成工業、農業生產大軍。

6. 把信貸與銀行制度加以集中，由國家主控、抑制或禁止私人的金融經營。

7. 增加國營企業、國立工廠、鐵道、船舶之經營。大量開發土地，使國家之
資本與勞工符合比例的增長。

8. 設立公家學校，以公費教育子弟，使教育與生產掛鉤。

---

73 洪鎌德：〈推薦馬克思和恩格斯的傑作《共產黨宣言》（1848）及其新譯〉，《共產
黨宣言》：管中琪、黃俊龍譯，臺北：左岸文化出版，2004年。

9. 建立大規模住宅供工農居住，兼顧市鄉居住的優點。

10. 摧毀衛生不佳、不適合人居住之老舊宅區與房舍。

11. 合法與非法婚生子女，享有同等的繼承權利。

12. 所有交通工具集中在國家手中使用（～*ibid.*, 85-91）[74]。

　　洪先生上述兩段譯文行文流暢，通俗易懂，而且還吸收了當代流行語言的元素。比如，其中的「奴隸是一次便被販賣搞定」之「搞定」的譯法，就是採用當代的日常流行語。因此，他的譯文更貼近當代人日常生活語言，亦更容易被普通大眾理解和接受。該譯文的最大特點體現在術語翻譯方面，他把「無產」改譯為「普勞」，把「無產階級」改譯為「普勞階級」。洪先生在註腳中給出了這麼改譯的理由：「德文 *das Proletariat* 係由法文 *le prol[é]tariat* 引來的，過去譯為普羅階級。但普羅兩字在今天卻成為臺北市街廣告招牌的用字（普羅汽車、普羅牙科、普羅飲水機等等），是英文 professional（專業）的意思。今使用普勞以取代普羅，既能把 *Proletariat* 的原音表出（臺灣音「勞」有 ro，lo 的聲音），又符合普遍勞動、普眾勞動的原意。是故普勞階級比無產階級、工人階級、勞動階級更貼切，更何況恩格斯與馬克思一開始便偏好 *das Proletariat* 或 *Proletarier* 字眼，而非 *Besitzlose, Arbeiter*（勞動者）之階級等等用詞」[75]。

　　第二，關於馬克思對《宣言》的新貢獻方面，洪先生在梳理馬克思與恩格斯起草和寫作《宣言》過程的基礎上，以西方「馬克思學」所要求的學術研究盡可能做到客觀公正和價值相對中立的精神，斷言《宣言》雖然是以馬克思與恩格斯兩人的名義起草和完成寫作的，但「如就文章的體裁與用字遣詞來判斷，宣言大部分的內容出於馬克思的手筆，但理念則有部分來自於恩格斯」[76]。具體而言，他認為，馬克思與恩格斯的一致性體現在，「恩格斯所提共產黨十二點大綱被馬克思照單全收，只是被濃縮為十點」。但相較於恩格斯，馬克思的差異性和創新性體現在，他更強調階級鬥爭和無產階級在變革社會中的重

---

[74] 洪鎌德：〈推薦馬克思和恩格斯的傑作《共產黨宣言》（1848）及其新譯〉，《共產黨宣言》：管中琪、黃俊龍譯，臺北：左岸文化出版，2004 年。

[75] 洪鎌德：〈推薦馬克思和恩格斯的傑作《共產黨宣言》（1848）及其新譯〉，《共產黨宣言》：管中琪、黃俊龍譯，臺北：左岸文化出版，2004 年。

[76] 洪鎌德：〈推薦馬克思和恩格斯的傑作《共產黨宣言》（1848）及其新譯〉，《共產黨宣言》：管中琪、黃俊龍譯，臺北：左岸文化出版，2004 年。

要性，即「有關階級鬥爭和普勞角色之刻意描繪則為馬克思的本意」[77]。我們姑且不論階級鬥爭和無產階級在社會變革中的重要作用的觀點是否是馬克思的發明和創新，以及洪先生的上述論斷是否完全公允，僅就其既關注馬克思與恩格斯思想的內在關聯性又重視二者之間的差異來說，洪鎌德的觀點已經遠遠超出了西方「馬克思學」的「馬恩對立論」，更接近相對客觀和公正的「馬恩差異論」主張。

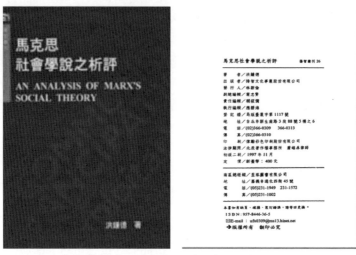

洪鎌德著《馬克思社會學說之析評》，揚智文化，1997

　　至於《宣言》的核心主旨，洪先生通過引用其中的點睛之筆「普勞分子在共產主義革命中失去的只是枷鎖，但是將會贏得世界。全世界的普勞分子，聯合起來吧！」斷定「整部宣言表達了作者對於資產階級對待被剝削、被壓榨者不公不義的極度憤恨」[78]。就《宣言》的敘事風格和敘事結構來看，此說當然成立。但若從其思想主旨和終極關切來看，馬克思與恩格斯寫作《宣言》顯然並不只是出於對資產階級的個人「洩憤」，而是旨在透過闡明在資本主義私有制下獨占生產資料的資本家階級，是如何剝削和壓榨工人階級的，以及由此導

---

[77] 洪鎌德：〈推薦馬克思和恩格斯的傑作《共產黨宣言》（1848）及其新譯〉，《共產黨宣言》：管中琪、黃俊龍譯，臺北：左岸文化出版，2004 年。

[78] 洪鎌德：〈推薦馬克思和恩格斯的傑作《共產黨宣言》（1848）及其新譯〉，《共產黨宣言》：管中琪、黃俊龍譯，臺北：左岸文化出版，2004 年。

致的階級分化的明朗化和必然性，表明不占有任何生產資料的工人階級要想解放自身，必須解放全人類，從而進入這樣一個聯合體，即在這個聯合體中「每個人的自由發展是一切人的自由發展的條件」[79]。可見，《宣言》的核心主旨不是表達馬克思與恩格斯「對於資產階級對待被剝削、被壓榨者不公不義的極度憤恨」，而是探討資本主義私有制下工人階級實現自身解放乃至人類解放的可能性。在這個意義上，洪鎌德的上述說法可能存在曲解《宣言》思想主旨的嫌疑，至少並不嚴謹。

　　不僅如此，洪先生的下述說法也未必中肯，即「這部宣言為革命運動注入新而可怕的訊息，也就是埋下社會衝突與仇恨的新種子。原因是在此宣言公布之前，社會主義者多為人道主義者或烏托邦理想主義者，強調的是海內存知己，以博愛團結志士，而不是宣揚階級的敵對與鬥爭。但馬克思卻引進了新的概念：階級、暴力、鬥爭。他不再視人群為兄弟姊妹，而是為了追求權力、財富、利益相互廝殺的敵人。對於歐陸原已有所聯合的社會主義也被他所抨擊，甚至不惜決裂、宣戰。要之，他的階級鬥爭就是要分裂原有的社會主義陣營，使主張暴力者、革命者變成共產黨人，其餘的則被貼上烏托邦或空想的社會主義者之標籤，予以排擠。在《共產黨宣言》中，馬克思為共產黨人武裝，也鼓勵他們造反有理，其所對抗的無他，乃是業已文明化的資本主義世界」[80]。因為，倘若真如洪鎌德所說，馬克思與恩格斯真的就成了單純的階級衝突和對立論的主張者，而不要任何的階級結盟和階級聯合！事實上，這種解釋與馬克思、恩格斯的真實想法和意圖是存在根本性衝突的。的確，針對強大的資本家階級，馬克思與恩格斯主張應號召工人階級通過階級鬥爭和暴力革命的形式推翻他們的統治，從而實現無產階級的自由和解放，但若因此說他們不是「視人群為兄弟姊妹，而是為了追求權力、財富、利益相互廝殺的敵人」則大錯特錯！問題的關鍵在於，應深刻理解馬克思與恩格斯為何提出工人階級只有通過階級鬥爭和暴力革命，而不是其他和平與民主的方式才能推翻資本家階級的統治，實現其自身的解放。在《德意志意識形態》中，馬克思與恩格斯曾斷定「革命之所以必需，不僅是因為沒有任何其他的辦法能夠推翻**統治**階級，而且還因為**推翻**統治階級的那個階級，只有在革命中才能拋掉自己身上的一切陳

[79]《馬克思恩格斯選集》第1卷，北京：人民出版社，2012年第3版，第422頁。

[80] 洪鎌德：〈推薦馬克思和恩格斯的傑作《共產黨宣言》（1848）及其新譯〉，《共產黨宣言》：管中琪、黃俊龍譯，臺北：左岸文化出版，2004年。

舊的骯髒東西，才能勝任重建社會的工作」[81]。在馬克思與恩格斯看來，僱傭勞動制度和生產資料私有制的存在，使得工人階級希望通過合法鬥爭與民主和平方式實現自身解放的可能性徹底堵死了，他們實現解放自身乃至全人類的唯一方式只能是以階級鬥爭和暴力革命的形式「同傳統的所有制關係實行最徹底的決裂」[82]，那些不顧資本主義僱傭勞動制度和私有制之存在事實而幻想通過和平途徑實現自身解放的主張者，最多不過是「批判的空想的社會主義和共產主義」的代表。因為，正是他們「看不到無產階級方面的任何歷史主動性，看不到它所特有的任何政治行動」[83]，從而要求「拒絕一切政治行動，特別是一切革命行動；他們想通過和平的途徑達到自己的目的，並且企圖通過一些小型的、當然不會成功的實驗，通過示範的力量來為新的社會福音開闢道路」[84]。筆者認為，只有明確資本主義僱傭勞動制下無產階級生存困境的終極根源及其極端化程度，方能真正理解《宣言》最終所說的下述論斷的實質內涵和現實意義，即「共產黨人到處都支持一切反對現存的社會制度和政治制度的革命運動」，並且「在所有這些運動中，他們都強調所有制問題是運動的基本問題，不管這個問題的發展程度怎樣」[85]。但是，即便如此，也不能由此得出馬克思與恩格斯是絕對的階級對立和階級鬥爭論主張者。因為，對他們來說，不論是主張階級鬥爭還是倡導階級聯合方式，都只是實現人類解放和每個人自由全面發展的仲介與手段。至於要採取何種方式，那要視工人階級及其對立面之現實的具體情況而定。在這個意義上，他們並不排斥階級聯合和政黨團結，正如《宣言》所說的那樣，為了實現人類的解放和每個人的自由全面發展，「最後，共產黨人到處都努力爭取全世界民主政黨之間的團結和協調」[86]。

第三，在具體意涵闡釋方面，洪先生首先對《宣言》進行了總體性定位，認為「它不但是政治革命的宣言，是其後一個半世紀共產黨創立、奮鬥、奪權、建政、改革、遞變的指導性綱領，更是改變這一兩百年來世界史面貌之動力。其精神上、思想上與理論上的影響從英倫、巴黎、歐陸、俄國、東歐而

---

[81]《馬克思恩格斯選集》第1卷，北京：人民出版社，2012年第3版，第171頁。
[82]《馬克思恩格斯選集》第1卷，北京：人民出版社，2012年第3版，第421頁。
[83]《馬克思恩格斯選集》第1卷，北京：人民出版社，2012年第3版，第431頁。
[84]《馬克思恩格斯選集》第1卷，北京：人民出版社，2012年第3版，第432頁。
[85]《馬克思恩格斯選集》第1卷，北京：人民出版社，2012年第3版，第435頁。
[86]《馬克思恩格斯選集》第1卷，北京：人民出版社，2012年第3版，第435頁。

擴及於東亞、拉美、非洲，以及其餘第三世界各國。可以說自從基督教的《聖經》出現以來，是閱讀群眾最多，激發的行動最有力的一項文獻」[87]。從《宣言》發表170多年的傳播史和效應史來看，洪先生的此說當不爲過。因爲，回顧其發表的歷史可以發現，在世界社會主義運動史上，《宣言》始終是喚醒與引導弱勢群體和被壓迫民族反抗強權壓迫和殖民統治的理論指南，更是指導世界無產階級發動武裝革命運動的行動綱領。其在世界各地的傳播之廣與影響之深，幾乎沒有哪一本著作能夠與其比肩（《聖經》除外）。當然，洪先生的興趣並不在於全方位地探討《宣言》在世界上各個地區和領域中的影響，而只是探討這一文本在馬克思主義思想史上所具有的重要理論意義。

　　洪鎌德認爲，從馬克思學的視角看，《宣言》所具有的重要理論意義主要可以概括爲如下幾個方面。首先，《宣言》是唯物史觀思想的「首次昭示」。洪先生做出這種論斷的理論依據是，《宣言》表明馬克思與恩格斯放棄了他們之前信奉的黑格爾唯心史觀，並轉而主張以階級鬥爭爲核心的唯物史觀。從馬克思與恩格斯的唯物史觀形成史來看，他們對黑格爾唯心史觀的批判雖然在《黑格爾法哲學批判》（1843）、《手稿》（1844）與《神聖家族》（1845）中都有所體現，並在《德意志意識形態》（1845-1846）[88]中得以較爲集中的闡釋，但他們之前對唯物史觀的這些嘗試性闡釋，仍然沒有完全擺脫費爾巴哈類人本學和古典政治經濟學以分工解釋人類歷史的模式。進一步說，上述文獻雖然顯示出馬克思與恩格斯的歷史觀轉折已「有新表達」，「但把兩個階級針鋒相對，加以兩極化，並予以歷史上的定性與定位，敘述與分析，卻要推這份宣言」[89]。雖然就唯物史觀所包含的政治經濟學意涵來看，那種突出生產方式而非勞動分工之於理解人類歷史的基礎性，強調生產力決定生產關係以及經濟基礎決定上層建築的基本原理，尚待於《資本論》及其手稿中得以系統化闡釋，但《宣言》「強調兩大階級的分立、對峙、生成、發展，而指出社會的變遷與歷史的遞嬗之主因爲階級仇視、階級鬥爭，除了有鼓動普勞革命的策略思考之

87　洪鎌德：〈推薦馬克思和恩格斯的傑作《共產黨宣言》（1848）及其新譯〉，《共產黨宣言》：管中琪、黃俊龍譯，臺北：左岸文化出版，2004年。

88　洪先生把《德意志意識形態》的寫作時間誤寫成了1844-1845年。

89　洪鎌德：〈推薦馬克思和恩格斯的傑作《共產黨宣言》（1848）及其新譯〉，《共產黨宣言》：管中琪、黃俊龍譯，臺北：左岸文化出版，2004年。

外，更是歷史演進的新解讀」[90]。

　　我們知道，在馬克思主義思想史上，關於唯物史觀初步形成和確立的標誌究竟定位於何時和哪種文獻，始終存在爭議。總體上來看，目前學界主要形成了三種代表性觀點。一種觀點認為唯物史觀初步形成於馬克思 1843 年寫作完成並於 1844 年發表在《德法年鑑》上的《黑格爾法哲學批判》。因為，在這篇批判黑格爾法哲學的重要文獻中，馬克思首次提出了「不是國家決定市民社會，而是市民社會決定國家」的重要主張，從而實現了對黑格爾唯心史觀的根本性顛倒。馬克思後來回顧性地把當時他所初步得出的這一唯物史觀結論歸納為：「法的關係正像國家的形式一樣，既不能從它們本身來理解，也不能從所謂人類精神的一般發展來理解，相反，它們根源於物質的生活關係，這種物質的生活關係的總和，黑格爾按照18世紀的英國人和法國人的先例，概括為『市民社會』，而對市民社會的解剖應該到政治經濟學中去尋找」[91]。這也顯示出馬克思筆下「市民社會」的經濟性質。另一種觀點認為唯物史觀形成的標誌性文本應該是 1845 年至 1846 年馬克思與恩格斯寫作完成的《德意志意識形態》。因為，正是在這部於馬克思主義形成史上具有里程碑地位的文獻中，馬克思與恩格斯以批判青年黑格爾派為代表的德意志各種意識形態的形式，闡明了他們的唯物史觀的基本理論，即「這種歷史觀就在於：從直接生活的物質生產出發闡述現實的生產過程，把同這種生產方式相聯繫的、它所產生的交往形式即各個不同階段上的市民社會理解為整個歷史的基礎，從市民社會作為國家的活動描述市民社會，同時從市民社會出發闡明意識的所有各種不同的理論產物和形式，如宗教、哲學、道德等等，而且追溯它們產生的過程。這樣做當然就能夠完整地描述事物了（因而也能夠描述事物的這些不同方面之間的相互作用）。這種歷史觀和唯心主義歷史觀不同，它不是在每個時代中尋找某種範疇，而是始終站在現實歷史的基礎上，不是從觀念出發來解釋實踐，而是從物質實踐出發來解釋各種觀念型態，由此也就得出下述結論：意識的一切形式和產物不是可以通過精神的批判來消滅的，不是可以通過把它們消融在『自我意識』中或化為『怪影』、『幽靈』、『怪想』等等來消滅的，而只有通過實際地推翻這一唯心主義謬論所由產生的現實的社會關係，才能把它們消滅；歷史的動力以

90　洪鎌德：〈推薦馬克思和恩格斯的傑作《共產黨宣言》（1848）及其新譯〉，《共產黨宣言》：管中琪、黃俊龍譯，臺北：左岸文化出版，2004 年。

91　《馬克思恩格斯選集》第 2 卷，北京：人民出版社，2012 年第 3 版，第 2 頁。

及宗教、哲學和任何其他理論的動力是革命,而不是批判」[92]。最後一種觀點則認為,唯物史觀確立和系統化闡釋的標誌應該是馬克思寫作於 1859 年的《政治經濟學批判序言》。因為,在該《序言》中馬克思對唯物史觀的基本原理進行了凝鍊的和集中的詮釋,即他所說的:「我所得到的,並且一經得到就用於指導我的研究工作的總的結果,可以簡要地表述如下:人們在自己生活的社會生產中發生一定的、必然的、不以他們的意志為轉移的關係,即同他們的物質生產力的一定發展階段相適合的生產關係。這些生產關係的總和構成社會的經濟結構,即有法律的和政治的上層建築樹立其上,並有一定的社會意識形式與之相適應的現實基礎。物質生活的生產方式制約(bedingt)著整個社會生活、政治生活和精神生活的過程。不是人們的意識決定人們的存在,相反,是人們的社會存在決定人們的意識。社會的物質生產力發展到一定階段,便同它們一直在其中運動的現存生產關係或財產關係(這只是生產關係的法律用語)發生矛盾。於是這些關係便由生產力的發展形式變成生產力的桎梏。那時社會革命的時代就到來了。隨著經濟基礎的變更,全部龐大的上層建築也或慢或快地發生變革。……我們判斷一個人不能以他對自己的看法為根據,同樣,我們判斷這樣一個變革時代也不能以它的意識為根據;相反,這個意識必須從物質生活的矛盾中,從社會生產力和生產關係之間的現存衝突中去解釋」[93]。

上述三種關於唯物史觀之形成與確立標誌的觀點,各有各的立場和文本依據。學者們可以根據自己對馬克思主義經典文本和唯物史觀形成史的熟知程度,作出或支持或批判的立場。但洪鎌德先生在這方面所持的觀點,並不屬於上述觀點中的任何一種。與上述三種觀點不同,他把唯物史觀「首次昭示」的文本定位為《宣言》[94]。筆者認為,從歷史唯物主義形成與確立史來看,洪先生的這種觀點有一定的合理性,也為學界理解唯物史觀增添了新意。但是,其立論的依據不應該是《宣言》中的「階級對立」與「階級鬥爭」觀點,而應該是其中的由資本邏輯所推動的「世界市場」,及其內在隱含的革命和解放邏輯[95]。在筆者看來,相對於《宣言》中的革命敘述、解放和自由的邏輯來說,

[92] 《馬克思恩格斯選集》第 1 卷,北京:人民出版社,2012 年第 3 版,第 171-172 頁。

[93] 《馬克思恩格斯選集》第 2 卷,北京:人民出版社,2012 年第 3 版,第 2-3 頁。

[94] 洪鎌德:〈推薦馬克思和恩格斯的傑作《共產黨宣言》(1848)及其新譯〉,《共產黨宣言》:管中琪、黃俊龍譯,臺北:左岸文化出版,2004 年。

[95] 《馬克思恩格斯選集》第 1 卷,北京:人民出版社,2012 年第 3 版,第 403-404 頁。

「階級對立」與「階級鬥爭」只是仲介和手段性的，相反地，前者才是目的。如果我們只關注「階級對立」與「階級鬥爭」，而無視其中的革命、解放和自由邏輯，並以此斷言《宣言》係唯物史觀的「首次昭示」，那無異於只看到了「手段」而拋棄了「目的」，從而對《宣言》和唯物史觀的理解很可能都是成問題的[96]。在這個意義上，洪先生的觀點尚待進一步深入分析和論證。

　　其次，洪先生認為《宣言》對無產階級的根本性質及其應擔負的職責進行了具體規定。他明確指出，對社會不平等現象的關注、對階級分化和階級鬥爭的分析，都不是馬克思與恩格斯的發明。但馬克思與恩格斯是把個人生產關係之地位與階級概念分析相關聯的早期先驅者之典範。並且，洪先生明確指出：「馬克思的分析不是聚焦於現在社會的兩大陣營之分立與對抗，而是分析社會發展的規律，以及，這個發展牽連的社會勢力。在把社會階級兩極化為布爾喬亞與普勞階級的對抗之後，馬、恩之所以對普勞情有獨鍾，主要原因為：（1）認知論方面，普勞在社會中提供社會崛起整體性的觀點；（2）在政治上，占有多數的普勞可以起著更大的力量，也符合民主的原則；（3）在經濟上，從事資本主義經濟生產的普勞擁有主導勢力，足以改變社會的經濟結構；（4）在歷史上，普勞的物質利益難以滿足其需要；反之，改變社會秩序的願望與意識增強，而把普勞推向革命運動。這樣一來馬克思無疑地賦予普勞階級解放全人類的職責與使命，這未免對後者造成太沉重的負擔」[97]。這在一定意義上也解釋了，前文中涉及的馬克思尤其關注無產階級之生存處境的具體原因。

　　再次，洪先生較為詳盡地介紹了《宣言》中所闡發的共產主義之理想願景。馬克思有生之年從來沒有見證過真正的社會主義和共產主義的實現過程，因此，共產主義對他而言只是作為一種「理想」，或借用布洛赫的話來說，作為「尚未」[98]而存在。對作為「理想」和「尚未」的共產主義，馬克思向來不主張給予過多的描述與預測。因為，根據他的實踐的觀點和改變世界的主張，問題的關鍵在於變革現實，而不在於預測未來。相比於馬克思，恩格斯則對共產主義有更詳細的描述和規劃。不過，在馬克思主筆的《共產黨宣言》中，卻

96　張守奎、田啓波：〈資本邏輯批判及其限度——對學界以資本邏輯批判深化歷史唯物主義研究範式的反思〉，《學術研究》（廣州），第 9 期，2020 年。

97　洪鎌德：〈推薦馬克思和恩格斯的傑作《共產黨宣言》（1848）及其新譯〉，《共產黨宣言》：管中琪、黃俊龍譯，臺北：左岸文化出版，2004 年。

98　恩斯特・布洛赫：《希望的原理》第 1 卷，夢海譯，上海：上海譯文出版社，2012 年。

大量採用了恩格斯《共產主義原理》中的觀點對作為理想的共產主義進行了較為系統的闡釋，只是恩格斯所說的十二點被其濃縮為十點。由此足見恩格斯《共產主義原理》對《宣言》的影響。洪先生甚至認為，《宣言》中「把共產主義的社會視為階級消失之外，國家也消失（萎縮），剝削也消失，甚至連市場、貨幣、法律、倫理都不存在的說法」，也是自恩格斯引申而來。並且，洪先生斷定，「在很大的程度上，此時的馬、恩，特別是馬克思心目中的共產主義有異於《經濟哲學手稿》所強調私產廢除、異化取消、人性復歸、否定之否定的哲學共產主義（1844）」[99]。我認為，從這篇推薦性文章來看，洪先生做出此種論斷的理據並不充分。不過，在其 2010 年發表於《臺灣國際研究季刊》上的〈馬克思的烏托邦——他心目中共產主義理想下之新人類與新社會〉一文中，他對這一觀點的論證又進行了補充和完善。他指出，《宣言》時期「馬克思心目中的共產社會，不僅是階級的取消，更是階級敵對和階級鬥爭的消失，人在無異化、無剝削之下，享有解放與自由。而社群中群體個人之自由發展，便建立在個別人的自由發展之基礎上」[100]。並進一步總結說：「《共產黨宣言》中所談的共產主義，已經不是涉及勞動異化剷除的《經濟學與哲學手稿》之哲學性的共產主義，而是以普勞階級的認知覺醒為主旨，具有宣傳、煽動作用，而更為具體的如何使工人階級擺脫資產階級打壓與剝削的解放運動」[101]。

最後，洪先生解釋了《宣言》中所描述的共產黨人在無產階級革命鬥爭中所扮演的角色。在洪先生看來，之所以要特別強調共產黨人的重要性，是因為「共產黨不只是普勞階級的代表，更是在理論上與實踐上成為普勞群眾的領導，協助普勞從布爾喬亞手中奪取政權。可以說在撰寫《宣言》的馬克思有關共產黨組織的原則是應用社會進化的觀點，說明共產黨分子並非在眾多的工人黨之外另設分開的政黨來形塑普勞的革命運動。反之，他們追求直接的目標，也就是工人階級現時利益的落實。不過在當前主要的共產黨人之工作，則為代表與照顧這個革命運動之推進。原因是自從馬、恩兩人撰寫《德意志意識形

[99] 洪鎌德：〈推薦馬克思和恩格斯的傑作《共產黨宣言》（1848）及其新譯〉，《共產黨宣言》：管中琪、黃俊龍譯，臺北：左岸文化出版，2004 年。

[100] 洪鎌德：〈馬克思的烏托邦——他心目中共產主義理想下之新人類與新社會〉，《臺灣國際研究季刊》，第 9 卷第 1 期，2010 年春。

[101] 洪鎌德：〈馬克思的烏托邦——他心目中共產主義理想下之新人類與新社會〉，《臺灣國際研究季刊》，第 9 卷第 1 期，2010 年春。

洪鎌德著《法律社會學》，揚智文化，2001 初版，2004 再版

態》後，便擁抱了唯物主義，而放棄了自我的異化的概念。不過兩人的作品仍舊充滿對資本主義社會的義憤填膺。因爲凡是細心閱讀《宣言》與《資本論》的讀者會發現這兩項文獻中洋溢著磅礡的正氣和道德的譴責，指摘資本主義與布爾喬亞的不公不正，需要掘墓者的普勞階級，將這個社會、這個世界打破與重建」[102]。從《宣言》的具體論述和內在邏輯來看，洪先生的上述觀點較爲客觀和公正，基本上符合馬克思和恩格斯的精神主旨。但其論斷也並非沒有任何問題。比如，他的下述說法即「自從馬、恩兩人撰寫《德意志意識形態》後，便擁抱了唯物主義，而放棄了自我的異化的概念」，就存在一定的模糊性。我這麼說的理由在於，所謂自《德意志意識形態》起馬克思與恩格斯便「放棄了自我的異化的概念」之「自我的異化」，倘若是針對黑格爾之絕對精神自我外化（異化）說的，洪先生的這一論斷當然成立。但他的這句話倘若是針對《德意志意識形態》之前尤其是《手稿》中的異化論來說的，顯然並不準確甚至根本不成立。原因在於，馬克思在《手稿》中形成的異化論，在其之後的著作中並未被放棄，儘管他對「異化」這一概念的使用頻率在逐漸減少。但正如本書

---

[102] 洪鎌德：〈推薦馬克思和恩格斯的傑作《共產黨宣言》（1848）及其新譯〉，《共產黨宣言》：管中琪、黃俊龍譯，臺北：左岸文化出版，2004 年。

第一章中所說,「異化概念」與「異化理論」並不能等同。馬克思後期減少甚至放棄使用「異化」這一概念或範疇,並不必然意味著他也放棄了異化理論。從本書的第一章論述中可以看出,洪鎌德對這一差別是心知肚明的。不過,若從我們所引洪先生論述的後半部分來看,他似乎是針對《手稿》中的異化論來說的。因此,他的這種觀點有待商榷。

洪先生對《宣言》中共產黨人之於無產階級革命運動重要性的論述,不只是出於理論方面的興趣,還有強烈的現實因素考量,那就是通過闡明《宣言》中的這方面論述,表明馬克思與恩格斯的初衷與後來列寧尤其是史達林(大陸譯為斯大林)領導的布爾什維克黨,並不是一回事情,並以此反思共產主義在當代的現實處境。甚至可以說,從《宣言》的論述來看,俄國的布爾什維克黨是對馬克思與恩格斯之初衷的違背和篡改,這也注定了其共產主義的虛假性以及後來失敗的必然命運。正像洪先生總結的那樣:「雖然馬克思並沒有把共產黨當成普勞階級的菁英或先鋒看待,這點與列寧的先鋒黨,專業黨,講究『黨性原則』(partinosti)大相逕庭。但在《宣言》中,馬恩還只強調共產黨是『每一國家工人階級黨中最為進步和堅決的部分』,這就說明 1848 年代的共產黨並非後來俄國布爾塞維黨那樣只會奪權,壟斷政權,實施以黨治國,以黨領軍,一黨獨大的革命政黨兼統治機器。要之,透過《宣言》我們知道馬克思的共產黨人與遵守其政治遺囑付諸革命、建政與治國的共產黨還是有所差別」[103]。

三、簡短結論

思想是時代的精神鏡像。自 20 世紀初葉以來,《宣言》在臺灣的傳播和研究史,實際上折射的是時代變遷。臺灣知識分子和學者對《宣言》內容從最初的偶爾涉及,到有選擇性地摘譯,再到出版自主的繁體漢譯本與進行較為專題性的文本解讀,以及到 21 世紀展開文本與現實問題相結合的研究方式的演進,也是時代境況的反映。換言之,學者們對《宣言》的研究和接受,與特定世界歷史時期的共產主義和馬克思主義之命運密切相關,也與臺灣政治氛圍和人們要求思想自由的精神訴求及生存需要相關。從傳播和研究進程來看,《宣

---

[103] 洪鎌德:〈推薦馬克思和恩格斯的傑作《共產黨宣言》(1848)及其新譯〉,《共產黨宣言》:管中琪、黃俊龍譯,臺北:左岸文化出版,2004 年。

言》在臺灣先後經歷了日據時期的「解放學說」、戒嚴時期的「妖魔理論」和解嚴之後的「一種理論學說」形象的改變。日據時代，臺灣人民遭受日本帝國主義、本土資本家階級和臺灣地主階級的三重壓迫和宰制，為擺脫這種狀況而獲得生活自主，當時臺灣的先進知識分子和開明紳士企圖以宣傳和倡導《宣言》中的「階級鬥爭」、「革命」和「人類解放」主題的方式，喚醒臺灣民眾走向反抗殖民統治和爭取民族獨立的道路。這種狀況下，《宣言》是以「解放學說」和「革命理論」的形象呈現的。國民黨的白色恐怖統治和禁嚴時期，馬克思主義被視為「非我族類」的「共黨的意識形態」，官方機構之外的臺灣普通學界被嚴禁接觸這種「異端邪說」[104]。與此相應，《宣言》也主要被看作煽動和鼓吹底層民眾起來暴動的「妖魔理論」。當然，高壓政權的強壓並沒有完全阻遏住臺灣民眾人性中渴望自由和反抗束縛的激情。因此，在 1970 年代末和 1980 年初，以洪鎌德為代表的臺灣學者開始嘗試透過探討和批判《宣言》中的「鬥爭」、「解放」和「自由」等主題內容的方式，釋放戒嚴以來胸中沉積的壓抑感和追求自由的渴望。1987 年以後，隨著解嚴時代的到來，學術氛圍相對自由寬鬆，兩岸互動開始頻繁，留學海外的學者歸臺，加之臺灣由於經濟急速增長和社會結構的巨大變化，產生了諸多需要迫切解決的現實問題。這促使臺灣學界從理論和現實兩個維度探討和尋找解決問題的方案與途徑，各種西方思想資源相繼引入，「學術化的」新馬克思主義熱達到了高潮。這一時期，學界對《宣言》的研究，儘管仍帶有反共的痕跡，但明顯地趨於「學術性」和「中立化」。尤其是洪鎌德先生引入西方「馬克思學」方法，以期能夠較為持平地評介包括《宣言》在內的馬克思思想，或之後的馬克思主義者的理論學說。進入 21 世紀之後，臺灣與世界的全球化程度進一步提升，以洪先生為代表的學者對馬克思主義的研究也越發國際化，並把學術化和現實問題研究結合起來，從《宣言》中挖掘現代性和破解全球生態問題的思想資源。當然，由於其研究的問題意識和思想資源受歐美學界主流觀點影響較大，致使所取得的成果存在諸多不足。比如，研究範式和方法上過度依賴西方（如採用「馬克思學」的方法）、研究內容上的片面性等等。可見，臺灣對《宣言》的傳播和研究之路徑的演變，本身就是對臺灣現當代歷史狀況和社會現實的理論寫照。

　　《宣言》在臺灣的傳播和研究史，是世界馬克思主義思想史整體圖景的重

---

104 曾慶豹：〈批判理論的效果歷史──法蘭克福學派在臺灣的接受史〉，《哲學與文化》，第 6 期，2010 年。

要組成部分。就華語世界而言，它不僅構成大陸馬克思主義發展史研究的有益補充，而且鑑於臺灣馬克思主義研究者的獨特優勢（多數具有海外學術背景，外語普遍較好），還爲當代大陸的馬克思主義研究提供了可供參考的新的研究視野和研究方法，豐富了華語世界馬克思主義的研究類型。但總體上而言，《宣言》在臺灣的傳播和研究，高品質和系統化的研究成果並不多見，從事馬克思主義研究的人員和隊伍也存在嚴重匱乏和不斷萎縮的狀況。我們期待，伴隨 2008 年以來世界經濟危機在西方出現的馬克思主義研究熱，能夠帶動臺灣更多的青年學者加入到馬克思主義研究隊伍中來，從而爲馬克思主義在當代華語世界乃至整個世界上的繁榮與發展貢獻更多力量。

第三章

有關青年馬克思
實踐哲學的研究

第三章　有關青年馬克思實踐哲學的研究

　　自羅爾斯《正義論》出版以降，西方學界的哲學研究總體上呈現爲實踐哲學復興的趨勢。受這種趨勢影響，當代英美國家的馬克思主義研究也主要關注政治哲學和實踐哲學的相關議題。從根本上說，馬克思主義研究回歸政治哲學和實踐哲學的相關議題，更能切中馬克思主義的本質意涵。原因在於，如果我們把「好生活關懷」和「實踐定向」把握爲實踐哲學的內在規定的話，那麼，馬克思的理論毫無疑問是這種寬泛意義上的實踐哲學。檢視改革開放以來大陸的馬克思主義哲學研究狀況可以發現，其整體上正表現爲「回歸馬克思實踐哲學」的範式[1]。就此亦可以看出大陸馬克思主義哲學界研究上所取得的進步。不過，對「馬克思實踐哲學」具體內涵的理解和把握仍然眾說紛紜，短期內很難達成大家普遍接受的一致結論。在這種狀況下，不妨看看與我們隔海相望的臺灣以洪鎌德爲代表的學者是如何理解和把握馬克思實踐哲學的。他們基於自身優勢對馬克思實踐哲學的相關理解與研究[2]，或許能夠爲大陸學界以後的研究帶來某種啓示。

洪鎌德著《當代政治社會學》，五南圖書出版股份有限公司，2006 初版，2013 再版

1　王南湜：〈現今大陸馬克思主義哲學研究中的三個核心問題——一種基於回歸馬克思實踐哲學範式的考察〉，《哲學研究》（北京），第 3 期，2012 年。

2　臺灣學者馬克思主義研究的「自身優勢」主要表現爲：1987 年「解嚴」以來，學術氛圍變得寬鬆和自由，尤其是進入 21 世紀以來，其研究成果相對較爲中立，較少受意識形態的影響；臺灣的馬克思主義研究者大多有海外留學經歷（比如洪鎌德、楊世雄、孫善豪等留學德國，黃瑞祺留學英國等等），外語水準普遍較好，具備最快把握西方學界相關研究最新動態的能力。

第一節　理論與實踐關係的探討

　　理論與實踐的關係是實踐哲學的基礎性和前提性問題。在哲學史上，眾多哲人對此問題都有過較爲詳盡的探討。其中，最爲著名的當屬亞里斯多德、康德、黑格爾與馬克思。亞里斯多德在《尼各馬可倫理學》和《形而上學》中，區分出三種不同的學科領域，即理論、實踐和技藝。實踐學科的最顯著特徵在於：它是目的在己的，不假外求，其自身就是目的；同時，它直接與人的行爲和行動相關，並引導人向善，即自我實現。前者把其與技藝相區別，後者把其與理論隔開。先前學界由於多從德國古典哲學去考察馬克思哲學的理論基礎，從而對馬克思實踐哲學的古希臘思想淵源，並沒有給予足夠重視[3]。而實際上，從思想史的視角來看，古希臘哲學是馬克思思想得以產生的重要理論資源。洪鎌德教授認爲，就實踐哲學而言，「馬克思早期的著作，顯示出亞里斯多德『實踐』的概念對他深刻的影響。實踐表現在現代資本主義中爲勞動，但勞動卻不再是人自由自主、有意識、快樂的創造活動，而受資本主義所壓迫、異化。是以倡導異化的揚棄、人性的回歸、人的需要之滿足，以及人的自我實現，成爲馬克思早期的理想」[4]。

　　如果說馬克思的實踐哲學有古希臘源頭，那麼，其筆下的「實踐」概念該如何理解？其具體內涵是什麼？臺灣學者楊照認爲：「綜觀馬克思從早期到後期的思想，有個特別值得討論的關鍵概念，叫做 praxis。這是個很難譯成中文的名詞，勉強可以譯『實踐』，不過是一種特定的『實踐』，指的是將解釋世界和改變世界合二爲一」[5]。此種意義上的「實踐」，既不同於《尚書》中的「知易行難」，也不同於孫中山先生的「知難行易」。因爲，不管是「知易行難」還是「知難行易」，都仍然假定了「知」和「行」的分離。比較而言，praxis

---

3　關於馬克思思想的古希臘淵源方面的研究，可參加麥卡錫（George E. McCarthy）：《馬克思與亞里士多德》，郝億春等譯、陳開華校，上海：華東師範大學出版社，2015 年。

4　洪鎌德：《馬克思與時代批判》，臺北：五南圖書出版股份有限公司，2018 年，第 85 頁。

5　楊照：《在資本主義帶來浩劫時，聆聽馬克思：還原馬克思，讀懂〈資本論〉》，臺北：本事文化股份有限公司，2013 年，第 107 頁。

意義上的「實踐」，更接近王陽明所說的「知行合一」，將理論與實行合二爲一。我們也可以把其理解爲「知識的實踐」，這意味著解釋世界同時也在改造世界。對的、好的知識，並不單純是客觀的分析，而是具有改造力量的批判，讓人能夠以辯證的、顛覆性的眼光重新認識世界，因而產生改變世界的決心和力量[6]。如果說，楊照基於儒家文化傳統去理解馬克思的「實踐」有偏離其眞實語境之嫌，那麼，洪鎌德教授則直接溯及馬克思實踐哲學的內在構成及其得以產生的社會背景之做法，則不失爲一種好的選擇。他認爲：「本質上馬克思主義是由理論與實踐兩個面向構成的」。一方面，「馬克思的理論是 19 世紀歐洲蓬勃壯闊的思潮之一，是諸種知識建構（intellectual constructions）中最具活力的一種」。另一方面，「馬克思主義又是工業革命與法國革命對歐洲傳統社會衝擊後的產品——社會主義運動的一支，是政治教條與社會實踐的合一，也是綜合法蘭西大革命與俄羅斯大革命的橋梁」[7]。姜新立教授則基於對近代西方哲學傳統的熟練把握特別提醒說，〈關於費爾巴哈的提綱〉中的「『實踐』這個字，它是指人類基於自由意志所做的一種選取性行動，人類經過『實踐』可以獲得解放自己。基於此，可視馬克思主義是一種『實踐哲學』，它對人生及社會採取哲學批判態度」[8]。這意味著，在馬克思實踐哲學語境中，解釋世界與改變世界並非相互隔膜，而是相互關聯的。換言之，理論與實踐是內在統一的。馬克思批評說「哲學家們只是以不同的方式解釋世界，問題在於改變世界」[9]，這不是說解釋世界不重要，而是說不能僅僅停留和滿足於解釋世界。倘若說哲學應回歸生活，哲學家應關注人類現實的話，那麼，面對資本主義私有制所帶來的人類異化狀況的事實，哲學家們就應該從先前只是「解釋世界」，進一步推進到「改變世界」。換言之，「馬克思這種哲學假設：必須將哲學

6　楊照：《在資本主義帶來浩劫時，聆聽馬克思：還原馬克思，讀懂〈資本論〉》，臺北：本事文化股份有限公司，2013 年，第 108 頁。

7　洪鎌德：《馬克思社會學說之析評》，臺北：揚智文化，1997 年，第 1 頁。

8　姜新立：《解讀馬克思》，臺北：五南圖書出版股份有限公司，2010 年，第 18 頁。但姜先生接下來的論述則有失偏頗，他說：「這種批判的馬克思主義因爲主觀主義色彩濃厚，可以看作是一種『唯意志論』，也可稱爲『政治的馬克思主義』。」馬克思實踐哲學強調「從主體方面去理解」，突出人之「能動的方面」，但若因此把其理解爲「唯意志論」的一種形式，則是錯誤的。因爲，它在強調和突出「主體」的「能動的方面」的同時，從來不否認自然存在的優先性。

9　《馬克思恩格斯選集》第 1 卷，北京：人民出版社，2012 年第 3 版，第 136 頁。

轉變成一種社會行動，暗示所有的社會行動必須接受哲學的引導」[10]。在此種語境下，「對馬克思而言，『實踐』是改造歷史進程的工具；另一方面實踐也是歷史演進的判準。實踐意味著人的意識形塑著變遷中的歷史情境。在此馬克思的革命實踐觀不同於青年黑格爾的批判主義，後者是籠罩在黑格爾自我意識的陰影中，認為在客觀世界中不存在真正的客體。反對德國觀念論將客體封閉在自我意識中，馬克思讚揚法國和英國的社會批判主義。馬克思之所以傾向於法國和英國的社會主義，主要還是出自德國唯心主義的哲學傳統：法國和英國思想家實踐面向的優越性，在馬克思看來，還是源自實踐的革命特質。如果我們繼續推論下去，那麼實踐的社會內涵將不證自明：通過人的活動，實踐的革命性就包含在實在中。這只能通過人的社會性和他者導向才能達成。另一個意涵則是：實踐的革命性有其消極的因數，亦即實踐的革命性可以人的需求為仲介」[11]。可見，姜新立教授的判斷，實際上是整合了馬克思早期著作〈《黑格爾法哲學批判》導言〉與〈關於費爾巴哈的提綱〉的相關說法[12]，是比較切合馬克思實踐哲學本意的一種詮釋。

　　眾所周知，馬克思主義的最顯著特徵是主張「理論與實踐的合一」。在〈關於費爾巴哈的提綱〉第 11 條中，馬克思把先前的哲學家批評為「只是以不同的方式解釋世界」，更重要的則是「改變世界」。並確信：「全部社會生活在本質上是**實踐的**。凡是把理論引向神祕主義的神祕東西，都能在人的實踐中以及對這種實踐的理解中得到合理的解決」[13]。而在《德意志意識形態》中，馬克思與恩格斯則把這種「改變世界」的主張進一步確認為：「**對實踐的**唯物主義者即**共產主義者**來說，全部問題都在於使現存世界革命化，實際地反對並改變現存的事物」[14]。由此可見，1846 年之前馬克思對理論與實踐統一的主張是

10　姜新立：《解讀馬克思》，臺北：五南圖書出版股份有限公司，2010 年，第 134 頁。

11　姜新立：《解讀馬克思》，臺北：五南圖書出版股份有限公司，2010 年，第 134 頁。

12　在〈《黑格爾法哲學批判》導言〉中，馬克思提出「有原則高度的實踐」、「革命需要被動因素，需要物質基礎」、「哲學把無產階級當作自己的物質武器，同樣，無產階級也把哲學當作自己的精神武器」的說法；在〈關於費爾巴哈的提綱〉中他又提出「環境的改變和人的活動或自我改變的一致，只能被看作是並合理地理解為革命的實踐」、「世俗基礎的自我分裂」、「在實踐中使之革命化」和「全部社會生活在本質上是實踐的」。

13　《馬克思恩格斯選集》第 1 卷，北京：人民出版社，2012 年第 3 版，第 136-137 頁。

14　《馬克思恩格斯選集》第 1 卷，北京：人民出版社，2012 年第 3 版，第 155 頁。

一貫的[15]。如果我們把理論與實踐統一的主張把握爲實踐哲學的內在特質，並在這種較爲寬泛的意義上理解實踐哲學的話，那麼，馬克思主義無疑是一種實踐哲學。正因爲如此，洪鎌德教授指出：「馬克思主義的哲學並非僅在意識形態上求取工人階級，乃至人類的解放，而是企圖以革命的實踐來改變世界」[16]。這種旨在通過革命的實踐來改變世界從而實現人類解放的哲學，就其「實踐涉及行動、動作、活動而言，馬克思視人有異於禽獸之處爲，人的行動是自由的、環宇的（多面相的）、創造的，而人的自我創造活動（生產）與改變（轉型）導致人的世界及其本身起著變化，也因此創造了與改變了歷史。在很大的程度上馬克思主義可以稱呼爲『實踐的哲學』（葛蘭西的用詞），或至少是實踐的『想法』（thinking）。Praxis 源於古希臘女神的名字，後來變成拉丁文和歐洲各種語文的詞彙。自亞里斯多德以降至日耳曼思辨哲學都把實踐與理論作對立面的兩項概念。康德認爲實踐一方面是理論的應用，他方面是人倫理行爲的表現。黑格爾認爲在應用到人身上，理論的實踐是有限精神的兩個環節，造成個體的人乃是有限的、主觀的精神。理論和實踐的眞理在於自由，但自由無法在個人的層次上展現，只有在社會生活和社會制度上表現出來，亦即在客觀精神中展露。自由被認知，也是完整的獲致則是出現在絕對精神的發展階段，透過藝術、宗教和哲學之**絕對知識底掌握，而抵達絕境**」[17]。

　　就洪鎌德注意到了西方思想上「實踐」概念的「本義」和「轉義」，以及馬克思哲學的「實踐哲學」定向來說，他的相關研究成果值得引起我們的重視。不過，馬克思所使用的「實踐」概念儘管有深遠的西方思想史淵源，但顯然又有其特殊的意涵。它既不同於古希臘的「praxis」，也不完全同於康德、黑格爾乃至青年黑格爾派的「實踐哲學」意義上的「實踐」。國立臺灣大學哲學系的陳文團教授對此的認知是相當深刻的，他說：「馬克斯所說的實踐（praxis）與傳統形上學中所了解的希臘人的實踐並不大相同。希臘人的實踐是和理論（theoria）並稱並和知識（episteme」）相對的，馬

---

[15] 洪鎌德：《馬克思的思想之生成與演變——略談對運動哲學的啟示》，臺北：五南圖書出版股份有限公司，2010 年，第 324 頁。

[16] 洪鎌德：《馬克思與時代批判》，臺北：五南圖書出版股份有限公司，2018 年，第 87 頁。

[17] 洪鎌德：《馬克思的思想之生成與演變——略談對運動哲學的啟示》，臺北：五南圖書出版股份有限公司，2010 年，第 323-324 頁。

洪鎌德著《當代主義》，揚智文化，2004；《21世紀社會學》，揚智文化，1998

克斯的實踐則多少指操縱物質（勞力）的活動或社會行動……」[18]。其與康德的實踐理性概念或新康德學派和新馬克思主義中的實用科學也有根本差別。而從直接淵源看，「馬克斯所用的『實踐』一詞來自黑格爾的《法律哲學》（Rechtsphilosophie）。根據黑格爾，實踐是文明社會的一項要素。黑格爾使用『實踐』一詞來區分文明社會（civil society）與公開的政治社會（public political society」）。文明社會透過個人與團體的需求而被人理解為社會生活組織在一個制度中的需要，以及分工有助於滿足的需要。馬克斯似乎對黑格爾分工的描述要比對他的抽象實踐要有興趣得多。對馬克斯而言，所謂的實踐就是勞動或生產，也就是使社會改變的社會推動要素或動力。馬克斯主義者所宣稱的是一種革命的實踐。在這種意義下，分工也是一種實踐的形式」[19]。

　　不過，僅有這些尚無法解決馬克思實踐哲學的一些根本性問題。比如，在馬克思實踐哲學中，理論與實踐之間到底有什麼樣的關係？該問題不僅涉及對馬克思實踐哲學根本旨趣的理解，還關聯對後來新馬克思主義實踐派的評價。正是基於該問題在馬克思主義中的重要性，洪鎌德教授曾以〈理論與實踐：康德、黑格爾和馬克思的看法〉為題獨立成文，對此展開詳盡論述[20]。

---

18 陳文團：〈馬克斯對傳統倫理之批判〉，《鵝湖月刊》，第6期，1984年。
19 陳文團：〈馬克斯對傳統倫理之批判〉，《鵝湖月刊》，第6期，1984年。
20 洪鎌德：〈理論與實踐：康德、黑格爾和馬克思的看法〉，《國家發展研究》，第2期，2005年。

　　臺灣的王振寰先生曾指出，對於理論與實踐的關係問題，馬克思在不同時期曾有不同的看法。早期他強調主觀意識的改造，後期他則強調科學地分析資本主義的矛盾及其改變的可能性[21]。具體而言，在 1843 年左右的早期，馬克思由於仍然受制於黑格爾和費爾巴哈的影響，強調意識的解放是社會變革的主要動力，認為只有訴諸「感性的和能動的實踐」才能改變歷史的方向，而這與其認為人是通過意識的能動作用來改變自然界的看法是一致的。換言之，實踐意味著人類以其行動去從事革命性地改造既有的社會秩序的活動。馬克思認為，無產階級提供了改變社會的階級基礎，因為無產階級是社會不公平和不理性的聚焦點和承受者。因此，無產階級的革命實踐主觀上需要意識的自我發現；在客觀上，則需要組織的形成以進行革命實踐和導引人類作最後的解放[22]。在後期，馬克思通過批判政治經濟學與撰寫《資本論》發現了資本主義的祕密，認為資本主義的內在邏輯和矛盾最終將會導致其逐漸走向自行滅亡並進入共產主義。但對馬克思而言，共產主義社會必須是生產力發達、社會財富極大豐富、人民充分享有社會經濟權利和政治自由的社會。總之，這樣的社會只有在生產力發展到很高的階段之後才有可能實現。

　　馬克思的這兩種不同取向，即早期強調主觀意志之決定力量的「意志論」（voluntarism），認為經由工人的實踐可以改造世界，後期強調物質生產決定作用的「決定論」（determinism），主張只有當客觀條件充分具備時，主觀地改造世界才會成功，取代資本主義的社會主義也方可能到來，後來深刻地影響到了馬克思主義不同進路之間的爭論。一路強調意志論，認為通過意識的改造可以改變歷史，以及將無產階級的印記刻在歷史上；另一路則認為革命的後果並不會因為革命階級的意識而得到保證，強調歷史的發展具有其邏輯，革命必須利用歷史發展的矛盾所產生的政治危機[23]。美國社會學家古爾德納（Alvin Gouldner）把這兩種取向或進路的馬克思主義分別稱為「批判的馬克思主義」

21　王振寰：〈馬克思：資本主義的批判與超越〉，葉啓政主編：《當代西方思想先河：十九世紀的思想家》，臺北：正中書局，1991 年，第 118 頁。

22　王振寰：〈馬克思：資本主義的批判與超越〉，葉啓政主編：《當代西方思想先河：十九世紀的思想家》，臺北：正中書局，1991 年，第 118 頁。

23　王振寰：〈馬克思：資本主義的批判與超越〉，葉啓政主編：《當代西方思想先河：十九世紀的思想家》，臺北：正中書局，1991 年，第 119 頁。

和「科學的馬克思主義」[24]。他的這種做法儘管並非毫無道理，但顯然存在割裂馬克思主義整體性的嫌疑。事實上，「這種區分只是分析上的不同而已。雖然青年和後期馬克思有不同的分析重點，但是這並不表示他的實踐取向有所改變」[25]。在《手稿》中馬克思說：「**理論的**對立本身的解決，**只有通過實踐**方式，只有藉助於人的實踐力量，才是可能的；因此，這種對立的解決絕對不只是認識的任務，而是**現實**生活的任務，而**哲學**未能解決這個任務，正是因為哲學把這僅僅看作理論的任務」[26]。因此，「要揚棄私有財產的**思想**，有思想上的共產主義就完全夠了。而要揚棄現實的私有財產，則必須有**現實的**共產主義行動。歷史將會帶來這種共產主義行動，而我們**在思想中**已經認識到的那正在進行自我揚棄的運動，在現實中將經歷一個極其艱難而漫長的過程」[27]。這表明，對歷史的改變和創造必須通過現實革命運動的方式來實現，而不能坐以等待。當然，這並非說發動現實革命運動與創造歷史只是純粹主觀意識的結果，相反地，它是需要具備一定客觀條件的。在〈路易‧波拿巴的霧月十八日〉一文中，馬克思將人們創造歷史所應具備的這種客觀條件概括為：「人們自己創造自己的歷史，但是他們並不是隨心所欲地創造，並不是在他們自己選定的條件下創造，而是在直接碰到的、既定的、從過去繼承下來的條件下創造」[28]。換言之，馬克思認為人們通過自己現實的實踐活動來改變和創造世界，但對世界的這種改變和創造不是人們可以完全隨心所欲和想怎麼做就怎麼做的，而是受到「既有世界的限制」。在這個意義上，「革命不是盲動的」[29]。

總之，西方學界對馬克思主義的「意志論」與「決定論」取向的不同解讀，甚至形成所謂「批判的馬克思主義」與「科學的馬克思主義」的對立派別，但這並不是說作為整體的馬克思主義真的可以切割為不同的碎片和片段。事實上，這只不過是反映了馬克思主義的內在緊張關係而已。就與本章的主題關聯

---

[24] Alvin Gouldner, *The Two Marxisms: Contradictions and Anomalies in the Development of Theory*, Macmillan Education UK, 1980.

[25] 王振寰：〈馬克思：資本主義的批判與超越〉，葉啟政主編：《當代西方思想先河：十九世紀的思想家》，臺北：正中書局，1991年，第119頁。

[26] 《馬克思恩格斯全集》第3卷，北京：人民出版社，2002年第2版，第306頁。

[27] 《馬克思恩格斯全集》第3卷，北京：人民出版社，2002年第2版，第347頁。

[28] 《馬克思恩格斯選集》第1卷，北京：人民出版社，2012年第3版，第669頁。

[29] 王振寰：〈馬克思：資本主義的批判與超越〉，葉啟政主編：《當代西方思想先河：十九世紀的思想家》，臺北：正中書局，1991年，第120頁。

度來說，這種緊張關係可以大體上概括為，馬克思思想中的歷史唯物主義（以解釋和闡發社會發展規律為主旨）與實踐哲學（以倡導人的幸福生活與自我實現為旨趣）的張力[30]。

第二節　青年馬克思實踐哲學內容的理解

相較於先前的實踐哲學，馬克思的實踐哲學有其自身內在的規定和特點。它在具體內容的包容性上，與先前的實踐哲學亦有差別。但這並非說馬克思實踐哲學與既往實踐哲學存在著知識論上的「斷裂」，而只是說，它在批判地繼承既往實踐哲學相關思想資源的基礎上，實現了創造性的變革。那麼，馬克思實踐哲學的內在規定和具體內容該如何把握？其特質又體現在哪些方面？以洪鎌德為代表的臺灣學者對此有較為深入和系統的研究。由於篇幅限制，下面擬從馬克思實踐哲學的定位、自由理論和民主理論等方面加以梳理和闡釋[31]。

一、青年馬克思實踐哲學的定位：關於人的解放理論

如果說實踐哲學的主要特點為「好生活關懷」和「實踐定向」，那麼，馬克思的理論毫無疑問是這種寬泛意義上的實踐哲學。對此，相信人們不會有太多的疑問。但關於馬克思實踐哲學的理論定位或其最高價值承諾為何，則見仁見智。從歷史唯物主義的確立過程和終極關切來看，實現人類的解放和每個人自由個性的全面發展，應該最能夠概括馬克思實踐哲學的理論特質和定位。在這個意義上，可以說馬克思的實踐哲學就是「關於人的解放學說」。正因為如

---

30 關於馬克思思想中的歷史唯物主義與實踐哲學的張力關係問題，可參見王南湜：〈馬克思哲學中兩種邏輯間的張力及一種可能的解決方式〉，《學習與探索》（瀋陽），第 11 期，2013 年；徐長福：〈馬克思的實踐哲學與唯物史觀的張力及其在西方語境中的開顯〉，《馬克思主義與現實》（北京），第 2 期，2012 年；〈論馬克思實踐哲學與唯物史觀的張力：基於中國語境的考察〉，《哲學動態》（北京），第 5 期，2012 年。

31 關於臺灣學者對馬克思實踐哲學中的「國家理論」、「人的本質論」、「共產主義」等問題的研究狀況，筆者將另行文展開論述。

此，洪鎌德認為，雖然我們能夠區分早期的馬克思和成熟時期的馬克思，但其思想有一個貫穿始終的理論主旨，即「人的解放」：「潛藏在馬克思學說背後的目標，在追求人類的解放，並獲取真正的自由」[32]。「馬克思的學說是圍繞著人的解放而展開的，因此，人的解放成為馬克思思想的核心」[33]。換言之，強調人的解放，特別是通過無產階級的革命來完成解放大業，是馬克思「最高的價值、最終的關懷」[34]。

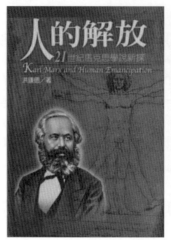

洪鎌德著《人的解放──21世紀馬克思學說新探》，揚智文化，2000

　　如何才能實現人類的真正解放？馬克思認為，人的解放不能指望外在的他者去救贖，只能靠人類自身來自我拯救。關於人類解放的本質，馬克思在《論猶太人問題》中說：「**任何解放都是使人的世界和人的關係回歸於人自身。**」而具體到實現這種解放的條件和可能性，馬克思說：「只有當現實的個人把抽象的公民複歸於自身，並且作為個人，在自己的經驗生活、自己的個體勞動、

32　洪鎌德：〈馬克思解放觀與自由觀的批判──兼論普勞階級的角色〉，《東吳哲學學報》，第 3 期，1998 年。

33　洪鎌德：《個人與社會──馬克思人性論與社群觀的析評》，臺北：五南圖書出版股份有限公司，2014 年，第 27 頁。

34　洪鎌德：《個人與社會──馬克思人性論與社群觀的析評》，臺北：五南圖書出版股份有限公司，2014 年，第 29 頁。

自己的個體關係中間，成爲**類存在物**的時候，只有當人認識到自身『固有的力量』是**社會**的力量，並把這種力量組織起來因而不再把社會力量以**政治**力量的形式同自身分離的時候，只有到了那個時候，人的解放才能完成」[35]。如果說，馬克思此時對人的解放的理解尚過於思辨的話，那麼，經過對黑格爾法哲學的批判性檢審，他已經認識到在資本主義私有制下，人的解放需要通過發動一場「徹底的革命」來實現。而革命既「需要**被動**因素，需要**物質**基礎」，又需要行爲主體。就人類的解放需要「物質基礎」而言，主要是相對於德意志意識形態家們來說的。因爲，正是他們要求主張把「人」從「哲學、神學、實體」和消融在「自我意識」中的「一切廢物」中解放出來，但此種意義上的人的解放實際上「並沒有前進一步」。因爲，「『解放』是一種歷史活動，不是思想活動，『解放』是由歷史的關係，是由工業狀況、商業狀況、農業狀況、交往狀況促成的……其次，還要根據它們的不同發展階段，清除實體、主體、自我意識和純批判等無稽之談，正如同清除宗教的和神學的無稽之談一樣，而且在它們有了更充分的發展以後再次清除這些無稽之談」[36]。

　　而就人類解放需要「行動主體」來說，無產階級成爲馬克思心目中承擔革命運動的理想行爲者範型。但因此，他也賦予無產階級「過分沉重的使命」[37]。

---

[35] 《馬克思恩格斯全集》第 3 卷，北京：人民出版社，2002 年第 2 版，第 189 頁。

[36] 《馬克思恩格斯全集》第 3 卷，北京：人民出版社，2002 年第 2 版，第 154 頁。

[37] 洪鎌德：〈馬克思解放觀與自由觀的批判——兼論普勞階級的角色〉，《東吳哲學學報》，第 3 期，1998 年。需要指出，馬克思和恩格斯文本中的關鍵字「*das proletariat*」，大陸一般譯爲「無產階級（無產者階級）」，在臺灣曾被譯爲「普羅階級」。但洪鎌德教授認爲，其都「是一項不適當的翻譯」，應改譯爲「普勞階級」，並解釋說「取普遍勞動的人群」之含義。以「普勞階級」去翻譯「*das proletariat*」，可能主要是基於當今世界工人發展狀況（不同於馬、恩時代資本主義的狀況）的考慮而做出的調整，也能在恩格斯那裡找到相關依據。因爲，恩格斯在《共產主義原理》中解釋「什麼是無產階級」時曾說：「無產階級是完全靠出賣自己的勞動而不是靠某一種資本的利潤來獲得生活資料的社會階級。這一階級的禍福、存亡和整個生存，都取決於對勞動的需要，即取決於工商業繁榮期和蕭條期的更替，取決於沒有節制的競爭的波動。一句話，無產階級或無產者階級是 19 世紀的勞動階級」（參見《馬克思恩格斯選集》第 1 卷，北京：人民出版社，2012 年第 3 版，第 295 頁）。但如果結合馬克思與恩格斯的整體思想來看，這種改譯顯然與馬、恩二人的語境存在著錯位。因爲，我們知道馬、恩的「無產階級」概念是根據他們那個時代資本主義發展狀況中兩大階級對立關係的明朗化而提出的歷史性概念。他們認爲這種對立的根源在於資本主

馬克思選擇無產階級作為革命的主體和社會的改革者，並非只是因為無產階級的貧困，而是因為他相信無產階級的現實生存處境決定了其最能夠做到理論與實踐的統一。在不同的時代和社會都有貧困階層存在，它們未必會鋌而走險以革命鬥爭的方式改變自己的命運。無產階級的特殊性在於，其貧困狀況是資本主義社會所產生的「人為的貧困」，且是這種「人為的貧困」的極致之典範。因此，無產階級是資本主義社會內在矛盾的最典型與最普遍的代表，也是宣告資本主義內部矛盾解體和敲響其喪鐘的「最大勢力」[38]。在〈《黑格爾法哲學批判》導言〉一文中，馬克思說無產階級是「被帶上徹底的鎖鏈的階級，一個並非市民社會階級的市民社會階級」，「一個表明一切等級解體的等級」，「一個由於自己遭受普遍苦難而具有普遍性質的領域，這個領域不要求享有任何特殊的權利，因為威脅著這個領域的不是特殊的不公正，而是普遍的不公正，它不能再求助於歷史的權利，而只能求助於人的權利」，它是「表明人的完全喪失，並因而只能通過人的完全回復才能回到自己本身」的階級[39]。簡言之，由於無產階級不占有任何生產資料，其將要求「否定私有財產」及其建制即資本主義所有制。因此，無產階級具有最徹底和最普遍的革命性，他不僅要求自身的解放，還要求人類的普遍解放。但若因此認為，馬克思的解放觀實際上因為過分關注無產階級這個類而忽視乃至抹殺了個人實際解放的可行性，則是對馬克思思想的根本性誤讀。因為，馬克思的解放觀儘管賦予無產階級以人類解放的革命主體和社會的改革者角色，但他不是抽象地而是歷史地談論這個問題。換言之，在馬克思看來，「單個人隨著自己的活動擴大為世界歷史性的活動」，一方面支配他們的異己力量越來越表現為「世界市場的力量的支配」，但另一方面也表明「每一個單個人的解放的程度是與歷史完全轉變為世界歷史的程度一致的。至於個人在精神上的現實豐富性完全取決於他的現實關係的豐

義私有制，只有廢除了資本主義的私有制，才能擺脫「無產階級」的階級狀況，而對社會財富實現普遍占有。可見，其「無產階級」概念背後隱含著強大的革命邏輯之考量，由此才能推導出後來《資本論》中的剩餘價值論、剝削乃至作為「自由王國」的共產主義的設想。因此，若把其改譯為「普勞階級」，只是強調「普遍勞動的人群」而非「不占有任何生產資料的人群」之意涵，便會削弱馬、恩使用該概念所隱含的激進革命傳統和階級鬥爭定向。

38 洪鎌德：《個人與社會——馬克思人性論與社群觀的析評》，臺北：五南圖書出版股份有限公司，2014 年，第 37 頁。

39 《馬克思恩格斯全集》第 3 卷，北京：人民出版社，2002 年第 2 版，第 15-16 頁。

富性……只有這樣，單個人才能擺脫種種民族侷限和地域侷限而同整個世界的生產（也同精神的生產）發生實際聯繫，才能獲得利用全球的這種全面的生產（人們的創造）的能力」[40]。

　　洪鎌德認爲，馬克思把無產階級作爲革命階級，並以此取代黑格爾官僚體制的「普遍階級」（universal class），「是犯了以偏概全的錯誤，誤把特別的階級當成普遍的階級」。他進而表明美國學者麥卡錫所說的「馬克思關於革命的無產階級觀點的模糊不清之處在於……目的的普遍主義（如人類的解放）與手段的特殊性（如階級的解放）之間的緊張關係」，實際上「也是肇因於馬克思把特殊的階級認同爲代表全人類的普遍性（universality）之緣故」[41]。但無論如何，「把缺少財產和受害至深至廣的」無產階級當成人類的救星，當成人類桎梏的解放者，「則令人大爲驚異」。馬克思使用無產階級這一概念，不是以團結和凝聚各行各業人群的精神爲旨歸，而是以對抗（confrontation）取代和解（reconcilliation），也就是把無產階級與資產階級相對立。洪先生的此說僅僅是一家之言，未必準確。甚至一定意義上，此說與馬克思的眞實意圖剛好相反。

　　事實上，無產階級在馬克思那裡還具有更爲重要的作用，他企圖以此實現「市民社會」與「國家」、「市民」與「公民」、「私人」與「公人」、「特殊利益」與「普遍利益」之間的分裂和對立關係之和解。換言之，無產階級是馬克思用來和解現代性政治經濟分裂與對立現象的媒介和手段。在這個意義上，洪鎌德教授的看法無疑是敏銳的。他認爲，青年馬克思正是企圖通過引入無產階級概念並藉助思辨哲學的方法來處理特殊與普遍之間的辯證關係，無產階級被馬克思視爲從人性中最徹底異化出來的階級，因此其解放也就意味著全人類的解放。這個普遍階級的哲學建構是優先的，但在使用「無產階級」一詞時，馬克思卻給它的社會地位設限。像參與法國大革命的小市民、小人物（menu peuple）被其看作無產者，領取工資的勞動者、進行生產工作的勞動者，也被其視爲無產者，前者有參與革命的經驗，而後者則與造反和起義絕緣，「這無異把歷史上勞動階級所呈現的諸種面向：政治的、經濟的、哲學的混爲一談」。總之，馬克思心目中理想的無產階級「仍舊是它哲學概念的產

40《馬克思恩格斯全集》第 3 卷，北京：人民出版社，2002 年第 2 版，第 169 頁。
41 洪鎌德：〈馬克思解放觀與自由觀的批判——兼論普勞階級的角色〉，《東吳哲學學報》，第 3 期，1998 年。

兒，而非社會經驗碰觸的現實」[42]。

二、馬克思的自由理論

　　對馬克思而言，人類解放是一個不斷實現的過程，而非一種既成的結果；是一種手段，而非目的本身。從目標取向上來看，「人類解放的結果是『自由領域』（realm of freedom）的獲致，這也就是說解放的目的在於自由的實現。由是可知馬克思的解放觀與他的自由觀緊密聯繫在一起。談馬克思的解放觀，而忽視他的自由觀，是一種本末倒置、輕重不分的做法」[43]。

　　馬克思的自由理論，批判性地汲取了古希臘哲學和近代自由主義者對自由的理解。對於前者，馬克思既吸收了其「回歸眞正的自我」的自由理念，又繼承了其「獲致自我控制」的自治主張[44]。只不過，「眞正的自我」被馬克思以「類存在物」和「類本質」範疇來替代；而「自我控制」則被其擴展爲「不只是對自己言行有意識、有理性的指引」，「更重要的是從人的物質生產活動中擴大人的創造力」，從而最終達到「對自己生命對象化進程的自主和控制」。換言之，通過人類自由和自覺的活動的導引，從原本單純受制於自然的、盲目的和必然的勢力支配的狀態中擺脫出來。針對後者，儘管馬克思思想誕生於近代西方啓蒙主義傳統，但其人性論和自由觀與啓蒙主義又有很大差別。這種差別主要體現在，與近代啓蒙主義，尤其是自由主義的個體本位取向和代表新興資產階級利益不同，馬克思的人性論和自由觀從根本上來說是「反資本主義的」。在把資本主義社會下人類不自由的根源歸因於資本主義私有制，他重視的是人類的整體，而非經驗上實際存活的個人。因此，對他而言，「自由的主體與載體不是個人，而是人類全體」[45]。此外，馬克思的自由觀與自由主義自由

42　洪鎌德：〈馬克思解放觀與自由觀的批判──兼論普勞階級的角色〉，《東吳哲學學報》，第 3 期，1998 年。

43　洪鎌德：《個人與社會──馬克思人性論與社群觀的析評》，臺北：五南圖書出版股份有限公司，2014 年，第 29 頁。

44　洪鎌德：《個人與社會──馬克思人性論與社群觀的析評》，臺北：五南圖書出版股份有限公司，2014 年，第 40 頁。

45　洪鎌德：《個人與社會──馬克思人性論與社群觀的析評》，臺北：五南圖書出版股份有限公司，2014 年，第 40 頁。

觀的關聯還體現在，他實際上是「把自由主義轉化為激進主義，亦即他激化了自由主義」。馬克思的問題意識在於：需要具備什麼樣的條件方能保證每個人的自由全面發展得以實現？其答案是，必須建立一個從各種外在強迫和限制中脫離出來的新社會或新領域，即「自由王國」。換言之，馬克思對自由主義自由觀的批評，並非說自由主義追求個人自由是不應該的、是不對的，而是說自由主義對個人自由的追求尚不完善，其主張的個人自由「自由得還不夠」、還不徹底。就此而言，二者之間的傳承和超越關係顯而易見：「馬克思的共產主義就是把自由主義推到極端，讓每個人皆能充分而自由地發展與實現其本身」[46]。

在吸收古希臘哲學和近代自由主義對自由的理解，以及從所有制上批判資本主義社會中人類不自由之基礎上，馬克思進而強調人的解放與自由本質上就是人的「自我實現」（self-realization）[47]。洪鎌德認為，「自我實現」這一觀念最早可以追蹤到古希臘哲學家亞里斯多德那裡。不過，準確地說，亞氏是主張「自我顯現」，即他依據內在目的論，將人把握為從潛能（potentiality）到現實（actuality）顯現的過程性存在。實際上，其主張的是「眾人或眾物按其天生的本事、本能或潛在勢力發展為明顯的可能性之說詞，是一種『自我顯現』（self-actualization）的學說」。因此，「自我顯現可以看作是自我實現的天然發展，比較有生物學上、自然上演化的軌跡可尋」。相反地，「自我實現」雖

---

[46] 洪鎌德：〈馬克思解放觀與自由觀的批判——兼論普勞階級的角色〉，《東吳哲學學報》，第 3 期，1998 年。筆者認為，洪鎌德教授的這種說法在相對的意義上可能沒有太大問題，但若從馬克思歷史唯物主義的終極旨趣和整體語境來看則值得商榷。我們只需要引用馬克思和恩格斯當年加入的共產主義同盟於 1847 年 9 月出版的機關刊物《共產主義雜誌》的發刊詞，即可看出認為馬克思的自由觀只關注人類和階級的自由而不關注個人自由之看法的錯誤。「現代無產者的目的……是要建立一個使每個人都能自由而幸福地生活的社會。……我們不是主張消滅個人自由（persönliche freiheit），並把世界變成一個大兵營或一個大習藝所的共產主義者。誠然，有這樣一些共產主義者，他們只圖省便，認為個人自由有礙於和諧（Harmonie），主張否定和取消個人自由。但是，我們不願意拿自由去換取平等。我們堅信，而且在下幾號上還要證明，任何一個社會都不可能比公有制社會有更大的個人自由」。轉引自萬毓澤：《〈資本論〉完全使用手冊：版本、系譜、爭議與當代價值》，臺北：聯經出版事業有限公司，2018 年，第 12 頁。

[47] 關於馬克思對人的「自我實現」論述，可參見《德意志意識形態》。

然可以在亞里斯多德的「自我顯現」中找到根源，但它主要強調的是「靠後天個人（或社會）的努力，有以致之的味道，也就是多少有人工的、人為的、文化的、教育的干預才能完成的人間壯舉」[48]。受亞里斯多德潛能與現實觀的影響，黑格爾演繹出從「自在」向「自為」轉化的學說。「對黑格爾而言，人為世界精神的一部分，是世界精神透過思想和推理，而自我意識的那一部分。人之優於自然的所在，在於人有意識，藉勞動來把預先設想的計畫逐步付諸實現，這無異是人『自我生成』、『自我實現』（Selbstverwirklichung）。勞動不僅仲介人與自然，也聯繫人與人。由是勞動遂轉化為社會勞動」[49]。馬克思的實踐哲學，尤其是其中的人的本質論、實踐論和自由觀等，「在很多方面師承黑格爾這種自我實現底學說」[50]。

洪鎌德著《新馬克思主義和現代社會科學》，森大圖書有限公司，1988

---

[48] 洪鎌德：《馬克思的思想之生成與演變——略談對運動哲學的啓示》，臺北：五南圖書出版股份有限公司，2010 年，第 20 頁。

[49] 洪鎌德：《馬克思的思想之生成與演變——略談對運動哲學的啓示》，臺北：五南圖書出版股份有限公司，2010 年，第 217 頁。

[50] 洪鎌德：《馬克思的思想之生成與演變——略談對運動哲學的啓示》，臺北：五南圖書出版股份有限公司，2010 年，第 217 頁。

　　那麼，馬克思的「自我實現」有何種自身特點？該如何理解和把握其「自我實現」的理論內涵？埃爾斯特認爲，馬克思談論的「自我實現」其意涵主要是指「個人才能和力量充分的、自由的現實化和外在化」[51]。就此而言，它至少包括兩個方面的維度，即「自我現實化」（self-actualisation）和「自我外在化—對象化」（self-externalisation）。對馬克思而言，人的「自我現實化」是指，其各種潛能的「被開發」和「實際施展」，這主要強調的是人的「自主」和「自我決定」。而人的「自我外在化或對象化」意味著，把「現存的欲望、才能和才華，在其活動中，在其與他人及他物的關係中加以釋出、創造而外化（客體化）於世上」[52]。「自我實現」的這兩個方面內在統一於「人的創造性活動」，換言之，「自我創造的過程就是自我客體化（對象化）的過程」[53]。進而言之，可以說「自決意謂人本質上指引和控制他自我客體化（對象化）的形式。自我客體化（對象化）乃是個人與人群藉著其欲望、能力與才華的充分發揮來發展其本身之意思」[54]。「但當成自決的自由不僅要求一個人對他自我客體化（對象化）的控制和指揮而已，它還要求在自我客體化（對象化）的同時人必須不斷發展他的欲望、能力和才華」[55]。「馬克思視自由爲人的種類本質最充分的、最自主的自我實現，也就是人性最完整的落實可能，把人固有的能力和潛在的豐富蘊藏作淋漓盡致的發揮」[56]。「馬克思的自我實現觀的確是最有價值和持久的理想，但它並不限於個人的創造活動。馬克思不認爲人的本質只是勞動而已，馬克思還認爲人的本質是人的共同本質（*Gemeinwesen*），亦即社群。換言之，人不僅通過創造性的活動來實現自身，還在社群中爲了共同的利益而從事

[51] J. Elster, "Self-realisation in work and politics: the Marxist conception of the good life," in Jon Elster, Karl O. Moene, *Alternatives to Capitalism*, Cambridge University Press, 1989, p. 131.

[52] 洪鎌德：《個人與社會——馬克思人性論與社群觀的析評》，臺北：五南圖書出版股份有限公司，2014 年，第 151 頁。

[53] 洪鎌德：《個人與社會——馬克思人性論與社群觀的析評》，臺北：五南圖書出版股份有限公司，2014 年，第 151 頁。

[54] 洪鎌德：《個人與社會——馬克思人性論與社群觀的析評》，臺北：五南圖書出版股份有限公司，2014 年，第 152 頁。

[55] 洪鎌德：《個人與社會——馬克思人性論與社群觀的析評》，臺北：五南圖書出版股份有限公司，2014 年，第 153 頁。

[56] 洪鎌德：《個人與社會——馬克思人性論與社群觀的析評》，臺北：五南圖書出版股份有限公司，2014 年，第 67 頁。

創造。因之，上述所說的社會性就是實現人類共同的本性」[57]。

可見，根據馬克思的看法，人類要獲得解放和自由，只有期待在無產階級大革命完成和推翻資本主義的體制之後，亦即在實現共產主義的理想之後。在他的心目中，只有生活在共產主義社會中的人，才能享有真正的自由。「對馬克思而言，共產主義下的自由意味著歷史發展的目標，也是人性的自我實現」[58]。對自由的這種理解，貫穿於馬克思思想發展的始終。就此而言，可以說「馬克思的自由觀，不論是從歷史哲學的觀點，還是從哲學人類學的觀點來考察，都有其一脈相承的關聯。在歷史中人本質的自我實現，就是自由的實現，這是人類從物役中解放的過程：一方面從物理的必然性解放出來；他方面從物化的社會關係中解放出來」[59]。但是，洪先生同時又認為，「馬克思這種人的解放觀與自由觀充滿了對未來的憧憬和期待，應屬於類似基督教千年祈福運動（millenarianism），充滿宗教的精神，也富有迷思的色彩。」也可以說，是介於「神話」與「烏托邦」之間的產物[60]。洪先生後一說法，缺乏可靠的文本依據，多屬臆測與推導，可信度值得懷疑。

總之，「解放與自由的觀念不但為西方思想史占有核心地位的主題，更是馬克思學說的精華所在。他認為自由不只是其倫理的德目，更是在實踐上它尋求人的解放之動力」[61]。對馬克思來說，自由不僅意味著自主自決，還意味著自我對象化，本質上指涉每個人的「自我實現」。其中，最重要的是如何把個人的欲望、能力和才華經由與他人或他物之間的關係具體地落實於個人的生產活動，以及其他日常活動之上。正因為人只有在社會和更高層次的共同體中才能實現「個體化」的目標，所以自由的實現無異為人的共同體本質或類本質的表現。

---

[57] 洪鎌德：《個人與社會——馬克思人性論與社群觀的析評》，臺北：五南圖書出版股份有限公司，2014 年，第 42 頁。

[58] 洪鎌德：《個人與社會——馬克思人性論與社群觀的析評》，臺北：五南圖書出版股份有限公司，2014 年，第 67 頁。

[59] 洪鎌德：《個人與社會——馬克思人性論與社群觀的析評》，臺北：五南圖書出版股份有限公司，2014 年，第 68 頁。

[60] 洪鎌德：《個人與社會——馬克思人性論與社群觀的析評》，臺北：五南圖書出版股份有限公司，2014 年，第 42 頁。

[61] 洪鎌德：《個人與社會——馬克思人性論與社群觀的析評》，臺北：五南圖書出版股份有限公司，2014 年，第 162 頁。

三、馬克思的民主理論

在馬克思的實踐哲學或政治哲學中，民主理論是其核心構成部分。它不僅直接構成人的解放和自我實現的重要環節，還指向未來人類社會重構的標準。在這一個意義上，馬克思的民主理論既是其人類解放和自由理論的邏輯延伸，也是其國家或共產主義學說的內在組成部分。臺灣學界的洪鎌德等人對此的討論，主要集中於馬克思民主理論的來源與思想構成。尤其值得強調的是，其研究係把馬克思的民主理論置於近現代西方社會政治思想史中去理解，並在把握現代性政治分裂本性的基礎上，探討馬克思的「真正的民主」如何構成現代性政治的和解方案。

（一）關於馬克思民主理論淵源的研究

從其淵源上來看，馬克思的民主理論一方面來自於西方主流的政治學，尤其是亞里斯多德、斯賓諾莎、盧梭等相關民主思想的影響，以及對黑格爾君主制的批判。其中，亞里斯多德把古希臘城邦看作公民追求和實現美好生活的場域。而公民的城邦生活在於實現「共同的善」（common good），且是潛在於理想民主制度中的「內在的善」（intrinsic good）。「馬克思的民主觀念也是建立在古希臘這種道德的要求之上」[62]。後來被馬克思視作民主典範的巴黎公社，正體現了上述「共同的善」的道德要求。因為，公社成員就是由一群為了他人甚至不惜犧牲自己的工人所組成，在公社中他們的個性得到了高度表現。「這些組成巴黎公社的參與者，其社會活動與政治介入並不像資產階級的社會那種受到金錢、地位、名聲等的激發，而是純然為著參與來體現亞里斯多德所強調的公民之個性」[63]。此外，亞里斯多德的「人是政治的動物」以及通過積極參與政治來實現人格發展與自我實現的主張，也深刻地影響了馬克思民主理論的人性論預設。至於斯賓諾莎對馬克思民主理論影響，主要表現為 1841 年至 1842 年馬克思求學柏林大學期間針對斯賓諾莎的《神學政治論》所做的摘抄筆記。通過摘抄筆記，「馬克思在斯賓諾莎的民主觀裡頭發現了人可以妥

62　洪鎌德：《個人與社會——馬克思人性論與社群觀的析評》，臺北：五南圖書出版股份有限公司，2014 年，第 260 頁。

63　洪鎌德：《個人與社會——馬克思人性論與社群觀的析評》，臺北：五南圖書出版股份有限公司，2014 年，第 260 頁。

善地解決其社會生存與自然生活之對立。這種解決之道既非盧梭，也非黑格爾所能提供，而必須求助於斯賓諾莎」[64]。受斯賓諾莎把民主視爲所有政府中最自然也是最能實現個人自由的政體的影響，馬克思將民主制把握爲：「在民主制中，**國家制度本身**只表現爲一種規定，即人民的自我規定。在君主制中是國家制度的人民，在民主制中則是人民的國家制度。民主制是一切形式的國家制度的已經解開的**謎**。在這裡，國家制度不僅**自在地**，不僅就其本質來說，而且就其**存在**、就其現實性來說，也在不斷地被引回到自己的現實的基礎、**現實的人、現實的人民**，並被設定爲人民**自己的**作品。國家制度在這裡表現出它的本來面目，即人的自由產物」[65]。而盧梭對馬克思民主觀的影響，首先體現在其主權在民或人民主權（popular sovereignty）概念。事實上，馬克思與其同時代的社會主義者就是用主權在民的概念去衡量與抨擊其國家的不合法性的，「認爲不僅人民沒有當家作主、緊握主權，而且連起碼的人生而平等與自由的天賦權利，也受到有錢、有權、有勢的自查內機及其統治代理人的踐踏。爲此他們要求平均分配財產，乃至乾脆廢除私產」[66]。其次，盧梭對現代文化和文明弊病的批評也深刻影響著馬克思的民主觀，「在很大的意義上，馬克思所要實現的民主，便是受到盧梭薰陶的極權式的民主」[67]。當然，盧梭在「現代性內在自我批判」[68]的道路上並非只是扮演「破壞者」的角色，他還給出了解決現代性問題的辦法，這一思路顯然也深刻地影響著馬克思。伯爾基甚至認爲，盧梭針對現代異化和不平等疾病所開出的醫治處方，「事實上可以被認爲比盧梭基於激進民主視角所從事的批判更爲重要。他的這種激進民主視角通過革命的共產主

64 洪鎌德：《個人與社會——馬克思人性論與社群觀的析評》，臺北：五南圖書出版股份有限公司，2014 年，第 261 頁。

65 《馬克思恩格斯全集》第 3 卷，北京：人民出版社，2002 年第 2 版，第 39-40 頁。

66 洪鎌德：《個人與社會——馬克思人性論與社群觀的析評》，臺北：五南圖書出版股份有限公司，2014 年，第 262 頁。

67 洪鎌德：《個人與社會——馬克思人性論與社群觀的析評》，臺北：五南圖書出版股份有限公司，2014 年，第 263 頁。

68 伯爾基（R. N. Berki）認爲盧梭對現代文化和文明的批判，「某種程度上是一種深刻的現代性內在自我批判」，並且，這在某種程度上「無疑是馬克思主義一個主要源泉」。參見伯爾基：《馬克思主義的起源》，伍慶、王文揚譯，上海：華東師範大學出版社，2007 年，第 60 頁。

義，導向馬克思主義學說」[69]。總之，盧梭基於激進民主視角對現代文化和文明弊病的深刻批判，不僅對馬克思的民主觀，而且對馬克思的整個世界觀都產生了極為重要的影響。由此不難理解，早期馬克思為何在激進民主主義上有過短暫逗留。儘管我們不能說，馬克思早年在激進民主主義上的短暫逗留主要根源於盧梭，但肯定受到盧梭的影響是確信無疑的。

另一方面，正像洪鎌德指出的那樣，馬克思民主理論的淵源亦來源於馬克思本人對其身處其中的主要資本主義國家（德、法、英、美）現實政治處境的自覺反省和理論提煉[70]。歷史性地看，馬克思一生顛沛流離，期間不得不輾轉德、法和英國居住，但正是這種「流浪式的」生活，使他對當時主要資本主義國家的現實政治狀況有切身的體驗。從而，他對包括民主政治在內的資本主義批判就不是無的放矢和停留在書房裡的純理論推演。可見，其在思想來源上體現出了高度的理論與實踐高度統一的實踐哲學特徵。

（二）關於「真正的民主」的研究

馬克思的民主觀最顯著的特徵是什麼？或者說，最能體現馬克思民主理論特色的觀點是什麼？在馬克思主義領域，不同的學者對此可能持有不同的觀點和看法。比如，通常流行的見解認為，相較於自由主義的形式民主而言，馬克思的民主觀是一種實質民主。但以洪鎌德為代表的臺灣學者對此問題的把握，主要圍繞著《黑格爾法哲學批判》中馬克思所提出的「真正的民主」展開論述，並將其把握為馬克思企圖和解現代性政治諸種二元分裂和對立的具體方案。換言之，他們認為，從理論的設想和效應來看，《黑格爾法哲學批判》中馬克思對「真正的民主」的探討，實際上是針對資本主義現代性政治病症所開出的醫治方案。因此，它既與馬克思關於未來社會型態設想直接相關，又與其批判資本主義的規範基礎相連。

[69] 伯爾基：《馬克思主義的起源》，伍慶、王文揚譯，上海：華東師範大學出版社，2007年，第60-61頁。譯文根據英文本略有改動。英文本參見：R. N. Berki, *The Genesis of Marxism: Four Lectures*, J M Dent & Sons Ltd., 1988, p. 55。

[70] 洪鎌德：《個人與社會──馬克思人性論與社群觀的析評》，臺北：五南圖書出版股份有限公司，2014年，第278頁。

姜新立著《解讀馬克思》，五南圖書出版股份有限公司，2010

　　在馬克思的語境中，「民主」與「真正的民主」都直接指向某種「共同體」意識，並構成理想的「共產主義」的雛形。「共同體」和「共產主義」最顯著的一致性在於，它們都是揚棄了資本主義現代性弊病之後的理想狀態。從而也就不難理解，馬克思為何把「真正的民主」與「共同體」及人的「共同體的本質」（*Gemeinschaftswesen*）聯繫起來論說。對馬克思而言，人的「共同體的本質」既是判斷當前政治制度的標準，也是「重建未來社會的範式」[71]。馬克思認為，由原子化個人所支撐起來的市民社會，內在地具有分裂特質，破壞了作為社會性存在的人的類本質。就此而言，個人主義所持有的人學觀念是一種把社會關係作為實現個人目的之手段的模式。換言之，個人主義將個人的存在視為至高無上的目的，而「社會只是個人的外在的和形式化之物」。因此，「個人主義的社會無法發展出一種關於人的社會模式化」[72]。事實上，從現代性政治的角度來看，馬克思於《黑格爾法哲學批判》中對「民主」的討論以及「真正的民主」的提出，正是基於認識到市民社會本體論基礎之缺陷，即原子化的個人無法實現自身的社會化而提出來的。他認為，「『民主社會』將能夠克服

---

[71] 洪鎌德：《個人與社會──馬克思人性論與社群觀的析評》，臺北：五南圖書出版股份有限公司，2014 年，第 266 頁。另參見姜新立：《解讀馬克思》，臺北：五南圖書出版股份有限公司，2010 年，第 115 頁。

[72] 姜新立：《解讀馬克思》，臺北：五南圖書出版股份有限公司，2010 年，第 114 頁。

個人主義社會的原子化現象」[73]。一種觀點認為，《黑格爾法哲學批判》時期，馬克思所說的「民主」還是「激進的雅各賓民主」[74]，尚未被提升到未來社會制度的高度，「共產主義只有在他晚年的著作中才得以出現」[75]。這意味著「青年馬克思為了解決當時政治的腐敗，而倡說民主或『真正的民主』，但後來發現民主行不通，才改用共產主義來號召群眾」[76]。這種觀點顯然是十分錯誤的，因為，只要仔細分析《黑格爾法哲學批判》中對「真正的民主」的相關規定，即可看出它「基本上與後來所謂的『共產主義』是一致的」[77]。二者「本質上並無不同」，更重要的是馬克思此時所說的「民主」正是建構在人的「共同體的本質」之上[78]。由此，也能夠把握馬克思前後期思想的一貫性。在這個意義上，姜新立的如下說法無疑是正確的[79]。他說：「馬克思學術發展的決定性轉變不在於從激進的民主過渡到共產主義，也不在於從唯心主義過渡到唯物主義。因為馬克思從接受黑格爾的哲學體系，轉而應用費爾巴哈的方法對黑格爾哲學進行內在的批判，這其中必然使馬克思導向社會的批判主義。在《黑格爾法哲學批判》中，馬克思即以廢除私有財產制和國家消亡的觀點來研究社會。簡言之，《共產黨宣言》中的觀點早已內在於《黑格爾法哲學批判》之中」[80]。

　　但姜新立的如下觀點是難以令我們接受的，他認為，馬克思「真正的民主」的觀點帶有基督教神學的情結。「費爾巴哈將基督教作為宗教的典型，而民主作為政治的典型，兩者等同視之；對於馬克思關於『真正民主』的整個論述是相當重要的。根據費爾巴哈論點，基督教解消了人們宗教的需要，結果也

---

[73] 姜新立：《解讀馬克思》，臺北：五南圖書出版股份有限公司，2010 年，第 114 頁。

[74] George Lichtheim, *Marxism: An Historical and Critical Study*, London: Routledge, 1961; John Lewis, *The Life and Teaching of Karl Marx*, New York: International Publishers, 1965.

[75] 姜新立：《解讀馬克思》，臺北：五南圖書出版股份有限公司，2010 年，第 115 頁。

[76] 洪鎌德：《個人與社會——馬克思人性論與社群觀的析評》，臺北：五南圖書出版股份有限公司，2014 年，第 267 頁。

[77] 姜新立：《解讀馬克思》，臺北：五南圖書出版股份有限公司，2010 年，第 115 頁。

[78] 洪鎌德：《個人與社會——馬克思人性論與社群觀的析評》，臺北：五南圖書出版股份有限公司，2014 年，第 267 頁。

[79] 需要指出，姜新立與洪鎌德對此的看法基本上都是借鑑了以色列學者阿維內里（S. Avineri）的說法。參見阿維內里：《馬克思的社會和政治思想》，張東輝譯，北京：智慧財產權出版社，2016 年。

[80] 姜新立：《解讀馬克思》，臺北：五南圖書出版股份有限公司，2010 年，第 115 頁。

自我解消；所以關於民主，馬克思也對政治制度即國家是否尚未同時達到發展的頂端以及應被揚棄保持同樣的質疑。就方法論而言，這是馬克思辯證地將基督教與民主等同的結果。在馬克思的解析中，不僅國家要消亡，同時作為個人利益分化領域的市民社會也必然解體。而造成國家與市民社會消亡的主要原因，是普遍選舉權的實行所造成的。因為普遍選舉權的實行，使政治領域可以獨立於財產和市民社會的束縛。如此一來，因為市民社會不再具有實際的政治意義，事實上市民社會就已經沒有存在的必要」[81]。事實上，從現代性政治的視域來看，馬克思以「真正的民主」去仲介與和解黑格爾的市民社會與政治國家的二元分裂，主要與現代性的普遍性訴求有關，而與基督教無關。基督教的上帝救贖論，最多不過是「普遍性訴求」的一種體現。但在方法論上，這顯然也並不意味著「馬克思辯證地將基督教與民主等同的結果」。在一定意義上，可以說基督教所造成的聖俗分化是馬克思「真正的民主」得以提出的前提和致力於解決的目標，但不能說後者就是前者的必然結果。相比於姜新立，洪鎌德的相關看法更切合馬克思的本義，亦更為可取。洪先生斷定，馬克思所說的「真正的民主」與其宣導的「共產主義」在本質上是相同的，或者說其民主觀建立在「共產本質」（共同體本質）之上[82]。

總之，和解現代性政治所導致的內在分裂，尤其是「市民社會」與「國家」、「市民」與「公民」、「私人」與「公人」之間的內在緊張關係，以及由此導致人在社會和心理層面所表現的諸種異化狀態，始終是馬克思「真正的民主」提出的目標。如果說，黑格爾在指認市民社會原子化個人的利己性基礎上，認識到了現代性政治的分裂危險，並企圖以普遍性的國家去仲介和調節市民社會，那麼，馬克思則在繼承黑格爾「普遍性」思維的脈絡中更進了一步。他不但顛覆了黑格爾國家理念的觀念論傳統，而且把「真正的民主」確認為「普遍性」之一種，即社會性的「共同體的本質」。「真正的民主」所內在蘊含的這種社會性的「共同體的本質」，既避免了把個人與社會抽象地對立起來，又超越了市民社會與國家的截然二分。這一看法並非只是青年馬克思的不成熟觀點，而是貫穿於馬克思思想的始終。進而言之，仲介與和解現代性政治

81　姜新立：《解讀馬克思》，臺北：五南圖書出版股份有限公司，2010年，第115-116頁。姜新立的這種看法，主要是受到美國學者塔克爾的影響。

82　洪鎌德：《個人與社會──馬克思人性論與社群觀的析評》，臺北：五南圖書出版股份有限公司，2014年，第267頁。

的分裂和對立，始終是馬克思思想中的隱性主題。

　　姜新立教授對馬克思「眞正的民主」這一理論和實踐訴求的認知，無疑是相當智慧的。他說：「在《黑格爾法哲學批判》中，馬克思所謂的『眞正的民主』是超越國家與市民社會的分化；『眞正的民主』隱含一種『共同體的本質』。黑格爾政治哲學的實現，則在於黑格爾政治哲學本身國家與市民社會二元對立的取消。人的『共同體本質』是無法與市民社會和國家相容的。仔細分析《黑格爾法哲學批判》可以發現，早在一八四三年馬克思就已經獲致國家消亡的結論。只有在對黑格爾政治哲學的分析才促使馬克思轉向經濟和歷史的研究，並且使馬克思能夠闡釋經濟領域最終決定了政治領域，並且使馬克思能夠證明黑格爾關於政治生活的普遍性的宣稱是一種夢想。馬克思獲得這樣的結論不是透過經濟或歷史的研究，而是應用費爾巴哈的方法批判黑格爾。在這一階段，馬克思是一位唯物主義者，而青年、人道主義、唯心主義的馬克思，和老年的、決定論的、唯物主義的馬克思的二分法，從馬克思的文本看來是不正確的。因爲青年馬克思的人道主義是建立在唯物主義的知識論上」[83]。

　　洪鎌德先生同樣把「眞正的民主」把握爲一種「個人與社會不致互相對立、不致不相關聯」，認爲它是「克服政治的與非政治的（經濟的、社會的、文化的）領域之間的分離，乃至對立的新社會」[84]。他甚至斷言，「眞正的民主」亦是馬克思用來表達「克服個人的公共與私自兩分化（dichotomy）的用語」。馬克思的「眞正的民主」之觀點，「顯示他在強調人與社會、人與國家不再乖離、不再異化」[85]。

---

[83] 姜新立：《解讀馬克思》，臺北：五南圖書出版股份有限公司，2010 年，第 117 頁。

[84] 洪鎌德：《個人與社會──馬克思人性論與社群觀的析評》，臺北：五南圖書出版股份有限公司，2014 年，第 267 頁。

[85] 洪鎌德：《個人與社會──馬克思人性論與社群觀的析評》，臺北：五南圖書出版股份有限公司，2014 年，第 268 頁。

第三節　洪鎌德青年馬克思實踐哲學研究的評論

　　「實踐」（Praxis）是實踐哲學中的最核心的概念和範疇。從西方哲學史語境看，「實踐」原本是一個規範性的而非描述性的範疇。這種規範性在亞里斯多德那裡表現為這種行為的目的在己性和「善」的指向性，依靠於「實踐智慧」對雜多的實踐性政治、倫理等行為活動由「善」之目的來抉擇和規整，從而使得分散的、破碎的行為活動具有某種統一性——指向更好的「善」的生活取向。但實踐依託「善」的普遍性規整作用並沒有以犧牲掉行為的個別性為代價，而僅是從內在「善」這一目的對其進行統一的整合而已。問題在於，近代已降，依託內在意識主體性的支援而生成的理性主體性哲學，完全致力於追求普遍必然性的真理或知識，以及對這種真理和知識的理解，但是「為真理本身所迫」的近代哲學「為了理解，就要拒絕一切同我們的喜與悲、希望與絕望等相關的東西，要拒絕世界和世界上的事物」[86]，用斯賓諾莎的話來說就是「勿哭，勿笑，勿詛咒，只要理解」[87]。理性哲學的這種單一性、統一性和普遍性的品格，必然要求把規範性意涵的「實踐」降格與壓縮為「技術性實踐」（這在培根那裡表現得極為明顯），而丟失與人之行為「善」相關的價值目的性實踐方面，即純一的抽象性犧牲掉了實踐樣式的複雜性，並且與這種單一化的技術實踐相對應，近代對實踐的理解也逐漸經驗化，丟失了其原本內在具有的超越論的（超驗的）維度。如此一來，喪失了規約人之經驗實踐行為活動的「善」的超越論向度，又如何能夠保證人的行為的普遍規範性與有效性？這昭示出現代性技術化「實踐」的限度與自身困境。

　　康德在把「現象」與「本體」截然區分的同時，把「實踐」（自由）交付給本體域，一定意義上正是對近代的經驗化和技術性實踐的回調與反撥，恢復「實踐」原本具有的指向人的行為之「善」的超越論向度。不過，他的這種

---

[86] Л·舍斯托夫：《雅典和耶路撒冷》，徐鳳林譯，杭州：浙江人民出版社，2000 年，第 17 頁。

[87] Л·舍斯托夫：《雅典和耶路撒冷》，徐鳳林譯，杭州：浙江人民出版社，2000 年，第 9 頁。

把「實踐」完全先驗化的進路，與亞里斯多德把「實踐」主要聚注於倫理和
政治領域的做法（偏現實主義）相去甚遠，一定意義上也造成了對近代技術化
「實踐」的矯枉過正，從而不可能眞正實現和解現代性所帶來的諸多緊張和分
裂狀況的目的。黑格爾在體認現代性分裂的深刻程度上未必超過康德，但他的
現代性和解方案相比於康德則現實得多。有論者甚至認爲，這是黑格爾企圖向
古希臘思想尤其是亞里斯多德理論回復的證明。我們姑且不論此說的對錯，僅
就黑格爾的解決方案來看，他在區分道德和倫理的基礎上，力圖突破康德倫理
「實踐」的絕對先驗化之抽象性，並還原「倫理」的社會實體性內容。由此，
在黑格爾的語境中，倫理本質上就是社會倫理，同時，包括道德和倫理在內的
實踐哲學在邏輯推演的外觀背後隱含著非常現實的具體內容[88]。當然，黑格爾
的社會倫理和實踐哲學並非沒有問題，從和解現代性政治的分裂向度來看，他
把代表個體經濟利益的市民社會與代表普遍利益的國家對立起來，並企圖以後
者去整合與統領前者，這種努力的方向本來是對的。但問題的關鍵在於，他那
代表普遍利益的國家實際上不過是「國家理念」的隱喻，其觀念論實質決定了
它不可能眞正擔負和解現代性政治之分裂的目標。因爲現代性政治的孕育和生
發之域是市民社會，是利益紛爭的經濟領域，是非常「現實的」。正是基於對
黑格爾實踐哲學「虛妄性」的上述認識，馬克思主張現代性政治的和解方案，
不可能在觀念論中完成，而只能在現實運動即實踐中實現。這種現實的運動或
實踐，即「革命的實踐」，馬克思又稱爲「現實的共產主義運動」。要在現實
運動中實現現代性政治的和解方案，既需要找到普遍性的規範力量，又需要
有進行現實運動的行爲人和擔當者。黑格爾用來和解現代性政治分裂的「國家
理念」，儘管具有普遍性的規範力量（黑格爾本人賦予的），但它不可能是現
實運動中的行爲人和擔當者。馬克思把這兩者的統一歸給「無產階級」，並認
爲無產階級自身的特點決定了他只有解放全人類才能眞正解放自己，這種解放
不是像青年黑格爾派那樣主張把人「從詞句的統治」中解放出來[89]，而是通過
現實的革命行動變革或推翻現存的「事物」（狀況），以便達到每個人自由個
性的實現之目的。馬克思對黑格爾思想的批判性吸收，過去學界通常認爲其主
要集中在「辯證法」方面，但現在看來，此說未必準確與周延。從馬克思實踐
哲學的現實性取向來看，我們有理由認爲其對黑格爾思想的繼承更表現爲「社

---

[88] 就此而言，馬克思後來對黑格爾的「邏輯神祕主義」的批評未必公允。
[89] 《馬克思恩格斯選集》第 1 卷，北京：人民出版社，2012 年第 3 版，第 154 頁。

會性和歷史性的向度」，而後者主要正是通過黑格爾的實踐哲學（道德、倫理學、法哲學、美學和歷史哲學）體現出來的。換言之，黑格爾對馬克思的影響，不只是通過其邏輯學著作，更是通過其法哲學和歷史哲學著作實現的；不只表現於辯證法，更表現於政治經濟思想和社會歷史理論之上。

　　就此而言，以洪鎌德先生爲代表的臺灣學者對馬克思實踐哲學的研究，把關注點聚焦於「人類解放與個人自由」、「革命與階級鬥爭」、「社群（共同體）與國家理論」、「民主與眞正的民主」、「道德倫理與正義」[90] 等問題，無疑較爲準確地把握到了馬克思實踐哲學的精神實質與核心思想。臺灣學者關注的這些主題，在學界既往的研究中，往往把其歸爲政治哲學和倫理學領域，而不把其明確把握爲實踐哲學的覆蓋範圍。但實際上，政治哲學和倫理學原本就是實踐哲學的分支領域，這無論是在古希臘哲學還是在當代哲學中，都能找到相應的充足理據。這啓示我們，今後的馬克思實踐哲學研究應當貫徹「守住內核，放寬外圍」的原則，在固守人類解放和改變世界這一核心思想的基礎上，擴展其研究領域。馬克思實踐哲學的本質規定，決定了企圖建構一種純粹的馬克思實踐形而上學的不可能 [91]。因此，其合法性和生存之道，只能通過與

洪鎌德編著《從韋伯看馬克思》，揚智文化，1999

---

90 關於馬克思思想中的「道德、倫理和正義」議題，將放在本書下一章集中討論。
91 對此的詳細展開論證，筆者將另行他文。

當今經濟哲學、政治哲學、社會哲學、法哲學、倫理學和社會批判理論等學科間的交叉和融合中獲取並體現。

　　無論是從較爲寬泛的「人類如何實現美好生活」，還是從較爲狹窄的「如何改變世界」的向度將馬克思的思想把握爲「實踐哲學」，都是馬克思之後的學者努力建構的結果。「哲學」的意識形態虛妄性（只是「解釋世界」，而非「改變世界」；只是「手淫」，而非「性交」），決定了馬克思不可能把自己的思想稱爲一種「哲學」，更遑論「實踐哲學」！我這麼說，並不是要否定「馬克思哲學」和「馬克思實踐哲學」的合法性。而只是表明，當我們使用這些稱謂去指稱馬克思的思想時，應意識到它們自身所具有的限度。如果說，在馬克思實踐哲學問題的研究上，大陸學者由於受到意識形態等方方面面的限制，往往落入「完美化建構」的辯護立場，而對其不足和限度的批判性反省不夠，那麼，比較而言，以洪鎌德爲代表的臺灣學者的研究成果一定意義上則能夠彌補這種不足。比如，對於馬克思是否把「實踐」化約爲「勞動」、「生產」或「技術」這一問題，並沒有引起大陸學者的充分重視 [92]。更不用說，如果此種「化約論」成立，學者們應充分闡釋這種「化約」的消極後果了。而臺灣的相關學者對此問題卻有一定的研究。陳文團教授指出：「馬克斯由實現生活之首要條件去解釋生活的意義，亦即人類藉著經濟互動以維持並促進其生活。以其觀點，人性基本上是建基於自我建構的實踐活動上，這是一種生產性的活動，亦是使生命產生意義的活動。馬克斯將人類整體的實踐活動化約爲生產性勞動，這與他早期主張的『人實踐活動的整體觀』有所衝突。事實上任何化約了的實踐活動必然會使生命反其意義導向簡化，將生活化約爲某些元素無疑與柏拉圖犯了同樣的錯誤，而確實馬克斯犯了這個錯誤，因爲他的歷史唯物論基本

92　少有的例外，當屬廣州中山大學哲學系的徐長福教授。參見徐長福：〈勞動的實踐化和實踐的生產化：從亞里斯多德傳統解讀馬克思的實踐概念〉，《學術研究》（廣州），第 11 期，2013 年；〈論亞里士多德的實踐概念——兼及與馬克思實踐思想的關聯〉，《吉林大學社會科學學報》（長春），第 1 期，2004 年。此外，著名學者顧準在 1970 年代曾提出在培根那裡實踐是「生產實踐」，而在馬克思那裡實踐是「革命實踐」的說法。不過，他只是提出了這種說法，沒有展開詳細的論證。綜合而言，我比較認同顧準的觀點。無論是「實踐的勞動化」，還是「實踐的生產化」，抑或是「實踐的技術化」，一定意義上都將會窄化馬克思的「實踐」概念內涵，也將錯失其內在包含的規範和政治向度。

上就是柏拉圖觀念、與黑格爾之絕對精神之翻版」[93]。鄭榮洲也認爲,馬克思將「實踐」化約爲「物質生產勞動」,這實際上不過是「一種外鑠的、機械的、階級性的實踐理性」。「馬克思一方面強調辯證的客觀性(法則勢力),另一方面卻又預言階級鬥爭必然在進步的資本主義社會發生,且勢必推動社會進入『無階級』共產;根本而言,這不僅是種進步的神話,且還是自我陶醉式的烏托邦」[94]。陳文團把馬克思的歷史唯物論斷定爲柏拉圖理念論與黑格爾的絕對精神的現代「翻版」,顯然是理論上的重大失誤。他不僅誤讀了馬克思實踐哲學的主旨和精神,更誤判了馬克思思想在整個西方思想史上所實現的革命性變革性質。鄭榮洲的相關觀點也未必正確,很難讓人接受。但就理論本身所具有的異質性內容,以及理論探討應該具有的多元化和包容性取向而言,他們相關的研究成果未嘗不是爲我們敞開和提供了另一種思考問題的進路和可能維度。在這個意義上,我們應該對洪鎌德爲代表的臺灣學者的馬克思主義研究,尤其是 21 世紀以來的研究[95],給予批判性的肯定。

---

93 陳文團:〈馬克斯與尼采:對道德之反省〉,《哲學與文化》,第 5 期,1990 年。

94 鄭榮洲:〈唯物辯證的理論與實踐〉,《三民主義學報》,第 13 期,1989 年。

95 關於 21 世紀以來臺灣馬克思主義研究的狀況和走勢,筆者將另行文詳加論述。

第四章

有關青年馬克思道德
與倫理學說的研究

第四章　有關青年馬克思道德與倫理學說的研究

　　在前一章中筆者曾表明，就與純粹理論哲學對應以及「好生活關懷」的意義上來說，馬克思的思想當屬實踐哲學無疑。由於馬克思的實踐哲學認定「全部社會生活在本質上是實踐的」[1]。因此，它強調問題的關鍵在於「改變世界」和「使現存世界革命化，實際地反對並改變現存的事物」[2]。這一「改變世界」和「使現存世界革命化」的定向，是馬克思實踐哲學的最顯著特徵，也是其區別於先前全部實踐哲學的標誌。先前的實踐哲學，或者過分強化倫理意義上的「善」的目的在己性（亞里斯多德），或者特別突出自由的超越性和道德意義上「成己」的重要性（康德：「人是目的」）。總之，都過分強化了實踐哲學的倫理意涵。馬克思在確認倫理和道德屬於意識形態之一種的基礎上，把實踐哲學之重點奠定在物質基礎層面，並突出勞動與生產在變革世界方面的存在論意涵。有鑑於此，臺灣有學者認為馬克思的實踐哲學實際上把「實踐」給「勞動化」或「生產化」（一說「技術化」）了[3]。我認為此說並非毫無道理，但它會帶來一系列十分糾結的難題，即馬克思所說的「實踐」是否等同於「勞動」或技術化的「生產」？其實踐哲學是否只是現代意義上的經驗科學，而無任何規範性意涵？換言之，按照此種邏輯，被馬克思「生產化」了的實踐哲學是否為規範性意義上的道德和倫理留下了應有的位置？近半個世紀以來，當代英美馬克思主義者圍繞著馬克思與道德和倫理的關係所展開的爭論，儘管不是直接回應上述問題，但實際上隱含在上述問題語境中。洪鎌德先生憑藉其在西方多所高校豐富的留學、任教經歷以及熟知西方相關學術動態的優勢，亦積極地參與了對上述問題的討論和探究。本章內容將圍繞著洪先生參與西方「馬克思學」者有關馬克思的道德和倫理學說之爭論，考察其對馬克思的道德、倫理和正義思想的理解與詮釋。

---

[1] 《馬克思恩格斯選集》第 1 卷，北京：人民出版社，2012 年第 3 版，第 135 頁。

[2] 《馬克思恩格斯選集》第 1 卷，北京：人民出版社，2012 年第 3 版，第 155 頁。

[3] 鄭榮洲：〈唯物辯證的理論與實踐〉，《三民主義學報》，第 13 期，1989 年。該文明確指出，馬克思將「實踐」化約為「物質生產勞動」，而這實際上不過是「一種外鑠的、機械的、階級性的實踐理性」。「馬克思一方面強調辯證的客觀性（法則勢力），另一方面卻又預言階級鬥爭必然在進步的資本主義社會發生，且勢必推動社會進入『無階級』共產；根本而言，這不僅是種進步的神話，且還是自我陶醉式的烏托邦」。鄭榮洲的相關觀點未必正確，但他顯然看到了馬克思對傳統哲學中「實踐」概念內涵的轉變。亦可參見漢娜·阿倫特：《人的境況》，王寅麗譯，上海：上海人民出版社，2017 年。

第一節　道德與倫理在青年馬克思思想中的地位

　　道德和倫理在青年馬克思實踐哲學或馬克思理論中是否具有，以及到底具有何種地位，實際上是一個頗具有爭議性的問題。這種爭議性，一方面表現為馬克思本人對道德和倫理問題表達的語焉不詳，另一方面表現為國外學者對其看法上的眾說紛紜、莫衷一是。如果把上述問題聚焦為一個簡潔的表達式，可以概括為馬克思對資本主義的批判是否基於某種道德倫理學說或規範性基礎之上？

　　自 1970 年代以來，上述問題就成為西方學界特別是英美「分析的馬克思主義」爭論的焦點。引發這種爭論的原因主要是兩方面的：一是二次世界大戰後，隨著西方社會發展不平衡以及資源配置不公現象越發顯著，學界開始尋找各種理論資源給予闡釋和說明，二是道德和倫理在馬克思思想和文本中的模糊與曖昧性。就後者而言，一方面，道德和倫理在馬克思語境中多是以被嘲諷和批評的負面形象出現的，在《德意志意識形態》中，馬克思甚至認為「共產主義者根本不進行任何道德說教」和「共產主義者不向人們提出道德上的要求」[4]，但另一方面，在關於資本主義的批判性論述中，馬克思又常常使用道德和倫理性的範疇與術語，比如他把資本家對剩餘價值的占有和剝削稱為「搶劫」和「盜竊」。馬克思文本中這種既明確批評道德和倫理，又暗渡陳倉式地使用道德和倫理範疇的做法，給西方學界造成了一定的理論困擾，也引發了激烈的學術紛爭。以羅伯特・塔克爾（Robert C. Tucker）、艾倫・伍德（Allen W. Wood）和理查・米勒（Richard Miller）為代表的一方，主要根據道德和倫理

---

4 《馬克思恩格斯全集》第 3 卷，北京：人民出版社，1960 年，第 275 頁。馬克思完整的表述為：「……共產主義者既不拿利己主義來反對自我犧牲，也不拿自我犧牲來反對利己主義，理論上既不是從那情感的形式，也不是從那誇張的思想形式去領會這個對立，而是在於揭示這個對立的物質根源，隨著物質根源的消滅，這種對立自然而然也就消滅。共產主義者根本不進行任何道德說教，施蒂納卻大量地進行道德的說教。共產主義者不向人們提出道德上的要求，例如你們應該彼此互愛呀，不要做利己主義者呀等等；相反，他們清楚地知道，無論利己主義還是自我犧牲，都是一定條件下個人自我實現的一種必要形式。」

是馬克思文本中批評的對象這一事實，主張道德和倫理在馬克思思想中並不具有實質性意義，因此，認為馬克思對資本主義的批評主要不是基於道德和倫理之考慮。而以胡薩米（Ziyad I. Husami）、布倫凱特（George G. Brenkert，洪先生譯為「布連克特」或「卜連克特」）和盧卡斯（Steven Lukes，洪先生譯為「陸克士」）為代表的另一方，在區分不同類型的道德和倫理基礎上，認為馬克思儘管批評道德和倫理範疇，但只是批評資本主義法權意義上的道德和倫理，而能夠做出此種批評肯定意味著他持有自己理想的道德和倫理標準，由此他們認為馬克思擁有特定意義上的道德和倫理學說。從觀點論證的角度看，上述紛爭的雙方，各有各的理由和文本依據，彼此很難把對方駁倒和說服[5]。但不管怎麼說，學界圍繞該問題所產生的「紛爭」已經表明，馬克思的道德和倫理學說存在著某種「矛盾」。如何合理地解釋這種「矛盾」，是把握馬克思的道德和倫理學說的關鍵。

洪鎌德主編《西方馬克思主義論戰集》，森大圖書有限公司，1990

　　洪先生顯然深諳上述這一「關鍵」。因此，他對馬克思道德和倫理學說的探討，是以積極介入西方學界尤其是英美「分析的馬克思主義」爭論的形式展開，並緊密圍繞解釋馬克思道德和倫理學說中的「矛盾」問題推進。他首先認

5　洪鎌德：《人的解放——21世紀馬克思學說新探》，臺北：揚智文化，2000年，第242頁。

定馬克思對資本主義的批判，既基於經驗化的科學分析，又基於某種道德和倫理觀念之上。這主要根源於馬克思對辯證法思想的精通。洪先生說：「儘管馬克思避免談及或宣揚道德，但其作品卻充滿了道德內涵。在其作品中讀者會感受到：他對資本主義的譴責與批判是出於一種凜然不可侵犯的正義之怒使然。原因是他把資本主義制度當作是一套缺乏分配正義的剝削體系」[6]。洪先生對馬克思道德和倫理學說的這種看法，在臺灣學界並非其一己之見，而是得到相關學者的呼應。比如，陳文團教授就曾明確指出：「馬克斯（思）雖然對傳統倫理有所批評，但在某種意義下，卻仍在這個傳統之中。他所做的，絕大部分是恢復英國經驗──實踐的傳統以及被直到費爾巴哈的德國觀念論忠誠追隨者所遺忘的傳統人文主義」[7]。許國賢教授亦認為：「馬克思（Karl Marx）理論事業的主要成果固然在於對資本主義之本質與運作的深入剖析，不過，主導著這龐大之研究進程的，則是他試圖理解人類在資本主義底下的真實處境並企圖謀求改善之道的問題意識與社會關懷」[8]。換言之，「事實上，馬克思對資本主義的批判一方面固然是透過他所謂的『科學的』考察來進行，另一方面則是以昂熾的道德感做為其考察探究的總動力」[9]。與其相呼應，孫善豪教授在引述馬克思《工資、價格和利潤》中對「爭取提高工資」的相關批評性論證基礎上[10]，更

6　洪鎌德：《個人與社會──馬克思人性論與社群觀的析評》，臺北：五南圖書出版股份有限公司，2014 年，第 169 頁。

7　陳文團：〈馬克斯對傳統倫理之批判〉，《鵝湖月刊》，第 6 期，1984 年。

8　許國賢：〈論馬克思社會批判的倫理基礎〉，《財產與政治：政治理論論文集》，臺北：桂冠圖書股份有限公司，2001 年，第 247 頁。

9　許國賢：〈論馬克思社會批判的倫理基礎〉，《財產與政治：政治理論論文集》，臺北：桂冠圖書股份有限公司，2001 年，第 249 頁。

10　孫善豪主要摘引的是《工資、價格和利潤》中的如下這段話：「他們不應當忘記：在日常鬥爭中他們反對的只是結果，而不是產生這種結果的原因；他們延緩下降的趨勢，而不改變它的方向；他們服用止疼劑，而不袪除病根。所以它們不應當只侷限於這些不可避免的、因資本永不停止的進攻或市場的各種變動而不斷引起的游擊式的搏鬥。他們應當懂得：現代制度給他們帶來一切貧困，同時又造成對社會進行經濟改造所必需的種種**物質**條件和社會形式。他們應當摒棄『做一天公平的工作，得一天公平的工資！』這種保守的格言，要在自己的旗幟上寫上革命的口號：『**消滅雇傭勞動制度！**』」參見《馬克思恩格斯選集》第 2 卷，北京：人民出版社，2012 年第 3 版，第 68-69 頁。

是把馬克思「既要又不要道德訴求」的兩難結論突顯得清晰可見：「一方面，
在爭取提高工資上，並不需要（甚至不能有）道德訴求，另一方面，在根本解
決工人貧困問題上，又必須有道德訴求：既要又不要道德訴求，這顯然是一個
兩難」[11]。陳文團教授也聲稱馬克思道德觀存在「相對性道德」與「無產階級道
德」之間的衝突[12]。

　　實際上，無論是孫善豪教授所說的馬克思語境中這個「既要又不要道德
訴求」的兩難，還是陳文團教授所謂的馬克思道德觀存在「相對性道德」與
「無產階級道德」之間的衝突，都不過是馬克思資本主義批判或社會批判理論
辯證特徵的具體體現。儘管馬克思經常以嘲諷與批評的口吻談論道德和倫理範
疇，但西方以及洪鎌德等臺灣學者的觀點均表明，道德和倫理並沒有溢出於馬
克思的思想之外。只是馬克思語境下的道德和倫理，不是傳統道德和倫理學意
義上的，而是一種特定的道德和倫理樣式。基於唯物史觀方法論，馬克思顯然
深知，任何道德議題和道德原理均受制於特定歷史和社會結構。洪先生甚至因
此斷定，可以把其道德和倫理學說稱為「道德實在論」[13]。至於洪先生所做出的
此種論斷之正確性當然可以再討論。不過，相比於西方與臺灣其他學者，洪先
生不僅充分認識到馬克思的道德和倫理學說與傳統道德和倫理觀的差別，還把
握到了馬克思的道德和倫理學說的歷史性與辯證性，顯然是十分難能可貴的。
並且，他的下述總結性論斷無疑亦是相當準確和深刻的：「馬克思對道德的態
度以及他對倫理問題的說詞，長久以來爭論不斷，有些評論家主張馬克思是一
道德相對論者，還有一些評論家主張馬克思是一道德現實主義者、非道德論
者。雖然這些看法都包含部分道理，但是它們絕非完全真確。事實是馬克思的
社會理論的確包含有道德內容，此項道德內容是奠基在人本主義與唯物史觀之
上」。並且，馬克思的「辯證唯物論提供了一套對道德社會學詮釋，它是與康

11　孫善豪：〈算數正義與幾何正義的辯證：馬克思正義觀的一個詮釋〉，《政治與社會
　　哲學評論》，總第 38 期，2011 年。洪鎌德教授也明確指認了馬克思道德觀上的這種
　　「弔詭性」：「一方面它批判流行於資本主義社會，為布爾喬亞所奉行的道德觀。另
　　一方面他期盼在未來共產主義社會實現普勞階級的道德觀」。參見洪鎌德：《個人與
　　社會——馬克思人性論與社群觀的析評》，臺北：五南圖書出版股份有限公司，2014
　　年，第 175 頁。
12　陳文團：〈馬克斯與尼采：對道德之反省〉，《哲學與文化》，第 5 期，1990 年。
13　洪鎌德：《人的解放——21 世紀馬克思學說新探》，臺北：揚智文化，2000 年，第
　　264 頁。

德式的規範性道德學說完全相對立的。對於馬克思和恩格斯而言，世上不存在不變的範疇性（絕對、定言）命令，只存在可變的社會命令，正是這些社會命令創造了和決定了倫理學的規範和原理。他們否認超越時空脈絡和超越經驗事實的規範和理想之存在」[14]。

馬克思與恩格斯畢生致力於對真正自由、民主、平等和正義的追求

由此可見，與英美馬克思主義研究者長期糾結於馬克思對資本主義的批判是否基於某種道德規範之上略有不同，以洪鎌德為代表的臺灣學者對馬克思的思想中存在道德和倫理的向度這一點予以明確肯認，他們的分歧主要聚焦在馬克思到底具有何種意義上的道德和倫理理論？或者說馬克思所擁有的道德和倫理理論的內在規定性和特殊性何在？洪先生在明確承認馬克思有特殊的道德和倫理學說基礎上，突出強調其歷史性和辯證性特點，並把其指認為「道德實在論」的一種形式。

---

[14] 洪鎌德：《個人與社會 —— 馬克思人性論與社群觀的析評》，臺北：五南圖書出版股份有限公司，2014 年，第 188-189 頁。

第二節 青年馬克思道德與倫理學說的闡發

　　在馬克思的道德和倫理學說之具體內容以及特質的闡釋方面，洪先生藉助當代西方倫理學中的「義務的倫理」（ethics of duty，責任倫理）與「德性的倫理」（ethics of virtue，美德倫理）之區分[15]，把馬克思的倫理思想指認為「德性的倫理」的一種樣式，並指出「它要求個人將其內在某些性格特質以及性向加以發展」[16]。我們知道，在西方思想史上，亞里斯多德無疑是「德性的倫理（美德倫理）」的典型代表，其把倫理的焦點定位於城邦公民自身內在德性（美德）的塑造。雖然其精神取向是「外王的」，即做一個有德性的好公民的目的是為了更好地服務於城邦和國家，但其焦點指向畢竟首先是「內在成己的」，即塑造公民內在的德性之完善。就此而言，這種「德性的倫理」儘管相容了近代已降分化後的「道德」與「倫理」之內容[17]，但其本質上更注重個人內在的道德成全面向。換言之，這種強調培養城邦公民內在德性完善的倫理學，表面上相容了個人與社會兩個向度，但實際上是以成全自己內在德性的形式來成就社會。以這種源自古典的「內向性的」「德性的倫理」去詮釋馬克思的倫理思想是否合適？以及它與馬克思要求變革客觀世界的歷史唯物論主張是否相一致？都是值得進一步深入探討的問題。西方「馬克思學」的部分代表，基於對道德、倫理和歷史唯物論內涵的特定理解甚至是誤解，把馬克思語境下的道德和倫理學說與歷史唯物論思想對立起來，並斷定馬克思的思想中存在某種內在的「矛盾」或「不一致」。

　　不過，洪先生顯然認為，馬克思的德性倫理與其旨在實現「改變世界」

---

[15] 關於二者的詳細區分，參見洪鎌德：《個人與社會 —— 馬克思人性論與社群觀的析評》，臺北：五南圖書出版股份有限公司，2014年，第173-174頁。

[16] 洪鎌德：《個人與社會 —— 馬克思人性論與社群觀的析評》，臺北：五南圖書出版股份有限公司，2014年，第162頁。

[17] 在古希臘羅馬時代，「道德」（*Moralität*）與「倫理」（*Sittlichkeit*）並未截然區分。「道德」與「倫理」的分化是一種典型的現代性現象。總體上而言，二者的區別在於，「前者指個人的操守，後者指社會對善惡的總評價，也包括良好的風俗、習慣在內」。關於二者的詳細區別，可參見洪鎌德：《個人與社會 —— 馬克思人性論與社群觀的析評》，臺北：五南圖書出版股份有限公司，2014年，第168頁下「註2」。

的歷史唯物論或實踐哲學的取向並不矛盾。原因在於，在馬克思的德性倫理中，「自由」是「最主要的德目」，「它不只是人做事做人的本領，也不是行動的原則或行動的一組權利。相反地，馬克思視自由爲生活的本質，一種實存之道，亦即人在道德上應求其實現的人之本質」[18]。在這個意義上，對馬克思而言，「自由不只是其倫理的德目，更是在實踐上尋求人的解放之動力」，「自由意謂自主自決，意謂自我客體化（即對象化——引者注），涉及的爲自我實現」。進而言之，「自由不只是道德的概念，更具有實存的、本體論的意味」，它「既不是空洞的理論，也不是盲目的行動，而是理論與實踐的合一」[19]。正是因爲「實存的、本體論的」自由涉及行爲主體的「自我實現」與自由得以實現的實然條件，即「發展人的性向與性格特質」，馬克思才不會擔心別人指責他在進行空洞的道德說教，「也因此他的倫理立場並不與他的客觀分析相衝突」[20]。可見，洪先生透過對馬克思語境下「自由」內涵的實存的、本體論理解，實現了德性倫理與歷史唯物論的相互融通。洪先生所做的這項「融通」馬克思的德性倫理與歷史唯物論的工作，倘若放到整個華語世界來看，無疑具有重要的學術價值和理論意義。我做出此種論斷的依據在於，近年來大陸學界圍繞著馬克思的正義理論與唯物史觀的關係所展開的爭論[21]，實際上完全

---

18 洪鎌德：《個人與社會——馬克思人性論與社群觀的析評》，臺北：五南圖書出版股份有限公司，2014 年，第 159 頁。

19 洪鎌德：《個人與社會——馬克思人性論與社群觀的析評》，臺北：五南圖書出版股份有限公司，2014 年，第 162 頁。

20 洪鎌德：《個人與社會——馬克思人性論與社群觀的析評》，臺北：五南圖書出版股份有限公司，2014 年，第 162 頁。

21 關於大陸學界圍繞馬克思的正義理論與唯物史觀的關係所展開的爭論，可參見段忠橋：〈歷史唯物主義與馬克思的正義觀念〉，《哲學研究》（北京），第 7 期，2015 年；〈歷史唯物主義是在「政治哲學思想運演中推出來」的嗎？〉，《中國人民大學學報》（北京），第 1 期，2017 年；〈再談「歷史唯物主義與正義的觀念」〉，《馬克思主義與現實》（北京），第 6 期，2017 年；〈政治哲學、馬克思政治哲學與唯物史觀——與吳曉明教授商榷〉，《社會科學輯刊》（瀋陽），第 4 期，2020 年；〈唯物史觀是政治哲學嗎——與王新生教授商榷〉，《中國社會科學評價》（北京），第 3 期，2021 年；馬擁軍：〈歷史唯物主義的實證性質與馬克思的正義觀念〉，《哲學研究》（北京），第 6 期，2017 年；李佃來：〈論歷史唯物主義與政治哲學的內容會通〉，《中國人民大學學報》（北京），第 1 期，2015 年；〈再論歷史唯物主義與政治哲學的關係——回應段忠橋教授的「質疑」〉，《中國人民大學學報》（北京），第 1 期，2017 年。

可以置放於洪先生的上述努力中得到較為合理的解決。當然，這裡面亦涉及對馬克思唯物史觀具體理解的恰當性問題，而洪先生在論及馬克思的道德和倫理學說時對此討論的尚不充分。不過，這並不影響下文對馬克思的道德和倫理學說之具體內容與理論特質的闡釋。

　　與西方學者否認馬克思基於道德和倫理原則批評資本主義，以及或者主張馬克思持有超歷史的道德和倫理立場不同，洪鎌德先生一方面注意到了馬克思道德觀上的歷史化和語境主義的特徵，另一方面企圖在與其他哲學家道德觀比較的基礎上，對馬克思獨特道德觀的具體內容進行凝鍊化的歸納和概括。他認為，從《手稿》到《資本論》，「無論馬克思的方法論是人類學批判、內在批判或對政治經濟學範疇的批判，馬克思的立場是奠基在從道德觀點來批判資本主義社會。這種道德觀是建立在康德和黑格爾思想之上的，並由此與古希臘和基督教傳統有所聯繫」[22]。「馬克思避免使用當代道德哲學家所慣用的詞彙，不僅是由於他認為這些道德語言既無效果，又是虛幻不實，也是由於他所關懷的事項與他們大異其趣。普通道德家勸人不偷、不搶、不淫，但卻沒有想到當代的勞動群眾早已轉變成商品，成為偷、搶、淫的犧牲品，這也是馬克思何以抨擊商品拜物教的主因」。總之，洪先生主張，「馬克思認為應該在倫理規則之外尋找造成這些規則的現實，這些現實構成了人們每日實際的生活。道德要求我們怎樣生活，但現實卻讓我們過著完全不同的生活。……傳統的道德，義務的倫理，都與現實生活脫節，這是造成馬克思痛批道德與倫理的因由。馬克思不追求同現實脫離的道德，而是追求能夠真實反映我們日常生活，把現實生活於道德關懷加以統一的倫理觀。因之，馬克思的道德觀表面上顯示贊成道德與反對道德的矛盾，但這種矛盾卻是相容而且可以化解的。另一方面馬克思的道德觀較之一般哲學家的道德觀要開闊得多、廣包得多。馬克思不輕言義務的倫理，卻重視德性的倫理，這點可以批駁很多人否認他有道德觀、倫理觀的說法」[23]。

22　洪鎌德：《個人與社會——馬克思人性論與社群觀的析評》，臺北：五南圖書出版股份有限公司，2014 年，第 172 頁。

23　洪鎌德：《個人與社會——馬克思人性論與社群觀的析評》，臺北：五南圖書出版股份有限公司，2014 年，第 174 頁。

洪鎌德著《西方馬克思主義的興衰》，揚智文化，2010

　　洪先生在整合當代英美馬克思主義的相關思想資源的基礎上[24]，把馬克思的道德—倫理觀的具體內容概括為三個方面，即「解放的倫理觀」、「社會的倫理觀」和「自我實現的倫理觀」。當然，這並非說馬克思有三種完全不同的倫理觀，而只是代表其同一種倫理觀的三種差異化的面向。並且，這三種面向是彼此相互關聯的。

　　首先，依據盧卡斯的相關研究成果可知，馬克思實際上批評與否定的是「作為法權的道德」，而主張「作為解放的道德」。其之所以批評與否定「作為法權的道德」，一方面是因為法權內在包含的「意識形態性」[25]，以及由此衍生出的虛假的普遍性和永恆性外觀。資產階級法權家自認為能夠為界定「公平」、「正義」、「權利」與「義務」等概念提供客觀的原則，並認為其提供的「原則」超越了地域和時間限制，具有普遍的適用性。但「事實上剛好相反，這些原則就在掩蓋法權原則之社會功能，目的在保護已存在的秩序所形成的社會關係」。進而言之，「法權的原則既不能理解為一組客觀的規範、一組

24　洪先生主要是借鑑和整合了盧卡斯（Steven Lukes）、布倫凱特（George G.
　　Brenkert）、塔克爾（Robert C. Tucker）和伍德（Allen W. Wood）等人的相關論述。
25　洪鎌德：《個人與社會——馬克思人性論與社群觀的析評》，臺北：五南圖書出版股
　　份有限公司，2014 年，第 178 頁。

獨立的評定社會關係的理性標準，也非黑格爾所說的把主觀與客觀自由統合，或維持社會關係的理性方法，而是法權本身必須解釋爲從物質條件中衍生出來的事物」。因此，在馬克思看來，「法權的所有主張都是表面的、虛幻的，它是徹頭徹尾爲布爾喬亞利益服務的意識形態」[26]。另一方面是因爲法權本質上是統治階級的意識形態，它旨在爲統治階級的階級利益和權力合法性辯護，但它實現此種目的的方式往往表現爲「合理的仲裁者」的形象，「法權提供給爭執的雙方（敵對階級）解決衝突的妥協辦法，從而使階級鬥爭延緩」。就此而言，馬克思把作爲法權的道德把握爲麻痺群眾階級鬥爭意識與力量之「鴉片」[27]。而「作爲解放的道德」剛好與其相反。它既超越了資產階級法權的狹隘眼界（自私自利的權利），又旨在於人類自由聯合中「使個人得以自我實現（self-realization）」[28]。

　　洪先生認爲，倘若整合盧卡斯與布倫凱特的看法，我們將會發現，馬克思在道德和倫理問題上表現出的「矛盾」或「弔詭性」，實際上是可以辯證地化解的。因爲，盧卡斯所說的「作爲法權的道德」正蘊含著布倫凱特所談的「義務的倫理」，同時「作爲解放的道德」所要實現的正是後者所謂的「德性的倫理」。總之，馬克思拒斥的是「作爲法權的道德」或「義務的倫理」，而贊成「作爲解放的道德」或「德性的倫理」。可見，儘管西方部分學者主張馬克思道德觀與倫理學說表面上存在矛盾現象，但實質上兩者並無矛盾；就本質而言，馬克思只是批評特定的道德和倫理樣式，而不是批評和否定一切道德和倫理學說。換言之，馬克思所追求的是「德性的倫理」與「解放的道德」學說，而非「義務的倫理」與「法權的道德」，從而西方學者所說的馬克思道德和倫理學說之表面的矛盾能夠加以清楚地化解；上述「法權的道德」與「解放的道德」之對立，「義務的倫理」與「德性的倫理」之矛盾，都可以憑藉對辯證法的熟練掌握與運用予以化解。總之，西方學者所說的馬克思的道德和倫理學說存在「矛盾」之觀點並不成立，他們不過是把作爲假象的「矛盾」當成了眞

26　洪鎌德：《個人與社會——馬克思人性論與社群觀的析評》，臺北：五南圖書出版股份有限公司，2014 年，第 177 頁。

27　洪鎌德：《個人與社會——馬克思人性論與社群觀的析評》，臺北：五南圖書出版股份有限公司，2014 年，第 179 頁。

28　洪鎌德：《個人與社會——馬克思人性論與社群觀的析評》，臺北：五南圖書出版股份有限公司，2014 年，第 177 頁。

實[29]。他們之所以誤讀與誤解馬克思的道德和倫理學說，主要是因為沒能理解馬克思在道德和倫理觀上的辯證立場。

其次，與先前道德哲學家主要致力於獲得普遍的道德公理、準則和原理不同，「馬克思關注的是社會倫理（*Sittlichkeit*）而非道德（*Moralität*）的轉變，亦即他只注意在歷史上和哲學上的精神現象學和法哲學原理的發展」[30]。基於歷史唯物主義視野，馬克思認為道德觀念與倫理規範深植於整個社會生活過程，它們都是語境化和歷史性的存在，並為特定的階級利益服務。因此，在階級社會中，道德一定是「階級道德」，而所有的階級道德都是異化的一種形式。討論道德問題，不能與此種道德得以立存的特定歷史和社會結構分開。正因為如此，馬克思很少關注個人的反思、意向、選擇和自由意志。相反地，「他更關注社會制度是否扭曲和壓抑了人的種類（族類）本性？是否妨礙人類的自我實現的發展？因之他的道德哲學變成了對妨礙和限制真正道德行動可能性的社會制度之批判」[31]。馬克思社會倫理觀的本體基礎是將人看作社會性存在。基於此，他對資本主義的批判集中在它「摧毀了人的社會存在，摧毀了倫理共同體」。早年他強調人的社會存在根源於人在本性上是群居的「政治性的動物」，即其「共同體的本質」；晚年在《資本論》中，他通過檢討資本主義的內在矛盾，認定「這種內在矛盾使得奠基於理性的和倫理的原理之上的共同體變成不可能」[32]。總之，馬克思把道德問題轉變為權力、階級和經濟的問題，也同時轉變成政治經濟學批判和工人的社會實踐及革命的問題。其目的在於建構一個消滅了異化和剝削並能夠實現每個人的自由全面發展的共同體。

再次，馬克思道德和倫理觀中最顯著的特徵無疑是突出人的自我實現的重要性。在這個意義上，洪先生認為可以把馬克思的倫理觀稱為「自我實現的倫理觀」。但對於「自我實現」，馬克思本人從來沒有進行過集中闡釋，儘管在

---

[29] 洪鎌德：《個人與社會——馬克思人性論與社群觀的析評》，臺北：五南圖書出版股份有限公司，2014年，第179頁。

[30] 洪鎌德：《個人與社會——馬克思人性論與社群觀的析評》，臺北：五南圖書出版股份有限公司，2014年，第181頁。

[31] 洪鎌德：《個人與社會——馬克思人性論與社群觀的析評》，臺北：五南圖書出版股份有限公司，2014年，第181頁。

[32] 洪鎌德：《個人與社會——馬克思人性論與社群觀的析評》，臺北：五南圖書出版股份有限公司，2014年，第182頁。

《手稿》中他曾經明確使用過這一概念[33]。在洪先生看來，結合《手稿》、《德意志意識形態》和《資本論》的相關論述可知，所謂「自我實現」，實際上就是指每個人能夠「實現自己的個性」或「使自己的個性得以實現」[34]，也就是「實現每個人的自由全面發展」。「實現自己的個性」實質上是人的個性對象化和現實化的過程，因此，它既需要藉助對象性的實踐活動作爲仲介，又需要有這種「實現」得以展開所需要的相應環境與場域。在這個意義上，要理解和把握「自我實現」必然涉及馬克思倫理觀中的本體論承諾和存在論變革。關於前者，馬克思很早就說過「人是類存在物」[35]、「個體是**社會存在物**」，因此，「首先應當避免重新把『社會』當作抽象的東西同個體對立起來」[36]。換言之，馬克思否認人性或人的本質是一種內斂的或非對象化的存在，認爲其只有在共同體中並通過對象化的方式才有可能眞正得以展現。關於後者，馬克思特別強調共同體構成了個人得以現世生存的存在論基礎，「只有在共同體中，個人才能獲得全面發展其才能的手段，也就是說，只有在共同體中才可能有個人自由。在過去的種種冒充的共同體中，如在國家等等中，個人自由只是對那些在統治階級範圍內發展的個人來說是存在的，他們之所以有個人自由，只是因爲他們是這一階級的個人。從前各個人聯合而成的虛假的共同體，總是相對於各個人而獨立的；由於這種共同體是一個階級反對另一個階級的聯合，因此對於被統治的階級來說，它不僅是完全虛幻的共同體，而且是新的桎梏。在眞正的共同體的條件下，各個人在自己的聯合中並通過這種聯合獲得自己的自由」[37]。

　　與共同體的這種社會化取向相比，資本主義的個人主義本位有兩項特徵，即相互冷漠與自私自利。這根源於資本的逐利本性與私有財產制度。展開來

---

[33]《馬克思恩格斯全集》第 3 卷，北京：人民出版社，2002 年第 2 版，第 316 頁。

[34]《德意志意識形態》中，馬克思、恩格斯說：「而無產者，爲了實現自己的個性，就應當消滅他們迄今面臨的生存條件，消滅這個同時也是整個迄今爲止的社會的生存條件，即消滅勞動。因此，他們也就同社會的各個人迄今藉以表現爲一個整體的那種形式即同國家處於直接的對立中，他們應當推翻國家，使自己的個性得以實現」。參見《馬克思恩格斯選集》第 1 卷，北京：人民出版社，2012 年第 3 版，第 201 頁。此外，馬克思在《手稿》中還曾使用過「人的現實的實現」這一概念。參見《馬克思恩格斯全集》第 3 卷，北京：人民出版社，2002 年第 2 版，第 303 頁。

[35]《馬克思恩格斯全集》第 3 卷，北京：人民出版社，2002 年第 2 版，第 272 頁。

[36]《馬克思恩格斯全集》第 3 卷，北京：人民出版社，2002 年第 2 版，第 302 頁。

[37]《馬克思恩格斯全集》第 3 卷，北京：人民出版社，2002 年第 2 版，第 199 頁。

說，在以私有財產爲基礎的社會中，由於受各自利益趨向的驅使，個人越發公開地把他人看作異己存在和對自己的潛在限制，而不是看作實現其自身利益的可能援助。「這種個人自由和對這種自由的應用構成了市民社會的基礎，這種自由使每個人不是把他人看作自己自由的實現，而是看作自己自由的限制」[38]。換言之，在資本主義社會中，受資本自身增值最大化邏輯的支配，使得作爲資本人格化的個人和階級，在自身實踐活動展開過程中「爲了某種純粹外在的目的而犧牲自己的目的本身」[39]。個人成了資本的客體和實現利潤增值的工具。從而，個人的這種實踐活動，不僅沒有「成爲自我實現的潛在途徑」，反而成了障礙，即自我實現的異化形式[40]。但共產主義下的個人則完全不同，由於財產的社會所有以及資本作爲社會運作機制的被廢除，不僅使得「每個人對他人的利益倍感興趣，不再私自地追求自己的目標而不管別人」，而且「一個人的活動將是他人的證實或客觀化」[41]。埃爾斯特因此認爲「通過創造性勞動來達到自我實現是馬克思共產主義的本質」，並且「這是馬克思思想中最有價值和意義最持久的部分」[42]。總之，洪鎌德認爲：「馬克思並非把人的社會性、社會存有、種類本質等等概念，拿來與人的自我實現之理念相互對立，甚至相互對抗。剛好相反，只有在共同體當中，個人的自我實現才有可能，也只有當個人可以實踐其潛能，人的社會存有才能顯示其眞義。共同體是實現人的社會性之場所」。並且，「由於馬克思統合個體與群體的意思不只是和諧，更是社會性，因此他展現了一種比普通所設想的還要豐富的自我實現觀，而且也使得共產主義可以是一和諧而無衝突的社會這一信念更有意義。在這種理解下，不妨把馬克思的道德觀，視爲人自我實的倫理觀」[43]。

---

38 《馬克思恩格斯全集》第 3 卷，北京：人民出版社，2002 年第 2 版，第 184 頁。
39 《馬克思恩格斯全集》第 46 卷上，北京：人民出版社，1979 年第 1 版，第 486 頁。
40 Elster, J., "Self-realisation in work and politics: the Marxist conception of the good life," in Jon Elster, Karl O. Moene, *Alternatives to Capitalism*, Cambridge University Press, 1989, p. 133.
41 洪鎌德：《個人與社會——馬克思人性論與社群觀的析評》，臺北：五南圖書出版股份有限公司，2014 年，第 187 頁。
42 Elster, J., "Self-realisation in work and politics: the Marxist conception of the good life," in Jon Elster, Karl O. Moene, *Alternatives to Capitalism*, Cambridge University Press, 1989.
43 洪鎌德：《個人與社會——馬克思人性論與社群觀的析評》，臺北：五南圖書出版股份有限公司，2014 年，第 188 頁。

第三節　青年馬克思正義理論的詮釋

　　在英美「分析的馬克思主義」者有關馬克思道德和倫理學說的爭論中，正義，尤其是分配正義問題占有特殊的位置。追究其具體原因，無外乎兩個方面，其一，從理論方面來說，馬克思向來以對資本主義的徹底批判著稱，但他用來批判資本主義的標準問題長期以來並未引起人們的充分重視，而 1971 年羅爾斯《正義論》的首次出版所產生的理論轟動效應無疑波及到了馬克思主義研究領域，西方部分學者於是藉助羅爾斯《正義論》中的相關思想資源，探討馬克思與正義的關係問題。其二，從現實實踐方面來說，1960 年代之後，西方福利社會的發展雖然一定意義上緩解了馬克思所說的階級對立狀態，但窮人與富人的差距不是越縮越小而是越拉越大，相關社會資源配置不公現象越發明顯。而馬克思對資本主義剝削現象和剩餘價值產生機制的討論，能夠為學者們分析當時西方社會貧富分化拉大與資源配置不公狀況提供理論上的參考和借鑑。與西方學者相應，洪鎌德先生亦較早地參與了馬克思與正義關係問題的討論。他對上述這種「討論」的參與，既是對西方學者有關馬克思與正義關係之看法的述評，又是對其本人理解該問題所持觀點的具體闡釋。

　　早在 1980 年發表的〈青年馬克思倫理思想的批判〉[44] 一文以及 1983 年出版的《馬克思與社會學》與 1986 年出版的《傳統與反叛》兩書中，洪先生對馬克思思想中的正義論題就有所論及[45]。不過，相對比較集中的闡釋，則係其 1990 年與 1991 年在大陸學術期刊《現代哲學》與《北京大學學報》（哲學社會科學版）上發表的兩篇馬克思主義類學術論文，其題名分別為〈馬克思正義觀和倫理思想的新近詮釋——兼評《馬克思、正義和歷史》〉和〈馬克思正義觀析評〉[46]。筆者在大陸收入學術論文最全的檢索系統「中國知網」（CNKI）

---

[44] 洪鎌德：〈青年馬克思倫理思想的批判〉，《中華雜誌》，第 18 卷第 12 期，1980 年 12 月。

[45] 洪鎌德：《馬克思與社會學》，臺北：遠景出版事業有限公司，1983 年，第五章「馬克思批判性社會學說——人性論」；《傳統與反叛——青年馬克思思想的探索》，臺北：臺灣商務印書館，1986 年，第三章「青年馬克思的倫理思想」。

[46] 洪鎌德：〈馬克思正義觀和倫理思想的新近詮釋——兼評《馬克思、正義和歷史》〉，《現代哲學》（廣州），第 4 期，1990 年；〈馬克思正義觀析評〉，《北京大學學報》

洪鎌德著《當代政治經濟學》，揚智文化，1999

中，透過輸入篇名關鍵字與主題關鍵字「馬克思—正義」，所檢索到的資訊都
顯示，洪先生的這兩篇論文是截至目前在大陸學界最早直接論及「馬克思與正
義」之關係論題的文章。我們知道，大陸馬克思主義學界廣泛關注馬克思政治
哲學尤其是其中的道德和正義問題，是進入 21 世紀之後尤其是最近 10 年左右
的事情。因此，可以說在華語世界洪先生對這一話題的關注，足足早於大陸學
者將近 20 年光景。有人可能對此質疑說，洪先生的上述兩篇論文即使是在大
陸所公開發表的最早論及「馬克思與正義」論題者，那也不能說明什麼，尤其
不能說明大陸學界後來對「馬克思與正義」之關係話題的探討和研究，是受洪
先生這兩篇文章的影響和推動。這種質疑，在一定意義上的確成立。因為，21
世紀以來大陸學界對「馬克思與正義」和「馬克思與道德」等政治哲學話題的
關注，除了受相關學術或理論思潮的影響之外，還有更深層次的社會現實力量

（哲學社會科學版）（北京），第 1 期，1991 年。其中，〈馬克思正義觀析評〉一文
後被收入戴華、鄭曉時主編的《正義及其相關問題》（臺北：中央研究院中山人文社
會科學研究所，1991 年 10 月）以及洪先生的《人的解放──21 世紀馬克思學說新探》
（臺北：揚智文化，2000 年）與《個人與社會──馬克思人性論與社群觀的析評》（臺
北：五南圖書出版股份有限公司，2014 年）等書中。儘管後幾書中的相關表述可能略
有不同，但主體內容基本上保持一致。因此，下文對洪先生有關馬克思正義觀研究的
論述，主要依據其發表在《北京大學學報》上的〈馬克思正義觀析評〉一文。

所推動。那就是自 1978 年大陸改革開放，尤其是 1992 年市場經濟體制改革至今，大陸藉助引入並大力發展資本與市場的因素，在激發和釋放廣大人民群眾生產積極性以及積累巨大物質財富的同時，也帶來了一系列嚴重的社會問題，社會貧富分化不均正是其中之一。特別是近 30 年，大陸在立足自身既有優勢和積極吸收西方先進文明成果基礎上，以「跑步進入現代化」的速度，成功實現了快速工業化，並在 GDP 總量上實現了對西方主要發達國家（美國除外）的趕超。但恰恰也是在這 30 年中，社會貧富分化達到了史無前例之程度[47]。大陸馬克思主義學界對「馬克思與正義」和「馬克思與道德」等政治哲學話題的關注與研究，很大程度上正是以理論的形式對上述這種社會貧富分化不均狀況的反映和介入。不過，若說大陸學界對「馬克思與正義」和「馬克思與道德」等相關問題的研究，與洪鎌德所公開發表的上述兩文沒有任何關係，那將是大錯特錯了！撇開其他關聯不談，僅就洪先生上述兩文被相關學者的超高引用率[48] 來說，便能夠看出其對大陸學界的重要影響。

　　就論述的具體內容而言，洪先生的上述兩文都是以積極介入自 1970 年代以來西方學界（尤其是英美「分析的馬克思主義」）圍繞著「馬克思與正義」和「馬克思與道德」關係之爭的形式展開的。其中，在〈馬克思正義觀和倫理思想的新近詮釋──兼評《馬克思、正義和歷史》〉一文中，洪先生在梳理英美學界關於馬克思與正義關係之爭興起的社會背景基礎上，對 1980 年普林斯頓大學出版社結集出版的《馬克思、正義和歷史》（*Marx, Justice and History*）[49] 一書的主要內容進行了高度凝鍊性的概述。筆者要著重強調的是，

---

47 托瑪・皮凱提（Thomas Piketty）：〈論中國的不平等〉，《社會主義快來吧！》，陳郁雯譯，新北：衛城出版 / 遠足文化事業股份有限公司，2021 年，第 115-118 頁。皮凱提（洪先生根據法文發音改譯爲「皮克梯」）的研究表明，1995 至 2015 年間，中國大陸前 10% 的富人持有的私人財產占比從 41% 上升到 67%。「20 年間，中國大陸由低於瑞典的水準上升到接近美國的水準。這個現象反映不動產取得能力的明顯差距（幾乎所有不動產都在這段期間轉爲私人財產）以及部分企業的私有化過程，而取得這些企業的機會專屬於一小群人，取得條件更是黑幕重重」。

48 截至目前，筆者在「中國知網」系統中檢索發現，洪先生的〈馬克思正義觀析評〉一文共計被引用 56 次，而〈馬克思正義觀和倫理思想的新近詮釋──兼評《馬克思、正義和歷史》〉一文也被引用 20 次。

49 Thmas Scanlon/ T. Naget/ Marshall Cohen, *Marx, Justice and History*, Princeton University Press, 1980.

在該文中，洪先生的下列觀點值得引起我們的重視。其一是，與大陸學者通常把英美學界討論該問題的起點定位爲艾倫・伍德和胡薩米之間的論戰（1972年之後）不同，洪先生認爲重新「揭開」二戰後馬克思的倫理思想和正義觀念之爭「序幕」者並非伍德與胡薩米，而是羅伯特・塔克爾。因爲，早在其1969年出版的《馬克思的革命理念》一書的第二章中，塔克爾就已經明確「否認馬克思的學說建立在分配公平這一概念之上。他認爲馬克思譴責資本主義，使用了剝削論和剩餘價值學說，表面上似乎在痛斥資本主義的不公平和缺乏正義，事實上卻是指摘資本主義的生產方式，未能使工人發揮其才能，卻把人當作生產工具，或是受薪的奴隸看待。塔克爾進一步指出馬克思企圖建立的未來共產主義無階級、無剝削的社會，並不是建立在正義和公平的原則上之理想社會，原因是共產主義的社會不以分配的公平爲其目標，而是以改變生產方式爲其鵠的」[50]。而伍德對這一話題的最早介入[51]，無疑是對塔克爾的上述觀點的積極回應，二人的觀點具有高度的一致性，「他只是以分析馬克思著作的文字系絡，來彰顯塔克爾的主張」。與塔克爾相比，伍德同樣認爲，「馬克思之譴責資本主義，並非由於資本主義的不公，而是由於資本主義對人性的扭曲和不必要的奴役，也是由於在資本主義的制度下，人們必須承受經濟的不穩定和生產力下降的痛苦。儘管這些理由足供人們痛斥資本主義。但這些理由不是從道德訓誨裡抽取演繹的。再說由於馬克思認爲正義是生產方式的函數，衡量資本主義是否公平或符合正義，只有使用資本主義生產方式下爲一般大眾所接受的法律觀和道德觀作爲評估的尺度。既然馬克思聲稱在資本主義制度下，資本家和工人之間的買賣關係（工人出賣勞動力、資本家付出工資）是基於自願和同意，則他們之間的交易不失爲公平。況且馬克思所要推動和倡導的革命，並不是基於道德或正義的要求，而是生產方式改變之後，社會的政治制度和司法制度的調整而已」[52]。當然，後來由於伍德以更加積極的姿態直接公開地多次參與對這一話題的論戰，致使其在這一話題上的「出鏡率」和「曝光度」遠遠超過

---

[50] 洪鎌德：〈馬克思正義觀和倫理思想的新近詮釋──兼評《馬克思、正義和歷史》〉，《現代哲學》（廣州），第 4 期，1990 年。

[51] 1972 年伍德發表〈馬克思對正義的批評〉一文。參見 Allen W. Wood, "The Marxian Critique of Justice," *Philosophy and Public Affairs*, No. 3, Vol. 1, 1972。

[52] 洪鎌德：〈馬克思正義觀和倫理思想的新近詮釋──兼評《馬克思、正義和歷史》〉，《現代哲學》（廣州），第 4 期，1990 年。

塔克爾。從而，給大陸學者造成是伍德點燃了馬克思與正義關係之爭的錯覺。

其二是，與大陸學者論及該問題時多從思想理論的內部著手不同，洪鎌德先生既重視分析英美學界有關「馬克思與正義」和「馬克思與道德」論爭的問題意識和論證過程，又強調引起該論爭發生的社會現實背景。他借用《馬克思、正義和歷史》一書的編輯序言指出，「由於美國六十年代反越戰示威、種族爭執所造成的社會擾攘不安，因而刺激英美學院派的哲學家重新挑起興趣，企圖把道德哲學應用到當代社會問題的解決之上。同時一向被忽視的馬克思學說和馬克思主義激進的想法，也開始進侵英美以分析哲學和實用主義為時髦的哲學家腦中。在這種情況下，七十年初期由普林斯頓大學出版社出版的《哲學與公共事務》季刊，遂搭起溝通當代道德分析與馬克思主義的社會理論學派之間的橋梁，為馬克思的倫理觀和歷史學說重加詮釋發揮」[53]。從馬克思主義視角看，洪先生的這種分析無疑更切合唯物史觀的方法和精神。儘管人們經常強調思想與理論的相對獨立性，認為「凱撒的歸凱撒，上帝的歸上帝」，思想的事情應該從思想自身找原因和根據，但依據唯物史觀的主張，只在思想內部尋找解決思想自身問題的嘗試，無疑還陷在觀念論（唯心主義）中，思想的事情從來都不能完全在思想內部得到充分揭示和解決。詮釋一種思想或理論，必須深入挖掘這種思想或理論得以產生的社會現實根據；揚棄一種思想或理論，必須揚棄此種思想或理論得以存在的現實基礎。在這個意義上可以說，大陸學者主要基於思想理論內部去探討英美學界有關「馬克思與正義」和「馬克思與道德」的論爭，是存在問題的。儘管他們可能把此種探討延伸到對當前大陸現實社會狀況的分析上，但由於沒有充分重視英美學界探討該問題的具體社會語境，以及這種社會語境與當代大陸狀況的不同，因此，大陸學者對該問題的探討實際上與英美學者的問題關切存在一定的錯位。這種「錯位」，使得大陸學界近年來有關「馬克思與正義」和「馬克思與道德」的研究表面上看，貌似在積極地回應西方學者的相關主張，實際上不過是不在一個平臺上的自說自話和自言自語。由此出發，我們能夠理解洪鎌德先生強調應重視英美學界引發上述之爭的社會現實背景的重要性。

如果說，〈馬克思正義觀和倫理思想的新近詮釋——兼評《馬克思、正義和歷史》〉一文尚只是梳理與介紹英美學界圍繞著「馬克思與正義的關係」之

---

53 洪鎌德：〈馬克思正義觀和倫理思想的新近詮釋——兼評《馬克思、正義和歷史》〉，《現代哲學》（廣州），第 4 期，1990 年。

論爭所形成的主要觀點，那麼，在次年發表於《北京大學學報》上的〈馬克思正義觀析評〉一文中，洪鎌德則在借鑑西方相關學術思想資源基礎上，系統地闡發了其本人對該問題的具體理解和看法[54]。洪先生首先表明，馬克思顯然不是一位純粹的或傳統意義上的倫理學家，因爲「他對作爲倫理核心的正義問題並沒有系統性的論述和闡發。他不談正義則已，一旦提到正義這一概念時，總離不開嘲諷（Spott）或批判（Kritik）」[55]。在這個意義上，倒是可以說馬克思是倫理批評家而非倫理學家。而包括正義和法權在內的倫理議題之所以成爲他批評的對象，其原因無外乎有三：一、倫理學相關議題本質上從屬於意識形態，而意識形態被其認定爲「虛假的意識」，即對事情眞實狀況的遮蔽和掩蓋，因此，爲認識和把握事情的眞實狀況，應批評正義和法權在內的全部意識形態；二、在資本主義社會中，包括正義和法權在內的倫理學實質上是資產階級用來鞏固其統治地位的工具，其虛僞性和欺瞞性正是馬克思所要揭發和暴露的；三、正義和法權是德意志哲學，特別是黑格爾法哲學的重要構成部件，而他對黑格爾法哲學觀念論之實質的批判，必然波及對包括正義和法權在內的倫理學的批評[56]。不過，我們不能因爲馬克思批評正義和法權就否認馬克思有自己的正義─倫理思想，正像洪先生所說：「儘管馬克思不曾詳盡闡述正義及其相關的問題，我們仍可以從它與其終身革命夥伴的恩格斯的浩瀚著作中，擷取他對正義、平等、公道的一些看法」[57]。

---

[54] 鑑於〈馬克思正義觀析評〉一文中的觀點後來被洪先生整合進《個人與社會──馬克思人性論與社群觀的析評》一書第十章內容中，而後者相比於前者要豐富和完善，筆者下文的論述將綜合上述兩個文本的內容。

[55] 洪鎌德：〈馬克思正義觀析評〉，《北京大學學報》（哲學社會科學版）（北京），第 1 期，1991 年。

[56] 洪鎌德：〈馬克思正義觀析評〉，《北京大學學報》（哲學社會科學版）（北京），第 1 期，1991 年；以及《個人與社會──馬克思人性論與社群觀的析評》，臺北：五南圖書出版股份有限公司，2014 年，第 203 頁。

[57] 洪鎌德：〈馬克思正義觀析評〉，《北京大學學報》（哲學社會科學版）（北京），第 1 期，1991 年；以及《個人與社會──馬克思人性論與社群觀的析評》，臺北：五南圖書出版股份有限公司，2014 年，第 203 頁。

洪鎌德著《跨世紀的馬克思主義》，月旦出版，1996

　　在對馬克思有關正義觀點之內容的理解上，洪先生的創新之處在於，他整合既往西方學者依據道德和法律的視角考察正義以及自己對此問題的理解，明確提出應當「以三種角度來看正義的問題」之主張，或從「三個層次」即以道德的、法律的和科學的眼光來探討正義 [58]。之所以要特別強調以「科學的視角」探討正義，是因為「討論公平、正義、平等之類的問題，不是憑空杜撰的玄想，而是落實到具體社會的分析和評估。現存社會為資本主義社會，資本主義社會的特徵為資本家對剩餘價值的占取」[59]。這一點亦把馬克思與各種空想社會主義者區分開來。以這種唯物主義科學觀考察正義問題，馬克思理所當然認為正義的理念只是對一個時代的社會經濟形式的反映，它受制於一定的生產方式。而每個時代的社會經濟形式和生產方式的差別，必然促使馬克思持有「相對的」正義觀念。然則在作為其終極理想的共產主義社會中，正義又被其視為最終的和不變的，由此來看，馬克思又持有「絕對的」正義觀念。洪先生甚至

---

[58] 洪鎌德：〈論馬克思正義觀的三個層次〉，《中國論壇》，第 9 期，1990 年；〈馬克思正義觀析評〉，《北京大學學報》（哲學社會科學版）（北京），第 1 期，1991 年；以及《個人與社會——馬克思人性論與社群觀的析評》，臺北：五南圖書出版股份有限公司，2014 年，第 204-210 頁。

[59] 洪鎌德：〈馬克思正義觀析評〉，《北京大學學報》（哲學社會科學版）（北京），第 1 期，1991 年。

把馬克思正義觀念上所呈現出來的在「相對的」和「絕對的」立場之間的這種搖擺現象，理解爲馬克思整個道德學說中的一種內在緊張或矛盾關係[60]：基於「相對的」正義觀念，馬克思否認正義是普遍的與永恆的；而基於「絕對的」正義觀念，馬克思又主張正義是普遍的和絕對的。馬克思這種看似矛盾的主張，贊成者可能會說這正是馬克思正義觀所持辯證立場的典型體現，反對者亦可以說這並非什麼辯證立場，而是其此一思想內在矛盾的外在症狀。洪先生無疑是後一種立場持有者的代表。但我認爲，除了上述「贊成的」和「反對的」兩種理解方式之外，或許還有其他的詮釋可能。最近幾年，以南開大學的王新生教授爲代表的部分大陸學者，提出了從「低階正義」與「高階正義」的區分視角去把握和解釋馬克思正義觀的「緊張關係」[61]。我覺得這是一種有益的嘗試。根據這種觀點，馬克思認爲共產主義社會之前的正義觀念，總體上從屬於統治階級的意識形態範疇，是統治階級法權的體現，其背後隱含著有產者對無產者的權力支配和統治關係，是批評的對象，屬於「低階正義」。而馬克思所設想的共產主義社會中的「正義」，伴隨著生產資料私有制被積極地揚棄，本質上已經擺脫了原來階級社會中階級對立的二分範式，亦揚棄了有產者對無產者的權力支配和統治關係，從而成爲每個人自由個性與各種內在潛能之自我實

---

60 洪先生的原文表述是：「此即重視人格、尊重人權、視人格爲神聖不可侵犯（源自康德的學說）的主張卯上道德爲權力的護符、爲統治階級正當化、爲階級服務的另一主張。設使馬克思要效法康德推崇人的價值和尊嚴，則不能不倡說權利（自由權、平等權、信仰權、生存權等等）。但另一方面馬克思又視權利、正義隨生產方式和階級利益的不同而發生變化，因而不承認有放諸四海而皆準、俟諸百世而不惑的權利、或正義之存在。其結果也否定道德的普遍性和永恆性。忽視道德、正義對社會制度和人群共同體具有正面的、積極的作用。特別是道德和正義的要求常是促成被統治者、被壓迫者、不擁有生產資料者奮不顧身起來反抗統治者、壓迫者、擁有生產資料者的最大動機。馬克思一面強調向工人灌輸和啓發革命意識的重要，另一面卻排斥正義、道德作爲革命的鼓舞力量或精神淵源，這正顯示其學說中的矛盾。」參見洪鎌德：〈馬克思正義觀析評〉，《北京大學學報》（哲學社會科學版）（北京），第 1 期，1991年；以及《個人與社會——馬克思人性論與社群觀的析評》，臺北：五南圖書出版股份有限公司，2014 年，第 230 頁。

61 王新生：〈馬克思正義理論的四重辯護〉，《中國社會科學》（北京），第 4 期，2014 年；蔣志紅、黃其洪：〈論馬克思高階正義的實現路徑及其限度〉，《教學與研究》（北京），第 5 期，2015 年。

現的象徵，屬於「高階正義」。馬克思批評資本主義社會中資本家對工人的剝削、非人道和不正義，並非只是基於生產方式之上的事實描述，亦有相應的價值判準和規範性基礎作爲支撐。只不過，具體到正義來說，其心目中的價值判準或正義標準，不是「低階正義」而是「高階正義」。這種「高階正義」主要不再是道德—倫理意義上的，而是具有生存論和存在論的意涵。換言之，此種意義上的「正義」，意味著每個人的自由個性和各種能力的成全或自我實現。至於這種依據「低階正義」與「高階正義」的區分去解釋馬克思正義觀之路徑的合理性以及是否具有充足的文本依據，我們當然可以進一步探討和分析。但這至少表明，對此問題的理解我們未必一定要在上述貌似對立的「辯證立場」與「內在矛盾」之間選取其一。

　　實際上，洪先生在其對馬克思倫理觀的析評中，已經觸及了共產主義的「高階道德」與布爾喬亞的「低階道德」問題，只是他並沒有使用這樣的稱謂，他所使用的範疇是馬克思共產主義的「新道德觀」[62]、「高道德標準」[63]和「眞正人的道德」[64]，以與「傳統道德觀」、「低道德標準」和「非人的道德」相對比。洪先生甚至斷定，馬克思在《哥達綱領批判》中的相關話語「隱含了更高的正義原理」[65]。按照我的理解，洪先生所使用的「新道德觀」、「高道德標準」、「眞正人的道德」和「更高的正義原理」之說法，都已經表明他對包括正義在內的道德範疇之高低階次問題有了一定自覺。正因爲如此，他才能在觀點上批判西方學者有關馬克思前後期倫理觀的不連貫性或斷裂說，並主張頂多可以說馬克思前後期倫理學說有側重點上的差別，但無根本性質上的不連貫和斷裂之現象存在。不過，洪先生在論及馬克思正義觀時又強調馬克思倫理思想的「內在緊張」或「矛盾」這一點，表明他對此問題的看法前後並不完全一致。這很可能是因爲，他對馬克思所談論的共產主義「高階道德」與「高階正義」在存

62　洪鎌德：《個人與社會──馬克思人性論與社群觀的析評》，臺北：五南圖書出版股份有限公司，2014 年，第 189 頁。

63　洪鎌德：《個人與社會──馬克思人性論與社群觀的析評》，臺北：五南圖書出版股份有限公司，2014 年，第 195 頁。

64　洪鎌德：《個人與社會──馬克思人性論與社群觀的析評》，臺北：五南圖書出版股份有限公司，2014 年，第 191 頁。

65　洪鎌德：《個人與社會──馬克思人性論與社群觀的析評》，臺北：五南圖書出版股份有限公司，2014 年，第 197 頁。

在論（Ontology，存有論、本體論）上的定位，認識得並不充分。

我們再回到洪先生對馬克思正義觀的闡釋這一主題。基於以「道德的」、「法律的」和「科學的」「三種角度來看正義的問題」之主張，洪先生把馬克思對正義的看法總體上把握爲：「首先，他從倫理道德角度，把正義當做（作）去惡求善的道德規範來看待。不過道德是階級的道德，反映了特定社會的經濟活動，沒有永恆的正義或自然的正義可言。其次，他把正義看成法律的概念，與特定社會之政制和法制有關，特別是把它看成該社會法律關係的準繩，是社會生產關係之法律表述，它不是人際利益衝突的權利平衡。最後，馬克思強調用科學方法來分析個別的、具體的社會，把社會分解爲下層建築的經濟基礎和上層建築的意識形態，去了解正義作爲意識形態的一部分。正義是受生產方式，尤其是生產關係所規定的。它不是社會實在眞實的反映，而是其扭曲和錯誤的想像（*falsche vorstellung*）」[66]。

由上述探討正義的「三維視角」出發，洪先生在介入西方學者正義問題探討的過程，既不滿意伍德只是把正義看作生產方式的一個函數，又不滿意胡薩米的修補性方案，即認爲馬克思的正義觀實則受到生產方式和階級利益兩個因素所制約。他認爲，馬克思的正義觀除了伍德和胡薩米所論及的「生產方式」和「階級利益」兩個因素之外，「尚應加入第三個因素」或「第三個層次」，即「人的本質或人的本性」，且主張只有如此「才能了解馬克思正義觀的全貌」。從「人的本質或人的本性」的角度看，「公道對馬克思而言，是使人恢復人性，拋棄人性的枷鎖，使人解放，過著無異化、無剝削、自由自主、完滿快樂的共同體（*Gemeinschaft*）之生活，也是滿足人的各種需要的自由王國，是人自我生成、自我實現的境界」[67]。就此而言，馬克思的正義觀與其倫理觀直接統一。如果說馬克思的倫理學本質上是關於每個人自我實現的倫理，那麼，我們亦可以說其正義觀是關於每個人自由個性與各種潛能都能公正地成全或自我實現的正義。可見，洪先生對馬克思正義觀的理解與其對馬克思倫理學的把

---

[66] 洪鎌德：〈馬克思正義觀析評〉，《北京大學學報》（哲學社會科學版）（北京），第 1 期，1991 年；以及《個人與社會——馬克思人性論與社群觀的析評》，臺北：五南圖書出版股份有限公司，2014 年，第 227-228 頁。

[67] 洪鎌德：〈馬克思正義觀析評〉，《北京大學學報》（哲學社會科學版）（北京），第 1 期，1991 年；以及《個人與社會——馬克思人性論與社群觀的析評》，臺北：五南圖書出版股份有限公司，2014 年，第 228 頁。

握，是內在一致的：他把馬克思的正義理解爲關於每個人自我實現的正義，同樣地，他把馬克思倫理學把握爲關於每個人自我實現的倫理 [68]。

　　進一步伸展來說，洪先生從「自我實現」的角度理解馬克思的正義觀與倫理思想，與其對整個馬克思思想的「關於人的自由和解放之學說」的理論定位密切相關。就理論內涵的層次而言，馬克思「關於人的自由和解放之學說」不僅包含主張人應從各種被奴役和宰制的狀態下擺脫出來，還包括倡導人在擺脫諸種被奴役和被宰制狀況基礎上的進一步「自我實現」。爲便於理解，我們不妨套用以賽亞・柏林（Isaiah Berlin，大陸譯爲「以賽亞・伯林」）有關自由的兩種區分即「消極自由」和「積極自由」對其進行說明 [69]。馬克思語境下的「從各種被奴役和宰制的狀態下擺脫出來」相當於柏林所說的「消極自由」，相應地「擺脫諸種被奴役和被宰制狀況基礎上所進一步達到的自我實現」則相當於「積極自由」。儘管柏林對「積極自由」多有批評，但馬克思無疑是「積極自由」的熱情倡導者，或者說他基於唯物史觀方法之上，強調把「消極自由」與「積極自由」看成是同一種自由的兩個重要的面向。從而，避免了柏林把「消極自由」與「積極自由」看成兩種截然不同的自由樣式所帶來的理論上的解釋性困難 [70]。根據馬克思的觀點，我們可以說自由的內涵存在層次或階次

---

[68] 本章洪鎌德有關馬克思倫理學的探討部分，亦可參見洪鎌德：《個人與社會——馬克思人性論與社群觀的析評》，臺北：五南圖書出版股份有限公司，2014 年，第 183-188 頁。

[69] 關於柏林對「兩種自由概念」即「消極自由」與「積極自由」的論述，可參見（英）以賽亞・伯林：《自由論》（擴充版），胡傳勝譯，南京：譯林出版社，2003 年。

[70] 柏林所謂的「積極自由」和「消極自由」的區分，與其說是兩種不同意義和存在形式的自由，不如說是同一種自由所包含的兩種不同元素或構成部件。從存在論和生存論意義上來說，自由只有一種，或者說，只有一個自由，它就等同於自主的個人的生命本身。倘若把自由作爲純粹考察的理論對象，並藉助於知性範疇把其區分爲若干種類，自由顯然只能是知識論意義上的，且早已溢出於生命之外。這當然不意味著自由不應被分析，而是說，自由作爲人之生命的存在論根據，它必然命定地關聯於生命自身。撇開這種存在論意義上自由，無論再建構出多少種類的自由樣式，實際上仍然只是對那作爲原本生命意義上的自由的不同道說。柏林的兩種自由理論提出後，之所以遭致眾人的批評，很大程度上正是因爲他沒有從存在論高度去理解自由。不過，在這一點上，他的那些批評者們也比他好不到哪裡去，並一再地重蹈了他的覆轍——無法理解存在論意義上的自由。關於對柏林兩種自由觀區分的批評，可參見 Eric Nelson, Liberty: One Concept Too Many? [J]. *Political Theory*: 33, 2005(1): 58-78; Adrian Blau,

上的高低之分，「消極自由」只是人之自由的初級階段，它固然重要但不是人所追求的最終目的，其眞正的目的是在「消極自由」的基礎上進一步達到「積極自由」，即人的「自我實現」。在這個意義上，唯物史觀語境的倫理、正義與自由論題都共同指向了人的自我實現這一終極目的。而洪先生把馬克思的正義觀、倫理思想與自由理論關聯起來的討論，亦是相當富有學術洞見的。

第四節　洪鎌德有關青年馬克思道德與倫理學說研究的評價

　　總體上看，以洪鎌德爲代表的臺灣學者認爲，儘管道德、倫理和正義等範疇在馬克思的文本中往往以批判的靶子的形式出現，給人造成他不可能有自己的「道德」、「倫理」和「正義」理論的形象，但「事實是馬克思的社會理論的確包含有道德內容，此項道德內容是奠基在人本主義與唯物史觀之上。畢竟馬克思對資本主義之非難基本上是道德非難」[71]。把馬克思對資本主義的非難和批判，判定爲「道德非難」或「道德批判」，顯然有把馬克思的思想「道德化」或「倫理化」的嫌疑。但就這種看法把握了馬克思思想中的道德和倫理向度而言，無疑值得肯定。的確，馬克思從來沒有打算撰寫一部系統的道德理論或倫理學著作，甚至散落在其不同時期作品中的道德和倫理論述，往往亦是以「批判的靶子」的負面形象出現，且其前後期的看法還未必連貫。但這些都無法否定道德和倫理向度在馬克思思想中的重要性。正像洪鎌德教授指出的那樣，馬克思倫理思想中雖然包含諸多「含混和不一致之處，他主張人作爲一種眞正理性的、意識行動存有者之尊嚴，這一看法卻包含了崇高的、重要的道德眞理」[72]。

Against Positive and Negative Freedom [J]. *Political Theory*: 32, 2004(4): 547-553; John Christman, Saving Positive Freedom [J]. *Political Theory*: 33, 2005(1): 79-88。
[71] 洪鎌德：《個人與社會──馬克思人性論與社群觀的析評》，臺北：五南圖書出版股份有限公司，2014年，第188頁。
[72] 洪鎌德：《個人與社會──馬克思人性論與社群觀的析評》，臺北：五南圖書出版股份有限公司，2014年，第194頁。

　　至於道德、倫理和正義在馬克思的整個思想中具有何種地位和意義，以洪鎌德為代表的臺灣學者認為，「馬克思著作中所隱含之倫理要求既是他用以評量及批判資本主義之準據，同時亦是他建構起理想社會所不可或缺之精神基礎。歷史物質論固以掌握物質要素之通盤作用著稱，但歷史物質論之興革理想亦不能不寄託於特定之精神指引」[73]。「倫理訴求與經驗分析在馬克思身上之綜合，在一定程度上代表了西方之超越的傳統（tradition of transcendence；其目的在於改善人的道德生活）與理解的傳統（tradition of understanding；其目的在於增進對於社會的更為深刻的認識）在 19 世紀的另一次總結。而這樣的總結也給予在馬克思的前行世代即已建構完成之人本位的（或者說費爾巴哈式的）以及道德主體的（或者說康德式的）哲學思潮，一個得以從純粹的思辨層次超拔而出並尋求具體落實的可能性。再者，亞里斯多德曾強調，包括政治學和倫理學在內的時間科學，其最終之目標乃是最好的行動（good action）。我們不難發覺，這正是馬克思未曾須臾忘懷並以昂熾之激情終生相許之信條」[74]。當然，這並非說馬克思已經建構了倫理的或道德的形而上學，其旨在改變世界的實踐哲學定位決定了他無意建立這些。相反地，他旨在批判現實，並在批判現實中發掘人類道德、倫理和正義的真實基礎。換言之，在馬克思看來，道德、倫理和正義都是歷史性的存在，它們不可能超出既定社會的經濟結構以及由此經濟結構制約的社會的文化發展。在這個意義上，臺灣許國賢教授的總結無疑是十分到位的，他說：「馬克思在道德這個關鍵問題上給予我們的最重要的啟示乃是，即使某些個人道德是永恆不變的、放諸四海皆準的，但個人道德的表現最終脫離不了特定社會或生產模式所特有的道德全形（道德形態）的制約，道德全形的不完善會減損個人道德的價值，甚至扭曲、翻轉善的本意。這樣的遺憾其責任不在於個人道德的奉行者，而是在於制約他的道德全形，而後者無疑地乃是特定的生產模式的產物」[75]。

　　在積極肯定馬克思道德、倫理和正義理論之地位和價值的同時，臺灣學

---

[73] 許國賢：〈論馬克思社會批判的倫理基礎〉，載《財產與政治：政治理論論文集》，臺北：桂冠圖書股份有限公司，2001 年，第 273 頁。

[74] 許國賢：〈論馬克思社會批判的倫理基礎〉，載《財產與政治：政治理論論文集》，臺北：桂冠圖書股份有限公司，2001 年，第 273 頁。

[75] 許國賢：〈論馬克思社會批判的倫理基礎〉，載《財產與政治：政治理論論文集》，臺北：桂冠圖書股份有限公司，2001 年，第 258 頁。

者還對其缺陷和不足之處進行了批判性反思。其中，洪鎌德認為馬克思的道德和理論學說的缺陷之一是，「馬克思認為在共產社會中，個人的道德將完全融匯於集體的道德之中。馬克思相信『整體』比它的『部分』還要真實，個人如果不是整體的成員，嚴格說來不可能是道德的。他主張部分在整體中的統一，最好由作為整體社會代表的革命無產階級來加以保障」[76]。同時，由於馬克思把道德、倫理和正義等看作資產階級意識形態和法權統治的形式，對無產階級而言，其消極意義大於積極意義，因此是批判的對象。馬克思的這種階級道德觀導致的結果就是，「忽視道德、正義對社會制度和人群共同體具有正面的、積極的作用」[77]。這樣，他不僅「將他的批判與他自己對社會的救世語言相混淆」，「造成他無法解決它對倫理相對主義的確信以及在無階級之分的無產階級未來倫理中所預言的絕對主義之間的兩難情況」，還歪曲了實在界與其所尋找及捍衛的真理之間的關係，從而導致「任何判斷都失去了判準，也因此真理

洪鎌德著《個人與社會——馬克思人性論與社群觀的析評》，五南圖書出版股份有限公司，2014

[76] 洪鎌德：《個人與社會——馬克思人性論與社群觀的析評》，臺北：五南圖書出版股份有限公司，2014 年，第 191 頁。

[77] 洪鎌德：《個人與社會——馬克思人性論與社群觀的析評》，臺北：五南圖書出版股份有限公司，2014 年，第 230 頁。

與謊話不再有不同，平等與不平等，自由與奴役等都沒有差別了」[78]。換言之，馬克思階級道德觀的後果必然是道德相對主義，並最終導向道德和倫理的虛無主義。

另一種批判觀點認為，「由於馬克思過於強調物質條件決定道德現象，這使得他的道德觀太偏狹、且不夠實際。雖然倫理和道德是由階級結構來決定的，但是並非由階級結構所創造。馬克思認為所有形式的道德之根源只在於社會經濟條件，但馬克思這種教條似乎有商榷的必要。由這項強調經濟和物質條件的首要性，引申出馬克思主義倫理學可能的疏忽，亦即忽視個人的自我修持、個人的道德操守，其結果容易造成將個人道德隸屬於集體的道德」[79]。進言之，「馬克思只重視階級衝突、階級鬥爭、以為正義只是統治者消除階級鬥爭、維持表面團結和諧的工具。殊不知人類鬥爭的形式，不只出現在階級之間，更出現在人與人之間，男與女兩性之間、種族與種族之間、國家與國家之間。在這種情形下，正義的要求與作用，當不限於階級社會的存在，更應包括國與國之間、族群與族群之間、人與人之間關係底調整，及其衍生的問題之解決」[80]。馬克思倫理觀上的狹隘性與物質決定論特徵，導致其事實上「與黑格爾一樣是二元論者」，在這個意義上，「他比他所攻擊的任何一位唯心論者好不到哪裡去」[81]。此外，「馬克思和恩格斯批判資產階級社會的『偽善』、『為了不道德的目的來誤用道德』，無疑是正確的，然而，當他們假定這些道德的負面現象在共產社會將完全消失，這種看法卻是錯誤」[82]。「馬克思對倫理道德的排斥，無異對宗教的排斥，因為他視倫理、宗教均為虛幻的意識形態之部分。可是他卻忽略了一個事實：既然科學與宗教可以相容，道德與科學也可以相互包容」[83]。正是由於馬克思道德和倫理觀的上述缺陷，致使其儘管把人類的解放

[78] 陳文團：〈馬克斯對傳統倫理之批判〉，《鵝湖月刊》，第6期，1984年。

[79] 洪鎌德：《個人與社會——馬克思人性論與社群觀的析評》，臺北：五南圖書出版股份有限公司，2014年，第192頁。

[80] 洪鎌德：《個人與社會——馬克思人性論與社群觀的析評》，臺北：五南圖書出版股份有限公司，2014年，第232頁。

[81] 陳文團：〈馬克斯對傳統倫理之批判〉，《鵝湖月刊》，第6期，1984年。

[82] 洪鎌德：《個人與社會——馬克思人性論與社群觀的析評》，臺北：五南圖書出版股份有限公司，2014年，第194頁。

[83] 洪鎌德：《個人與社會——馬克思人性論與社群觀的析評》，臺北：五南圖書出版股份有限公司，2014年，第198頁。

與個人的自我實現當作最高階價值訴求和規範基礎，但結果往往是個人自由淪落爲階級鬥爭與國家專政的工具，比如史達林主政時期的蘇聯就是最典型的例子。因此，王振寰總結說：「馬克思對資本主義的批判深具人文主義的色彩。他期望透過對資本主義的科學分析，找到通到富裕、自由和民主的共產主義社會。然而歷史的發展似乎與馬克思的期望相反。20世紀裡聲稱社會主義革命的政權，都發生在經濟落後的社會。其產生的也都是威權主義的政權，將權力集中在黨中央，而使人民失去了自由」[84]。

　　總之，以洪鎌德爲代表的臺灣學者認爲，作爲一種科學的社會分析理論，馬克思理論的清晰和洞見是其他理論難以比擬的。這不僅緣於其理論的科學精確性，還緣於其本身所蘊含的道德和倫理的人文向度在內，「馬克思的理論指出了資本主義資源配置的不均，以及這個體系對人類本質的異化。透過對資本主義的分析和批判，馬克思所企圖尋找的是超越資本主義，而又是公平、富裕和民主自由的共產社會」[85]。這種科學和道德的雙重向度，賦予馬克思理論以鋒利的批判性和嚴厲的分析性，「然而嚴厲的分析並不代表馬克思指出了資本主義的出路。他對政治民主的分析是過度的經濟化約主義，以爲生產方式改變了之後，政治就可以民主了。然而，事實上，民主的建立尚需要其他的面向」。民主需要相應的公平程序，而公平程序的建立又需要多元和廣泛的政治參與空間來保證。「馬克思的問題是，其方法論上的整體主義，使得他認爲只要下層結構改變了，政治和社會的一切也會改變。然而民主的建立卻絕對不是只要改變了經濟的下層結構後就能平順的建立，民主制度需要建立規則和程序，而這時需要社會的公民參與實踐，並共同決定的」[86]。

84　王振寰：〈馬克思：資本主義的批判與超越〉，葉啓政主編：《當代西方思想先河：十九世紀的思想家》，臺北：正中書局，1991年，第120頁。

85　王振寰：〈馬克思：資本主義的批判與超越〉，葉啓政主編：《當代西方思想先河：十九世紀的思想家》，臺北：正中書局，1991年，第121-122頁。

86　王振寰：〈馬克思：資本主義的批判與超越〉，葉啓政主編：《當代西方思想先河：十九世紀的思想家》，臺北：正中書局，1991年，第122頁。

第五章

總體評價和展望

第五章　總體評價和展望

第一節　洪鎌德的青年馬克思思想研究之特點

第二節　洪鎌德的青年馬克思思想研究之成就與創新

第三節　洪鎌德的青年馬克思思想研究之不足

縱觀洪鎌德先生的青年馬克思思想研究，可以發現其最大特點是特別強調並始終貫徹所謂西方「馬克思學」（Marxologie）的精神和方法，力圖通過客觀和價值相對中立性的研究，還原出一個真實的青年馬克思思想面貌。我們知道，由法國學者呂貝爾於 1959 年率先提出來的「馬克思學」概念[1]，進入中文世界的時間較晚，其具體觀點和思想更是沒有引起海峽兩岸學者們的充分重視。不過，中文世界對馬克思主義之經典文本和文獻學研究的重視，實際上自 1980 年代初期就已經開始。臺灣學者陳墇津先生的《回向馬克思》[2]與大陸學者張一兵教授的《回到馬克思》[3]，至少就字面而言都是回歸馬克思主義經典文本和文獻研究的結晶和體現。洪鎌德先生無疑也是這種注重對馬克思主義經典文本和文獻研究的積極倡導人和參與者。他憑藉自己早年在海外的留學和任教經歷，以及精通多門外語的優勢，較早地接觸到了西方的「馬克思學」和「新馬克思主義」思潮，並把其研究方法和主要內容在海峽兩岸積極地加以推介。可以說，洪先生對青年馬克思思想乃至全部馬克思主義的研究，正是在「新馬克思主義」思潮影響下，藉助西方「馬克思學」方法所深入研究和系統探討的結果。

第一節　洪鎌德的青年馬克思思想研究之特點

具體來說，洪鎌德先生的青年馬克思思想研究之特點，體現為如下幾點。

首先，洪先生借鑑西方「馬克思學」方法，突出馬克思、恩格斯的早期文本與文獻之於青年馬克思思想研究的重要性，並向來強調對馬克思的一切論述要言之有據和有理。他甚至主張把能夠閱讀馬克思、恩格斯的德文原文（包括原始文獻與手稿），看作真正從事馬克思思想研究的必備條件。因此，在其青年馬克思思想研究中，洪先生尤其注重對馬克思早期一手文本和文獻的翻譯與

1　（法）馬科斯米里安・呂貝爾：《呂貝爾馬克思學文萃》，鄭吉偉譯，北京：北京師範大學出版社，2018 年。

2　陳墇津：《回向馬克思》，臺北：蒲公英出版社，1992 年。

3　張一兵：《回到馬克思：經濟學語境中的哲學話語》，南京：江蘇人民出版社，1999年。

研究。鑑於洪先生堅信閱讀第一手文獻之於準確理解馬克思思想的重要性，以及他自己精通多種外語的優勢，所以，在閱讀青年馬克思文本和文獻時，他甚至表現出了對馬克思著作中文譯本的某種「不信任」，在研究過程中對馬克思的全部引文均由其自己獨立譯出，這在某種意義上已經成為洪先生著作中的一道亮麗的風景。

施正鋒編《馬克思學在東方：洪鎌德教授66歲生日祝賀文集》，前衛出版，2004；洪鎌德著《全球化下的國家關係新論》，揚智文化，2011

　　其次，洪先生對青年馬克思思想的研究，突出強調青年馬克思思想的黑格爾淵源，認為黑格爾的《精神現象學》對青年馬克思的影響，不遜於人們通常所主張的《邏輯學》與《法哲學原理》；洪先生甚至暗示《精神現象學》為青年馬克思提供了（現象學）方法論基礎，《邏輯學》與《法哲學原理》則為其提供辯證的敘述方法及最初的政治經濟學視角，這尤其體現在他對市民社會與國家之關係的闡釋上。洪先生對青年馬克思思想的黑格爾淵源的強調，在他對馬克思《手稿》中的「異化論」闡釋上體現的尤為顯著。他在西方思想史梳理和文本對比分析基礎上，認為馬克思《手稿》中的「異化論」直接傳承了黑格爾的精神異化觀。不過，後來馬克思藉助費爾巴哈等人的唯物論思想資源與「轉型批判」（主謂詞顛倒），對黑格爾主張的精神異化觀的觀念論實質進行了清理和批判。因此，我們在對《手稿》之「異化論」的分析上，顯然又不能侷限於只是關注其黑格爾淵源。由此不難明白，洪先生何以既突出黑格爾、

費爾巴哈異化論觀點對青年馬克思的影響，又強調青年黑格爾派的赫斯之「金錢異化論」（貨幣異化論）與馬克思勞動異化思想間的內在關聯。並且，在上述思想史語境下，他認爲馬克思的異化學說主要包括「經濟異化」、「政治異化」與「宗教異化」三種樣式。其中，「經濟異化」在《手稿》中主要表現爲「勞動的異化」，在《資本論》及其手稿中則表現爲「貨幣的異化」與「商品拜物教」；「政治異化」在《黑格爾法哲學批判》中主要表現爲作爲「民主制」或「眞正的民主制」之反面的「官僚制」與「長子繼承制」[4]；「宗教異化」在〈論猶太人問題〉與〈《黑格爾法哲學批判》導言〉中表現爲，宗教以人的「精神慰藉」之形式遮蔽了人在感性世界中的現實苦難，以及顚倒了「天國」與「塵世」的關係，而《德意志意識形態》與其他相關作品中所批判的「意識形態」，一定意義上亦是「宗教異化」與「政治異化」的一種表現樣式。

　　再次，洪先生尤其強調青年馬克思思想中的人本主義向度和人類解放的情懷。在細緻考察包括《黑格爾法哲學批判》、《巴黎手稿》、《神聖家族》、《德意志意識形態》和《宣言》文本的基礎上，他把青年馬克思思想總體上概括爲「關於人的自由和解放」的社會批判理論[5]。這可能也是其所主張結合當代社會學思想探討馬克思的重要原因之一。因爲，一定意義上可以說，當代社會學主要探討的正是人如何擺脫工業化理性的強制而重獲解放與自由的問題。馬克思的這種「關於人的自由和解放」的社會批判理論的精神主旨，尤其體現在作爲其內在構成部分的「國家—政治理論」上。洪先生對青年馬克思國家—政治理論的分析，首推《黑格爾法哲學批判》[6]。他認爲青年馬克思的國家理論，尤其是《黑格爾法哲學批判》中所提出的「眞正的民主制」，是馬克思提供的和解現代性政治內在分裂傾向的一種方案，此時的馬克思雖未提出國家消亡

4　有關馬克思對黑格爾「官僚制」的批評，可參見洪鎌德：《個人與社會——馬克思人性論與社群觀的析評》，臺北：五南圖書出版股份有限公司，2014年，第264-269頁；有關馬克思對黑格爾《法哲學原理》中「長子繼承制」的批評，可參見張守奎、黃秋玉：〈青年馬克思對現代性政治的批判與超越——以《黑格爾法哲學批判》中「長子繼承制」的批判爲例〉，《長白學刊》（長春），第1期，2022年。

5　洪鎌德：《人的解放——21世紀馬克思學說新探》，臺北：揚智文化，2000年。

6　洪鎌德《傳統與反叛——青年馬克思思想的探索》，臺北：臺灣商務印書館，1986年，第153-162頁；〈馬克思國家學說的析評〉，《臺灣國際研究季刊》，第2卷第2期，2006年夏季號；以及洪鎌德、廖育信：〈黑格爾《法律哲學大綱》與馬克思的批評〉，《國家發展研究》，第1期，2005年。

論，但已經蘊含著現代性政治的和解即國家消亡的主張。而在馬克思的語境中，國家的消亡同時就意味著共產主義的實現。在馬克思的語境中，國家的消亡與共產主義的實現具有同構性。因此，對馬克思「國家消亡論」的分析必然關涉對其「共產主義」概念的探討。洪先生把青年馬克思「共產主義」概念研究之文本，聚焦於《宣言》。他把《宣言》指認爲「流傳最廣、閱讀群眾最多、影響力最深的力作」，同時將「共產主義」把握爲致力於實現人的解放和自由的理想願景（Vision）[7]，認爲如此理解的「共產主義」是對傳統生產方式和所有制關係的根本性革命，是「一個打破舊社會的生產條件，轉化爲人的意識之新社會之特徵。那就是造成這個社會的共產主義革命是徹底地摧毀傳統社會的財產關係；因之，也摧毀了傳統的理念。在取消地產和繼承權利，沒收移民與反叛者之私產之後，採用累進稅制，把信貸集中國家銀行，使交通通信集中，生產的工廠器材化爲公有，把農工合併、公校中的小孩享有免費的教育等等」[8]。洪先生並且斷定，馬克思此種意義上的共產主義社會是基於美學原則建構出來的，其目的是致力於將個人從分工的奴役和箝制中解放出來，以達到每個人的自由和全面的發展。從而，馬克思的共產主義社會可以被認爲關於「人類幸福的道德之重建底倫理學」[9]。

第二節　洪鎌德的青年馬克思思想研究之成就與創新

　　就具體內容和觀點而言，洪鎌德圍繞著《手稿》中的異化論與人本主義思想、《宣言》中的人之自由與解放理論、旨在實現理論與實踐統一的實踐哲學，以及有關馬克思思想中的道德和倫理問題所展開的青年馬克思思想研究的

7　洪鎌德：〈馬克思的烏托邦 ── 他心目中共產主義理想下之新人類與新社會〉，《臺灣國際研究季刊》，第 6 卷第 1 期，2010 年春季號。

8　洪鎌德：〈馬克思的烏托邦 ── 他心目中共產主義理想下之新人類與新社會〉，《臺灣國際研究季刊》，第 6 卷第 1 期，2010 年春季號。

9　洪鎌德：《傳統與反叛 ── 青年馬克思思想的探索》，臺北：臺灣商務印書館，1990年第 3 版，第 92 頁。

學術貢獻和創新，主要表現在如下幾個方面：

首先，圍繞著《手稿》，洪先生一方面積極地回應與批駁西方學界關於「不成熟的青年馬克思」與「成熟的老年馬克思」的「兩個馬克思」論斷。在洪鎌德看來，馬克思前後期思想不但不存在阿圖塞所說的「認識論斷裂」，而且是內在一貫的。這種「一貫性」主要是通過「異化」理論或異化思想勾連起來的。倘若以唯物史觀來概括整個馬克思思想的話，那我們甚至可以把唯物史觀把握爲圍繞著「異化」理論建構出來的社會批判理論。其最終目的是要闡明如何揚棄異化以便實現「人的解放」與恢復人的自由。換言之，「人的解放」與「每個人之自由個性的實現」是唯物史觀的最後底牌，因此，脫離開「人的解放」與「人的自我實現」這一終極旨趣，唯物史觀顯然無法得到合理的理解和詮釋，階級鬥爭與共產主義等理論主張亦然。針對西方馬克思學研究者以晚期馬克思使用「異化」概念的頻率逐漸減少的原因，而主張馬克思後期實質上放棄了不成熟的早期異化論，洪鎌德先生明確指出：「馬克思由早期的異化觀轉變爲中期以後的物化觀，『異化』概念也逐漸由『剝削』的概念所取代，但其本質仍舊脫離不了自我增益的異化之引申」[10]，至於馬克思緣何後期減少使用「異化」概念，洪鎌德認爲這可能是因爲「外化（異化）的現象附屬於資本主義社會經濟的形構裡頭，不需複述。只需把階級鬥爭、階級統治與資本主義的生產方式加以分析，則其內在矛盾以及勞動者的自外（異化）現象便已暴露無遺。在馬克思的晚年，他甚至懷疑外化現象是否隨私有財產與階級關係的消失而化除。在《資本論》第三卷最後幾章，馬克思認爲由於人不能不勞動，不能不工作，是以外化（異化）現象如影隨形，永難驅盡」[11]。洪先生這種看法的難得之處在於，它簡單明瞭地指認了異化現象與資本主義生產方式和社會制度的內在同構性，認爲只要資本主義生產方式和社會制度仍然存在，異化現象就必然產生。因此，馬克思晚期是否使用「異化」字眼無關緊要，重要的是他對資本主義生產方式和社會制度內在機制的揭露，本身就隱含著對異化論所揭示的那種「主客對立、反客爲主的統治和被統治關係」的批判。只要有這樣的「結構性的關係」存在，只要馬克思在對這樣的關係展開實質性的理論批判，他本質上就是在以另一種方式闡釋和運用異化論。

10　洪鎌德：《人的解放——21世紀馬克思學說新探》，臺北：揚智文化，2000年，第46頁。

11　洪鎌德：《馬克思與社會學》，臺北：遠景出版事業有限公司，1983年，第64頁。

　　另一方面，洪鎌德在分析馬克思以異化論批判資本主義時，特別強調其理論背後所隱含的價值規範之重要性，賦予馬克思的唯物史觀或社會批判理論以規範性意義，弱化了為恩格斯與第二國際所推動的唯物史觀之實證化精神取向與經濟決定論理解範式，從而，一定意義上可以說亦為中文學界所致力建構的「馬克思主義政治哲學」較早地做出了嘗試和努力。洪先生把馬克思資本主義批判背後隱含的這種價值規範指認為馬克思關於「人的哲學」或其人本思想。這無疑為後來他強調「人的解放」之於馬克思思想的重要性，奠定了理論基調。這方面在其《人的解放——21世紀馬克思學說新探》和《個人與社會——馬克思人性論與社群觀的析評》兩書中表現得最為明顯。這兩書均將《手稿》內容置於馬克思思想的核心即人的解放和自由中去把握的。這決定了他對《手稿》的相關論述都是基於人的解放和自由這一視角所完成的。在洪鎌德看來，「整個馬克思的學說是圍繞著人的解放為軸心的理論，是一部人類爭自由、爭自主的悲壯史詩」[12]。因此，可以說馬克思理論的核心就是人的自由與解放。而經由對古典政治經濟學（《手稿》）、蒲魯東（《哲學的貧困》）和各種社會主義（《德意志意識形態》與《宣言》）的批判，馬克思對如下事實顯然確信無疑，即在資本主義社會中，要實現每個人的自由和解放，首先面對的根本性障礙是，生產資料歸資本家一己所有的私人所有制和資本相對於工人階級而言的強大統治性力量。因此，這決定了以人的解放和自由理論為核心的馬克思思想，必然把私有制和資本批判作為主要議題來對待。經過〈論猶太人問題〉、《黑格爾法哲學批判》和〈《黑格爾法哲學批判》導言〉的撰寫，馬克思基本上弄清楚了人的解放和自由問題並非只是黑格爾所說的自我意識或思想的事情，也並非只是布魯諾‧鮑威爾所主張的政治解放的問題，而是事關人的「物質利益」，即人的經濟和社會生活之變革的問題，是人類解放的問題。換言之，人的解放和自由，重點不是觀念與思想的解放和自由，儘管它們也是人的解放和自由的重要組成部分。重點是經濟的與社會的解放和自由。由於面對人民群眾的物質利益發表意見的難事，黑格爾的理性法哲學已經不再適用，加之經由恩格斯與赫斯的影響，馬克思因此開始轉向研究古典政治經濟學。其直接成果就是後來被命名為《巴黎手稿》的筆記。從《手稿》的內容來看，馬克思思想的核心即人的自由和解放觀，係建立在他的「整全的人」的觀念之上。更

---

12 洪鎌德：《人的解放——21世紀馬克思學說新探》，臺北：揚智文化，2000年，「序」i頁。

多時候，他採用從費爾巴哈那裡挪用過來的哲學人類學的說法，把其稱爲人的「類本質」或「類存在」（*Gattungswesen*, species being）。根據這種主張，「人本來就應當是自由活動、自主發展，俾最終達致自我實現的生物」，即「認爲人的本質在追求自由、體現自由」[13]。正因爲如此，洪先生認爲「類本質」或「類存在」實際上構成馬克思《手稿》中的一個十分重要的概念。

其次，圍繞著《宣言》，洪鎌德青年馬克思思想研究的創新性體現爲，一方面，與學界通常把《黑格爾法哲學批判》、《德意志意識形態》和《政治經濟學批判序言》看作唯物史觀確立的本文性標誌不同，他依據「階級對立」和「階級鬥爭」觀點之明確引入作爲判準，把《宣言》斷定爲唯物史觀思想的「首次昭示」。從唯物史觀的生成和確立史來看，儘管此種論斷的理據顯得過於單薄，尙待進一步展開和補充，但他的這種在學術研究上敢於提出獨立見解的精神值得後學們效法和學習。不僅如此，在對《宣言》的研究中，洪先生在堅持西方「馬克思學」精神和方法的同時，又力圖避免他們主張的遭人詬病的「馬恩對立論」，主張馬克思與恩格斯的觀點總體上趨同，但在具體細節上存在差異的「馬恩差異論」。展開來說，在既往相關研究中，學者們多強調《宣言》與恩格斯《共產主義原理》的內在關聯和總體上的一致性，而不太重視其間的細微差別。相反地，倒是西方「馬克思學」注重對二者間差別的研究。他們通過對《宣言》和《共產主義原理》的比較，認爲這兩篇文獻在歷史觀和共產主義觀方面是對立的，提出「《共產黨宣言》—《共產主義原理》關係問題」，以馬克思與恩格斯思想關係的差異性和片面性取代其整體性和全面性，並由此衍生處「馬恩對立論」[14]。但洪先生顯然只是吸收了西方「馬克思學」的研究精神和方法，而非單純地對其具體結論也照單全收。從而，也就避免了陷入西方「馬克思學」所主張的「馬恩對立論」之陷阱。這具體體現爲，洪先生斷言《宣

---

[13] 洪鎌德：《人的解放——21世紀馬克思學說新探》，臺北：揚智文化，2000年，第25頁。

[14] （法）馬科斯米里安・呂貝爾：《呂貝爾馬克思學文萃》，鄭吉偉譯，北京：北京師範大學出版社，2018年；（美）諾曼・萊文：《辯證法：內部的對話》，張翼星譯，昆明：雲南人民出版社，1997年。西方「馬克思學」和當代國外馬克思主義在「馬克思—恩格斯關係」問題上，主要形成了三種觀點，即「馬恩一致論」、「馬恩對立論」和「馬恩差異論」。比較而言，前兩種觀點都較爲極端，並不可取。而第三種觀點即「馬恩差異論」，則既看到二者之間的內在一致性，又看到了它們在某些方面的差別。

言》雖然是以馬克思與恩格斯兩人的名義起草和完成寫作的，但「如就文章的體裁與用字遣詞來判斷，宣言大部分的內容出於馬克思的手筆，但理念則有部分來自於恩格斯」[15]。不過，相較於恩格斯，馬克思的差異性和創新性體現在，他更強調階級鬥爭和無產階級在變革社會中的重要性，「不過有關階級鬥爭和普勞角色之刻意描繪則為馬克思的本意」[16]。

洪鎌德著《馬克思與時代批判》，五南圖書出版股份有限公司，2018

另一方面，洪鎌德對《宣言》理解的創新亦體現在術語和範疇的重譯和重釋上。從思想史視角看，理論與思想的創新一定意義上意味著術語和範疇的創新。洪先生在這方面，就是很好的代表和典範。比如，他把《宣言》中通常譯為「無產」的德文詞改譯為「普勞」，把通常譯為「無產階級」的德文詞「*das Proletariat*」改譯為「普勞階級」。再比如，洪先生從馬克思主義思想史和「馬克思學」視角探討了《宣言》中「共產主義」概念的獨特性。他認為，與《巴黎手稿》主要主張通過消滅異化勞動而生成的「哲學性的共產主義」不同，《宣言》中所談論的共產主義，是以闡明無產階級的階級意識和「工人的解放鬥爭」為主旨，「具有宣傳、煽動作用，而更為具體的如何使工人階級擺脫資

---

15 洪鎌德：〈推薦馬克思和恩格斯的傑作《共產黨宣言》（1848）及其新譯〉，《共產黨宣言》：管中琪、黃俊龍譯，臺北：左岸文化出版，2004年。

16 洪鎌德：〈推薦馬克思和恩格斯的傑作《共產黨宣言》（1848）及其新譯〉，《共產黨宣言》：管中琪、黃俊龍譯，臺北：左岸文化出版，2004年。

產階級打壓與剝削的解放運動」[17]。這種作為解放運動的共產主義，不僅意味著階級的取消，更意味著階級敵對和階級鬥爭的消失，從而使得人在無異化、無剝削狀況之下享有解放與自由。用《宣言》的原話來說就是這樣一種「自由人聯合體」，在其中，「每個人的自由發展是一切人自由發展的條件」。由此可見，《宣言》中的共產主義相較於馬克思早期的觀點，更顯示出「務實可行的一面」，不過其理論關切和現實關懷則是一貫的，即旨在實現每個人的自由和解放[18]。

第三節　洪鎌德的青年馬克思思想研究之不足

當然，洪鎌德圍繞著《手稿》、《宣言》、實踐哲學及早期馬克思文本中的道德和倫理問題所展開的青年馬克思思想研究，也並非毫無缺陷。比如，在《手稿》具體內容的理解上，洪先生強調馬克思異化論批判背後的價值規範性基礎這一點，無疑具有必要性與合理性。但是，強調馬克思異化論批判背後的價值規範性基礎，與把馬克思早期批判古典政治經濟學歸因於純粹的倫理情懷激發，並不能完全相等同。洪鎌德的誤解在於，他認為馬克思「對政治經濟學的興趣乃是由於對倫理的關懷所激發的，因此隨時不忘以人本或人文的思想來批判經濟體系以及代表此一體系思想的政治經濟學」[19]。事實上，從馬克思自己的相關論述來看，他從哲學轉向經濟學儘管有出於對底層人民現實生活苦難的倫理關懷之考慮，但這顯然並非「最初動因」，也不是最主要的動因。他對政治經濟學之所以發生興趣的「最初動因」是，當時其所信奉的黑格爾理性法哲學無法解決「要對所謂物質利益發表意見的難事」[20]。換言之，是抽象的理論與

17 洪鎌德：〈馬克思的烏托邦——他心目中共產主義理想下之新人類與新社會〉，《臺灣國際研究季刊》，第 6 卷第 1 期，2010 年。

18 洪鎌德：〈馬克思的烏托邦——他心目中共產主義理想下之新人類與新社會〉，《臺灣國際研究季刊》，第 6 卷第 1 期，2010 年。

19 洪鎌德：《傳統與反叛——青年馬克思思想的探索》，臺北：臺灣商務印書館，1986年，第 83 頁。

20 關於馬克思早期從哲學轉向政治經濟學研究，及其與黑格爾法哲學之間關係的詳細討

具體的感性現實之間的巨大錯位和不一致，使得馬克思認識到要想真正解決現實生活中底層農民的貧困和物質利益問題，就必須對自己原來信奉的黑格爾理性法哲學之理論框架進行「改弦更張」。而以斯密和李嘉圖為代表的古典政治經濟學，正是以研究物質財富最大化為直接目的。所以，旨在尋找一種能夠「對所謂物質利益發表意見的難事」之理論的馬克思，從黑格爾的理性法哲學轉向政治經濟學研究，就是順理成章的事情 [21]。倘若撇開這一點，斷定馬克思早期對政治經濟學的興趣主要乃至完全源於「對倫理的關懷所激發」，顯然沒有抓住問題的根本，也不符合唯物史觀的精神實質。

又比如，在導致異化現象產生的成因上，洪先生認為「人類的疏離、異化，究其原因仍以占有欲（*Haben*）為首」[22]。這一說法，與馬克思把異化歸因於私有制和勞動分工，顯然並不完全一致。我們當然可以說，私有制與勞動分工都包含著占有欲，或者說占有欲在一定意義上構成了私有制和勞動分工的前提。但「占有欲」顯然更偏重於生理和心理因素分析，以其來解釋異化現象的產生，顯然有把異化化約為只是心理現象的嫌疑。這與馬克思在《手稿》以及後來的《德意志意識形態》與《資本論》中對異化的分析，顯然存在很大差距。馬克思從來不會把異化現象理解為只是心理現象或心理疾病，而是把握為嚴重的經濟和社會問題。所謂宗教異化、政治異化和觀念異化（即意識形態），都不過是經濟和社會異化的進一步延伸。在這個意義上，追溯異化現象產生的原因，也必須首先找到導致其得以產生的「經濟因」和「社會因」，而非「心理因」。

再比如，洪先生斷定「整部宣言表達了作者對於資產階級對待被剝削、被壓榨者不公不義的極度憤恨」[23]。《宣言》以激烈批判資本主義著稱，但馬克思與恩格斯的這種批判是否只是基於對資產階級的不滿和道德義憤是一個值得

論，可參見張守奎：《思想史視域中的馬克思財產權批判理論》，北京：中國社會科學出版社，2019 年，第 124-128 頁。

[21] 當然，閱讀恩格斯的《國民經濟學批判大綱》和赫斯的金錢異化論等，可能是馬克思從哲學轉向政治經濟學研究的最「直接動因」，儘管不是最「主要動因」。

[22] 洪鎌德：《傳統與反叛——青年馬克思思想的探索》，臺北：臺灣商務印書館，1986 年，第 57 頁。

[23] 洪鎌德：〈推薦馬克思和恩格斯的傑作《共產黨宣言》（1848）及其新譯〉，《共產黨宣言》：管中琪、黃俊龍譯，臺北：左岸文化出版，2004 年。

認眞探討的問題。若從其思想主旨和終極關切來看，馬克思和恩格斯寫作《宣言》顯然並不只是出於「洩憤」，而是通過闡明在資本主義私有制下獨占生產資料的資本家階級是如何剝削和壓榨工人階級的，以及由此導致的階級分化的明朗化和必然性，表明不占有任何生產資料的工人階級要想解放自身，必須解放全人類，從而進入這樣一個聯合體，即在這個聯合體中「每個人的自由發展是一切人的自由發展的條件」[24]。在這個意義上，可以說《宣言》的核心主旨不是表達「對於資產階級對待被剝削、被壓榨者不公不義的極度憤恨」，而是探討資本主義私有制下工人階級實現自身解放乃至人類解放的可能性。此外，洪先生以馬克思與恩格斯主張階級衝突和階級鬥爭之觀點，認定「這部宣言爲革命運動注入新而可怕的訊息，也就是埋下社會衝突與仇恨的新種子」[25]。洪鎌德的此說如若成立，那麼，馬克思與恩格斯眞的就成了階級衝突和對立論的絕對主張者，而不要任何的階級結盟和階級聯合！但實際上，這種論斷並不符合唯物史觀的總體精神，也與《宣言》的具體論述相去甚遠。

　　總之，洪鎌德先生圍繞著《手稿》、《宣言》、實踐哲學及早期馬克思文本中的道德與倫理問題所展開的青年馬克思思想之研究，就具體成果來看有其自己的個性化特徵，體現了一定的學術創新性，但也存在具體學術觀點上的缺陷和不足。這些缺陷與不足，可能受制於他本人所持的學術立場和所具有的學術視角所致。但學術研究的進步動力與魅力恰恰就在於，發現與克服先學的缺陷和不足。如果這個世界上眞的存在哪位思想家提出的某種學說或解釋是完備無缺的（從解釋學的「前見」視角看，儘管這根本不可能），那麼，我相信這種學說或解釋的正式提出之時也就是它的死亡之日。從學術發展史的視野來看，洪鎌德先生基於西方「馬克思學」方法所推進的青年馬克思思想研究，以及由此產生的系列重要成果，無疑爲臺灣乃至整個華語學界進一步深化對馬克思主義的研究搭建了良好的平臺。筆者相信，倘若我們後學能夠從洪先生的研究成果中汲取有益的學術養分，盡可能地做到以客觀公正和價值相對中立的精神深耕馬克思主義經典文本和文獻，並以此積極介入對當今社會重大現實問題討論，運用馬克思主義的相關基礎理論分析問題以及提出可能的解決問題的嘗試，那麼，馬克思主義在 21 世紀的創新性發展就絕非大話和虛言！

---

24 《馬克思恩格斯選集》第 1 卷，北京：人民出版社，2012 年第 3 版，第 422 頁。

25 洪鎌德：〈推薦馬克思和恩格斯的傑作《共產黨宣言》（1848）及其新譯〉，《共產黨宣言》：管中琪、黃俊龍譯，臺北：左岸文化出版，2004 年。

附錄一
臺灣的《巴黎手稿》研究[1]

【內容摘要】

臺灣的《1844年經濟學哲學手稿》研究，是當代世界馬克思主義學術的組成部分。但至今學界尚無關於這方面的專題性梳理和研究。思想是時代的精神鏡像，1970年代以來《1844年經濟學哲學手稿》在臺灣的傳播和研究史，本身就是對世界歷史和臺灣特定時代境況的反映。以1987年解嚴為分界，臺灣的《1844年經濟學哲學手稿》研究先後經歷了「異化論」批判、出版自主的中譯本並進行系統性的文本解讀，以及21世紀展開文本與現實問題相結合的研究範式演進過程。臺灣對《1844年經濟學哲學手稿》的研究和接受，與特定歷史時期世界共產主義和馬克思主義的命運密切相關，也與臺灣政治氛圍和人們渴望自由的精神訴求及生存需要相關。

【關鍵字】

臺灣馬克思主義；《1844年經濟學哲學手稿》；異化論；馬克思人文主義

從思想的效果史來看，1932年《1844年經濟學哲學手稿》（以下簡稱《手稿》）全文的首次出版，無疑是「馬克思主義研究史上的一個劃時代的事件」，它「使關於歷史唯物主義的由來、本來含義以及整個『科學社會主義』理論的討論置於新的基礎之上」[2]，西方馬克思主義學界由此開始了長達近一個世紀的「人道主義的馬克思」和「科學主義的馬克思」的爭論。就此而言，《手稿》的出版，對破除第二國際實證化的馬克思主義和史達林教條化的馬克思主義，並由此強調「倫理—人文主義向度」在馬克思思想中的地位，無疑具有舉

---

1 該文係作者發表在大陸期刊《馬克思主義研究》（北京），2017年第9期上的論文，發表時的題目為〈臺灣的《1844年經濟學哲學手稿》研究〉。為與本書稱謂上保持一致，故對題目略作調整。

2 復旦大學哲學系現代西方哲學研究室編譯：《西方學者論〈1844年經濟學哲學手稿〉》，上海：復旦大學出版社，1983年，第93頁。

足輕重的意義。但對於臺灣的馬克思主義研究者來說,很長一段時間內,主要由於政治意識形態和思想戒嚴等方面的原因,《手稿》在馬克思思想中的重要性並沒有引起他們的注意和重視。這種狀況直到 1970 年代之後才有所改變。總體上看,以 1987 年解嚴為分界,可以把《手稿》在臺灣的傳播和研究史分為兩個時段:1987 年解嚴之前為第一時段,學者們主要圍繞《手稿》中的「異化論」展開論述和批判,其研究成果儘管有一定的學術價值,但大多帶有對馬克思主義的意識形態偏見;1987 年解嚴之後為第二時段,隨著思想的解嚴,學術研究和探討的自由空間大為拓展,學者們對《手稿》的研究儘管可能仍帶有意識形態的痕跡,但開始逐漸擺脫之前的政治成見,走向偏學術化的研究道路。這種學術化轉向表現在三個方面:一是 1990 年和 2016 年先後出版了由臺灣學者翻譯的《手稿》的繁體中譯本;二是學者們開始進行系統性的文本解讀;三是展開了文本與現實問題相結合的學術化研究。

楊適著《馬克思〈經濟學—哲學手稿〉述評》,無出版社及出版日期

一、解嚴之前的《手稿》研究

馬克思主義在臺灣的傳播最早可追溯到 1920 年代[3],其內容主要限於社會

---

[3]　根據《臺灣社會運動史》(1913-1936)(第三冊・共產主義運動)中的相關論述,

主義和《共產黨宣言》中的共產主義革命理論。這顯然與當時臺灣人民反抗日本對臺殖民統治的自覺意識相關。但整個日據時期（1895-1945年），馬克思主義在臺灣傳播的主體，主要是當時有海外留學經歷或有左翼傾向的知識分子，並沒有真正涉及普通民眾。之後，國民黨在內戰中戰敗退守到臺灣，極力詆毀和妖魔化共產主義，馬克思主義成了臺灣理論界的思想禁區。因此，儘管1932年《手稿》的出版，在國際上引起了學者們關於馬克思主義的本質和定位的激烈爭論，但很長一段時間內，這部重要手稿的內容並沒有真正引起臺灣學者的關注。直到1972年，鄭學稼在《國立政治大學學報》上發表名為〈論馬克思的異化說〉的論文，《手稿》才算真正進入了臺灣學者的研究視野，他因此被看作「臺灣第一個正式評介馬克思《1844年經濟學哲學手稿》的人」[4]。鄭學稼所做的工作主要有兩個方面：一方面，他參考1964年美國國際出版公司出版的英文版《手稿》，對「異化勞動」章節的部分內容進行了摘譯；另一方面，他在摘引西方和東歐學者關於《手稿》中異化問題相關觀點的基礎上，進一步介紹了《手稿》發表和在歐洲傳播的歷史進程，以及異化勞動產生的背景，並針對西方和東歐學者的「兩個馬克思」（「不成熟的青年馬克思」和「成熟的老年馬克思」）觀點，提出了自己的「三個馬克思」劃分的主張。他認為，「第一個馬克思」是人本主義的馬克思，又可稱為「異化說」的早期馬克思。它沒有精確的時間段，1848年之前的馬克思大體上均可歸屬於「第一個馬克思」；「第二個馬克思」是1848年《共產黨宣言》發表到1871年巴黎公社發生為止的馬克思，這是通過研究資本主義經濟運行規律和寫作《資本論》而闡發階級鬥爭理論，以及主張共產主義必然代替資本主義的馬克思，大體上相當於西方學者所說的「科學的馬克思」；「第三個馬克思」是指晚年致力於研究東方社會和寫作人類學筆記的馬克思。他認為，這是深受達爾文社會進化

馬克思主義和共產主義傳入臺灣的時間可追溯到1921年前後。傳播途徑主要有兩種：其一為當時在日本東京留學的臺灣學生經由與日本共產主義者交往並受其影響而傳入臺灣，其二為當時在大陸的臺灣學生受大陸共產主義運動的影響，把馬克思主義帶入臺灣。臺灣共產主義的早期代表人物主要有：謝雪紅、林木順、溫連卿、林日高、翁澤生、莊春火、洪朝宗和陳來旺等。參見《臺灣社會運動史》（1913-1936）（第三冊・共產主義運動），王乃信等譯，臺北：創造出版社，1989年，第1-2頁。

4 林哲元：〈馬克思主義研究在臺灣——1949年後歷史與現狀概述〉，《江蘇社會科學》（南京），第3期，2010年。

論和實證思想影響的馬克思，其特徵在於突出經驗研究和把握自然規律的重要
性[5]。

　　鄭學稼的「三個馬克思」的區分，實際上是對蘇聯官方正統馬克思主義反
思的結果。他認為，列寧是「第二個馬克思」的繼承者，其主要工作是詮釋如
何通過階級（武裝）鬥爭使落後的俄國走向社會主義道路；而考茨基和伯恩斯
坦主導的第二國際的馬克思主義則主要繼承了「第三個馬克思」，由此導致它
帶有典型的自然科學必然性和經濟決定論的特徵。可見，在鄭學稼的詮釋中，
「第二個馬克思」和「第三個馬克思」都是不重視現實的和能動的個人，而只
突出階級鬥爭和規律必然性的、沒有人情味的馬克思。受西方學界對《手稿》
的人本主義的解讀範式影響，鄭學稼的觀點基本遵循此種詮釋路徑，並以此批
評蘇聯官方教條化的馬克思主義對人性的壓制。總體上看，鄭學稼儘管對馬克
思《手稿》中的異化理論有所涉獵，但研究並不深入和系統。並且，從純學術
性的眼光來看，他的一些觀點帶有太多的政治偏見。比如，他主張應區分馬克
思主義、列寧主義、史達林主義，以及西方馬克思主義和共產主義，因為將之
混為一談「無補於反共」，並認為「19 世紀 90 年代，所有社會主義者，都是
人本主義者，與十月革命後殺人不眨眼的布爾什維克，完全不同」[6]。因此，有
學者甚至認為他極力倡導的「人本主義的馬克思」也不過是「反共」理論的一
種形式[7]。

　　如果說，鄭學稼的文章是《手稿》的相關內容在臺灣的首次呈現，那麼，
1982 年王章陵的《馬克思的「異化論」批判》一書，絕對可算作臺灣出版的
第一本研究《手稿》的專著。該書圍繞著《手稿》中的「異化」主題展開，並
輻射考察了馬克思不同時期著作中「異化」論題的演變進程。其中，在馬克思
異化理論的思想史淵源上，與學界通常把其歸結於黑格爾和費爾巴哈的哲學不
同，作者通過思想史的考證，認為「異化」一詞最早見於中世紀經院哲學家奧
古斯丁的著作，「用來描述人與神，人性與神性相互消長的關係」[8]。之後，自
然法學派的格勞修斯以及英國經驗論哲學家霍布斯和洛克，都在權力和財產的

5　鄭學稼：〈論馬克思的異化說〉，《國立政治大學學報》，第 26 期，1972 年。

6　鄭學稼：〈論馬克思的異化說〉，《國立政治大學學報》，第 26 期，1972 年。

7　林哲元：〈馬克思主義研究在臺灣——1949 年後歷史與現狀概述〉，《江蘇社會科
　　學》（南京），第 3 期，2010 年。

8　王章陵：《馬克思「異化論」批判》，臺北：正中書局，1987 年，第 2 頁。

轉讓的意義上使用該詞。而盧梭對格勞修斯等人相關思想的批判，「已接近異化的概念」。到了 19 世紀的德國開始普遍在哲學領域使用異化概念，費希特的「外化的理性」（*Entäusserte-vernunft*）概念，就體現了「異化」的現代意涵。因為，按照費希特的說法，正是「自我」通過不斷外化和否定自身並設定制約自身的對立面的「非我」，才能認識「自我」自身，從而認識到「自我」與「非我」的統一。因此，費希特的這種「反思的規定」的方法論，「實為異化理論形成的基礎」[9]。依據這種方法，黑格爾和費爾巴哈建立了系統的和完整的異化學說。關於馬克思的異化批判理論的具體內容，作者將其總體上區分為「政治異化論」批判和「經濟異化論」批判[10]。所謂「政治異化論」批判，即「馬克思對塵世的政治批判」[11]。這一批判是在詳細剖析黑格爾政治異化論思想的基礎上展開的。首先，馬克思認為黑格爾對國家權力的論述，是「一個無法解決的二律背反」；其次，黑格爾對國家主體的論述是典型的「頭足倒置」；再次，馬克思認為黑格爾把國家和人民的利益相等同的說法實質上只是一種「謊言」，其帶來的最終結果必然是以國家和個人的同一性宰制和犧牲個人利益。所謂「經濟異化論」批判，包括三方面的內容，即「私有財產異化論」批判、「貨幣異化論」批判和「勞動異化論」批判[12]。這三個方面的內容不是各自獨立，而是密切相關和相互包容的。此外，該書還批判性地考察了社會主義的異化論問題，以及以馬克思的異化論為核心，展開對異化論與辯證法、異化論與分工、異化論與人道主義以及異化論與共產主義之間關係的思想史分析，並在最後一部分集中探討了馬克思異化論與孫中山的民生哲學之間的異同。可以看出，王章陵對《手稿》中「異化論」的研究和批判，最終主要是為批判性分析社會主義的異化問題，和宣揚國民黨在臺灣推行的三民主義民生哲學思想服務。

　　與王章陵對《手稿》中「異化論」批判相呼應，1984 年李英明博士發表了他的博士學位論文《馬克思異化論之研究》。該論文的內容基本上圍繞著《手稿》展開，同時在論述過程中也涉及大陸 1980 年代初期關於「人道主義與異化」問題的爭論。不過，相比於王章陵的研究，他拓展了馬克思異化論的

9　王章陵：《馬克思「異化論」批判》，臺北：正中書局，1987 年，第 4 頁。
10　王章陵：《馬克思「異化論」批判》，臺北：正中書局，1987 年，第 59 頁。
11　王章陵：《馬克思「異化論」批判》，臺北：正中書局，1987 年，第 60 頁。
12　王章陵：《馬克思「異化論」批判》，臺北：正中書局，1987 年，第 93 頁。

王章陵著《馬克思「異化論」批判》，正中書局，1987

理論來源，認為「黑格爾的歷史主義、費爾巴哈的人本學和自然主義、古典經濟學的經濟分析，以及赫斯的共產主義理論，是影響馬克思異化論的最重要因素」[13]。即使從現在的眼光看，他的這種看法也並不過時。但由於受制於政治意識形態成見、思想戒嚴和研究視野侷限的束縛，他與鄭學稼和王章陵一樣沒有擺脫特定時代的限制：對馬克思異化論的研究最終是為了批判特定意義上的馬克思主義的暴力論和階級專政服務。他認為，「異化論只是暴力革命和階級專政的理論準備，馬克思主張以暴力革命和階級鬥爭來消滅私有制和資本主義社會的異化現象」，這「只是一種『惡惡喪德』的作法」[14]。由此可見，儘管與鄭學稼和王章陵一樣，他也以批判性的態度對待馬克思的異化論內容，但此處的「批判」並非德國古典哲學意義上的「分析、考辯和劃界」，而是政治和思想鬥爭意義上的「駁斥」和「打倒」。總之，李英明對馬克思異化理論的研究，仍然存在諸多的缺陷。

---

13 李英明：〈馬克思異化論之研究〉，國立政治大學法律研究所博士論文，1984 年，第53 頁。
14 李英明：〈馬克思異化論之研究〉，國立政治大學法律研究所博士論文，1984 年，第54 頁。

二、解嚴之後的《手稿》研究

　　解嚴之前的《手稿》研究，由於受制於國民黨在臺灣推行黨禁報禁政策以及思想和意識形態戒嚴的影響，均存在著歷史性的侷限。比如，這些研究多多少少都滲透著為國民黨進行意識形態鬥爭服務的意味。但隨著 1987 年國民黨在內外壓力下宣布解嚴，開放黨禁和報禁，學術研究的空間和氛圍變得較為寬鬆後，臺灣的馬克思主義研究也開始逐漸擺脫意識形態的限制，強調純學術性的向度。在此背景下，時報出版社於 1990 年出版了由伊海宇翻譯的《手稿》繁體漢語版[15]。這是第一個由臺灣學者自主翻譯的《手稿》中譯本。公允地說，這個譯本與大陸劉丕坤的譯本和後來中央編譯局的譯本相比，除了文末的注釋部分精簡了許多之外，無論是譯文措詞的精準性還是表達的流暢性方面，都沒有特別突出的比較優勢。不過，由於與大陸學術話語言說方式上的差異，以及隨著臺灣學術自主性意識的增強[16]，這個譯本越來越被臺灣的學者所接受，銷量也逐漸增加，以至於該書在 2000 年重印。

　　解嚴之後，臺灣對於《手稿》最為詳盡的研究當屬政治大學宋國誠博士於 1990 年出版的《馬克思的人文主義──〈1844 年經濟學哲學手稿新探〉》一書。該書把《手稿》指認為最能顯示馬克思體系的「終極關懷」和「深層結構」的文本。並認為，這種終極關懷的核心為「一種尋求人性整全之可能」[17]。而「人性整全」就是「人的存在的最理想的可能性」[18]。它一方面是馬克思理論體系所要達成的目標，另一方面也是馬克思批判資本主義社會的知識基礎。因

---

[15] 《1844 年經濟學哲學手稿》，伊海宇譯，臺北：時報出版社，1990 年初版，2000 年重印。

[16] 1990 年之前，臺灣學者對《1844 年經濟學哲學手稿》的研究，主要是依據英文本，以及由中國流傳過去的中譯本。據臺灣大學孫中興教授考察，解嚴之後的 1988 年，在臺灣出現了沒有標示譯者和出版社的劉丕坤譯本的繁體字版，並且當時該書在臺灣大學附近書攤上到處有售。其暢銷和流行，達到了「當時的熱血青年和他們的老師大概人手一冊」的程度。參見孫中興：《馬克思「異化勞動」的異話》，臺北：群學出版有限公司，2010 年，第 115 頁。

[17] 宋國誠：《馬克思的人文主義──〈1844 年經濟學哲學手稿新探〉》，臺北：桂冠圖書股份有限公司，1990 年，第 6 頁。

[18] 宋國誠：《馬克思的人文主義──〈1844 年經濟學哲學手稿新探〉》，臺北：桂冠圖書股份有限公司，1990 年，第 7 頁。

此，可以說，馬克思在《手稿》中為現代的共產主義運動奠定了哲學基礎，即重建「人性整全」的人本學存在論模式。這個人本學存在論就是通過克服資本主義異化勞動和揚棄私有制，達到「勞動性的整全」和「社會性的整全」，並以勞動的整全進而實現人的全面發展[19]。不僅如此，作者還明確地闡釋了馬克思「人性整全」的主要內容及其實踐革命取向。他認為，所謂「人性整全」，在馬克思的語境中主要包含兩個面向：一為「對自然人道地獲取」，一為「人的感性實踐和解放」。但馬克思從不要求人們從宗教活動的倫理訴求和慰藉中尋求人性的整全。因此，馬克思的「人性整全」並不只是一種「人道式的理想」，而是一種在歷史的理想和真實的辯證中尋求以社會實在為基礎的革命理論，在這個意義上，馬克思的目標是把政治哲學的理想概念由純思想的領域轉變為一種等待實現的潛能而移入社會現實中。總之，「人性整全」是《手稿》的理論原則和終極關懷之所在，是馬克思共產主義理論與實踐的最後歸宿。馬克思不僅用它來解剖資本主義社會，而且還以它來批判資本主義社會[20]。

宋國誠著《馬克思的人文主義》，桂冠圖書股份有限公司，1990

---

19 宋國誠：《馬克思的人文主義——〈1844 年經濟學哲學手稿新探〉》，臺北：桂冠圖書股份有限公司，1990 年，第 7 頁。

20 宋國誠：《馬克思的人文主義——〈1844 年經濟學哲學手稿新探〉》，臺北：桂冠圖書股份有限公司，1990 年，第 583-584 頁。

　　質言之，該書把《手稿》的主旨和根本問題歸結爲：尋求一個「全人」
典型的人類存在論模式，以及建立一個以「全人」的存在爲目標的批判理論和
實踐哲學。在這種嶄新的人類存在論中，人成爲一種非異化的和總體的歷史主
體，從而處於「理論—實踐」、「主體—客體」、「自然—社會」、「自由—
必然」、「感性—理性」的完美和諧統一體中。

　　不僅如此，宋國誠對馬克思「人性整全」思想的缺點和不足也進行了分
析。他認爲馬克思以「勞動整全」來尋求「人性整全」，仍然不足以達到人的
全面提升與發展的目的，這是由於馬克思對「人性」的估計不足和過於簡化的
理解。即，「勞動性」不足以概括完整的「人類本性」，僅僅通過勞動整全
來尋求人性整全，其所成就者不過是一種理想化的「勞動人」或「工匠人」。
「馬克思的人性整全理論，實際上是通過對現存社會的否定來復原人的理想本
性的消極模式，它本質上是一種浪漫式、預言式和奪取式的整全，完全忽略人
的精神創造與道德期許」[21]。「馬克思的人性整全缺少那種人的道德主體意識，
缺少了人的精神世界的充實、涵育和飽滿」[22]。針對馬克思這種「窄化」的人性
理論，需要以道德自我的重建來包含馬克思的類本質的重建，以「道德主體」
來克服馬克思的「勞動主體」，如此才能眞正超越馬克思人學理論的缺陷並對
其做出有力的批判。

　　總體而言，無論就視野的寬度還是理論的深度來講，該書都代表了迄今臺
灣對《手稿》研究的最高水準，即使放到當今世界學界來看，它也是一部系統
地研究馬克思《手稿》的優秀作品。當然，由於時代和歷史侷限，它也有自身
的不足。比如，該書對馬克思「人性整全」思想的批判，實際上是基於對其具
體內容的誤讀：馬克思從來沒有把「人性整全」歸結於「勞動整全」，他只是
認爲，資本主義私有制條件下，工人階級異化的根據在於勞動的異化，因此，
要想使人類擺脫異化狀況向「眞正人性的復歸」，必須從根源上消滅異化勞
動。該書把馬克思的這一主張簡化爲「通過勞動整全來尋求人性整全」，並從
而造成「勞動人」和「工匠人」的說法，是犯了以偏概全和偷梁換柱的錯誤。
此外，該書在已有研究資料的選取上，主要侷限於西方，除了只是在導論中提

21　宋國誠：《馬克思的人文主義——〈1844年經濟學哲學手稿新探〉》，臺北：桂冠圖
　　書股份有限公司，1990年，第585頁。
22　宋國誠：《馬克思的人文主義——〈1844年經濟學哲學手稿新探〉》，臺北：桂冠圖
　　書股份有限公司，1990年，第vi頁。

及北京大學楊適教授對《手稿》在馬克思主義思想史上的定位[23]，以及第二章的「《手稿》的論證起點問題」涉及大陸學者紀玉祥的文章〈《1844年經濟學哲學手稿》起點、結構和方法問題初探〉的內容之外[24]，幾乎沒有與大陸豐富的研究成果展開任何實質性對話。從各章的「注釋」和書後的「參考文獻」來看，這顯然與作者獲取大陸相關研究資料的困難無關，而很可能是因為兩岸政黨意識形態的隔閡直接影響了其研究帶有的政治的和意識形態的偏見。

三、21世紀以來的《手稿》研究

　　進入新世紀以來，儘管隨著西方馬克思主義和東歐新馬克思主義的沒落，臺灣的馬克思主義研究總體上進入「冷淡期」，但學者們對馬克思的學術性思考從來沒有停止。實際上，這種「冷淡期」是臺灣學界在自覺地進行研究範式上的自我調整。並且，調整中的研究越發呈現出兩大特徵：一是研究越來越貼近社會現實，更強調把馬克思的思想資源與社會重大現實問題相結合；二是研究越來越帶有學科化特徵（尤以社會學特徵明顯），並越發強調回歸對馬克思經典文本的解讀。

　　2007年黃瑞祺與黃之棟合著的論文〈1844年經濟學哲學手稿中的生態視角〉，就是前一研究特徵的集中體現[25]。兩位作者認為，在當今世界生態危機問題短期內無法實現實質性解決，以及西方綠色生態運動整體上表現出理論上的貧困和無能的情況下，回溯和挖掘馬克思的相關思想資源，能夠為我們帶來一些意想不到的收穫。而《手稿》代表了馬克思一生中所持哲學基準的確立，即使到了後期的唯物史觀形成與資本主義體制批判確立之後，它仍是其哲學基礎。作者經由生態學所揭示的關係主義視角，回顧和挖掘了《手稿》中的生態學蘊義，並在梳理《手稿》中展現的人與自然關係的基礎上，試圖對馬克思的思想進行重新定位。《手稿》中的自然觀大致可從「自然的先在性」、「人的

23　宋國誠：《馬克思的人文主義——〈1844年經濟學哲學手稿新探〉》，臺北：桂冠圖書股份有限公司，1990年，第3頁。

24　宋國誠：《馬克思的人文主義——〈1844年經濟學哲學手稿新探〉》，臺北：桂冠圖書股份有限公司，1990年，第107頁。

25　黃瑞祺、黃之棟：〈1844年經濟學哲學手稿中的生態視角〉，《國家發展研究》，第6卷第2期，2007年，第171-194頁。

兩面性」及「勞動辯證法」等三個層次來理解。具體而言，人雖然是自然的一部分，但由於人必須經由勞動來對象化自然才能獲取生活所需，因此，人與自然環境之間必然存在相互制約與影響的關係。這體現在，人以勞動爲手段來人化自然時，自身也被自然所自然化。勞動是人的自然面向與本身的存在面向統一的存在論根據，它在終極意義上將使人類的自然主義和自然的人本主義歸於統一。由於《手稿》超越了傳統人類中心主義的範疇，並朝向非人類中心主義的道路邁進，這使得馬克思主義理論與當代環境主義有了根本的一致，這一重要的接點，是未來馬克思主義復興的契機。

總體來看，該文在西方左翼理論「去馬」和「脫馬」傾向日漸鮮明的情況下，企圖在當代生態學和生態批判中對《手稿》進行重新定位，梳理並闡釋「馬克思思想的生態軌跡」和當代意義，其價值應當予以肯定。但兩位作者在認識到經由「勞動辯證法」和「人化自然」，《手稿》實質上已經突破了自然主義和人本主義的簡單對立的情況下，仍然把其定性爲「青年馬克思的自然主義理路」，既容易引起誤解，又有失公允。因爲，《手稿》中的「自然主義」與當代西方哲學中的自然主義在內涵上顯然存在根本差異：馬克思賦予了自然主義以社會性和歷史性向度，而當代自然主義恰恰要與之保持距離。只有領會了《手稿》中「自然主義」的社會性和歷史性特質，才能眞正理解馬克思的如下論斷：「這種共產主義，作爲完成了的自然主義＝人道主義，而作爲完成了的人道主義＝自然主義」[26]，「社會是人同自然界的完成了的本質的統一，是自然界的眞正復活，是人的實現了的自然主義和自然界的實現了的人道主義」[27]，「我們在這裡看到，徹底的自然主義或人道主義，既不同於唯心主義，也不同於唯物主義，同時又是把這二者結合的眞理。我們同時也看到，只有自然主義能夠理解世界歷史的行動」[28]。總之，《手稿》中的「自然主義」，不是「一般的自然主義」，而是「徹底的自然主義」，即被人類實踐活動仲介了的人本化的自然主義。

26《馬克思恩格斯全集》第 3 卷，北京：人民出版社，2002 年第 2 版，第 297 頁。

27《馬克思恩格斯全集》第 3 卷，北京：人民出版社，2002 年第 2 版，第 301 頁。

28《馬克思恩格斯全集》第 3 卷，北京：人民出版社，2002 年第 2 版，第 324 頁。

孫中興著《馬克思「異化勞動」的異話》，群學出版，2010

　　2010 年臺灣大學社會學系的孫中興教授出版的《馬克思「異化勞動」的異話》一書，是《手稿》在臺灣的最新研究成果。該書的最大特點在於，它以「德英中文對照閱讀」的形式逐段分析了《手稿》中的「異化勞動」章節。該書曾被臺灣媒體稱爲「臺灣第一本逐段分析馬克思『異化勞動』的學術著作」[29]。總體上看，孫中興教授在書中確實提出了一些新的觀點。比如，不同於學界通常把馬克思《手稿》中的「異化勞動」分成四類的做法，他認爲，《手稿》中的「人同他人的異化」，實際上是「人同他的勞動產品的異化」、「人的勞動活動本身的異化」和「人同他的類本質異化」這「三種異化」的直接結果。換言之，「人同他人的異化」是「果」，而其他三種異化是「因」，它們之間「有著時間上的先後關係」[30]。「所以嚴格來說，三種分類和四種分類有著因果的前後順序之別。……異化勞動應該是從三種演變成一種；異化是一個歷史的過程」[31]。以此觀之，即便目前學界較爲流行的做法，即把「四類」異化勞動理解爲異化勞動的「四個方面」，同樣是存在問題的。因爲準確地說，它們是同

[29] 孫中興：《馬克思「異化勞動」的異話》，臺北：群學出版有限公司，2010年，封底頁。

[30] 孫中興：《馬克思「異化勞動」的異話》，臺北：群學出版有限公司，2010 年，第 67 頁。

[31] 孫中興：《馬克思「異化勞動」的異話》，臺北：群學出版有限公司，2010 年，第 104 頁。

一個異化勞動過程的四個環節，並且第四個環節是前三個環節的必然結果。該書的另一個洞見是，主張馬克思的異化勞動理論實質上蘊含著「對異化做階級分析」，並認為「馬克思的異化勞動包含著兩個階級的情況，而且是和勞動（包含生產和產品）、自然界、類本質等等因素相互之間和因素之內的各種關係」[32]。不僅如此，作者還相當準確地指出，「分析異化勞動的成因並不是馬克思的用心所在。充其量，這只是馬克思理論的起點。他的理論終點，甚至是他的人生實踐目標，是廢除這種造成異化勞動的情況」[33]。由此，馬克思異化批判理論的實踐定向得以突顯和明確化。

當然，孫中興的研究也存在著一定的缺陷和錯誤。首先，他只分析了《手稿》的「異化勞動」部分，而對第一手稿中的「國民經濟學批判」和第三手稿的「黑格爾哲學及一般哲學的批判」，幾乎完全沒有涉及。其次，具體內容論述上甚至出現了錯誤。比如，他認為《手稿》的最早中譯本，是人民出版社於1963年出版的何思敬譯和宗白華校的譯本[34]。但何思敬的這個譯本第一版，實際上出版於1956年9月，並於1957年7月第二次印刷，1963年顯然只能是該譯本的再次重印[35]。因此，孫中興教授很可能是把1963年的重印本誤認成了是該書的首次出版。

有必要提及的是，2016年臺灣又出版了《手稿》的最新譯本，這也是目前為止臺灣自主翻譯的第二個《手稿》中譯本[36]。該譯本是由李中文翻譯，並由臺灣中山大學哲學研究所洪世謙副教授撰寫專文導讀。總體上看，相較於臺灣第一個譯本，該譯本的最大特點在於，它不僅把「詹姆斯・穆勒的《政治經濟學原理》摘要」作為附錄翻譯了出來，還對譯文中的一些關鍵字以加括弧的形式給出了相應的德文詞。比如，「私有財產／私有制」（*Privateigentum*）、「對象化」（*Vergegenständlichung*）、「異

---

32 孫中興：《馬克思「異化勞動」的異話》，臺北：群學出版有限公司，2010年，第105頁。
33 孫中興：《馬克思「異化勞動」的異話》，臺北：群學出版有限公司，2010年，第106頁。
34 孫中興：《馬克思「異化勞動」的異話》，臺北：群學出版有限公司，2010年，第114頁。
35《經濟學—哲學手稿》，何思敬譯，宗白華校，北京：人民出版社，1957年，版權頁。
36 馬克思：《一八四四年經濟學哲學手稿》，李中文譯，臺北：暖暖書屋文化事業股份有限公司，2016年。

化」（*Entfremdung*）、「外化」（*Entäußerung*）、「物性」（*Dingheit*）、「類生活」（*Gattungsleben*）、「類本質」（*Gattungswesen*）、「人格」（*Persönlichkeit*）、「領有」（*Aneignug*）、「共同體」（*Gemeinschaft*）、「實在的科學」（*reelle Wissenschaft*）、「個體性」（*Individualität*）、「承認」（*Anerkennung*）、「占有」（*Besitz*）等等。並且，附錄部分還提供了詳細的中德「譯名對照表」，《手稿》中涉及的關鍵字的中德文一應俱全，方便讀者對照查找。不過，就譯文的品質來說，與大陸中央編譯局的譯本相比，無論是語言的優美和流暢程度，還是就內容的傳達準確性，並沒有顯示出特別的優勢。而且，該譯本對一些關鍵術語的翻譯還容易引起誤解。比如，它把《手稿》的「*Grundeigentümer*」翻譯爲「地主」[37]，對於熟悉馬克思主義五種社會型態理論的讀者，往往由此聯想到「封建社會」，但馬克思這裡談論的語境卻是「資本主義社會」。因此，比較而言，大陸譯本的「土地所有者」這個中性的翻譯則不易引起誤解，也更能切中《手稿》相關論述的上下文語境。再如，它把大陸譯本中的「人格關係」，翻譯爲「個人關係」[38]；把「掠奪」翻譯爲「占取」[39]等等。這些譯文，看似較爲中立，實際上弱化了馬克思異化批判理論中的階級分析立場。

　　應當指出，該譯本的一大亮點當屬洪世謙先生所寫的「導讀」。在這篇題名「勞動與實踐：一條人類本質的歸返之路」的導讀中，洪先生圍繞著「《1844年經濟學哲學手稿》的思想起源及其結構」、「人的本質與勞動」、「非人化：異化勞動」、「人的本質的復歸：共產主義」，以及「手稿的貢獻」主題展開論述。他指出，《手稿》是馬克思形成自己的新世界觀的關鍵作品，除了在哲學史上標示著馬克思走出黑格爾和費爾巴哈的哲學，試圖展開另一套以實踐和勞動爲核心的歷史唯物主義哲學之外，它還透過對異化勞動和社會關係的分析，闡明了人的本質以及探討了現實的「人的解放」的問題。「這樣的論

---

[37] 馬克思：《一八四四年經濟學哲學手稿》，李中文譯，臺北：暖暖書屋文化事業股份有限公司，2016 年，第 40 頁。

[38] 馬克思：《一八四四年經濟學哲學手稿》，李中文譯，臺北：暖暖書屋文化事業股份有限公司，2016 年，第 100 頁。

[39] 馬克思：《一八四四年經濟學哲學手稿》，李中文譯，臺北：暖暖書屋文化事業股份有限公司，2016 年，第 86 頁。

點，奠定了歷史唯物的基礎」[40]。同時，《手稿》中初次展開的對國民經濟學的批判，以及包括工資、資本、分工、僱傭勞動和私有制等資本主義運作方式的研究和異化勞動的批判性分析過程，都說明了國民經濟學與資本主義在理論上和運作上所內在包含的自我矛盾，由此爲後來的《資本論》奠定了基礎。換言之，「在手稿中，馬克思以異化勞動爲核心，以探究人的本質與尋求人的解放爲目的，展開了他對德國古典哲學與政治經濟學的批判，從而建立了他後來主要哲學基礎及實踐工作：歷史唯物論、資本論和共產主義」[41]。

　　當然，肯定新世紀以來臺灣學界在《手稿》研究上所取得的學術性成果的同時，也應該看到，由於受歐美學界流行的「後現代主義」和「後馬克思主義」思潮的影響，他們對馬克思思想的解讀實質上構成了一種不自覺的「解構」：在強化研究的學術性和文本重要性的同時，對馬克思的思想和文本做了碎片化和肢解化的處理，既削弱了馬克思主義理論的內在整體性，又弱化了《手稿》中「異化勞動」批判所包含的激進革命潛能和階級鬥爭定向。此外，其研究成果多限於對文本和思想本身進行解讀，並沒有把研究與對臺灣社會文化結構變遷的批判分析結合起來。

---

[40] 馬克思：《一八四四年經濟學哲學手稿》，李中文譯，臺北：暖暖書屋文化事業股份
　　有限公司，2016 年，第 26 頁。

[41] 馬克思：《一八四四年經濟學哲學手稿》，李中文譯，臺北：暖暖書屋文化事業股份
　　有限公司，2016 年，第 26-27 頁。

附錄二
臺灣對馬克思誕辰200周年的紀念

【內容摘要】

　　臺灣主要以著書立說、舉辦學術會議、組織讀書會和舉行系列學術講座的形式紀念馬克思誕辰 200 周年。臺灣學者認爲，「沒有馬克思，就沒有今日的社會」，馬克思主義並未過時，歷史沒有終結。馬克思的著作之所以能成爲經典值並得反覆拜讀，主要是因爲其內在包含的強烈的人文關懷和主張理論與實踐必須相結合的「批判精神」。馬克思主義本質上是一種以個人的自我實現爲主旨的人類解放理論，只要當今社會還存在剝削、奴役和社會不公等阻礙人自我實現的現象，馬克思主義就有存在的必要。「中國化的馬克思主義」是符合馬克思主義的批判精神的，是「對馬克思主義的一種發展」。

【關鍵字】

　　馬克思誕辰 200 周年；臺灣的馬克思主義；人類解放

　　2018 年是馬克思誕辰 200 周年和《共產黨宣言》發表 170 周年的紀年，世界各地學界都在以不同的理論形式紀念馬克思主義史上的這個特殊年份。這一方面表明馬克思主義的世界歷史意義，另一方面也表明馬克思主義理論的眞理性和當代性。馬克思主義在臺灣儘管不是主流學界研究的重點領域，但在這樣一個特殊的年份裡，臺灣相關學者仍然以自己的形式給予了紀念。

一、馬克思主義在臺灣傳播的總體狀況

　　據相關文獻記載，馬克思主義最早傳入臺灣大概在 1920 年前後 [1]。其傳播的背景爲甲午戰爭後臺灣被迫割讓給日本，從此開啓其被日本殖民主義統治的時代。臺灣人們也相應地走向反抗殖民統治的艱難征程。當時恰逢第一次世界

---

[1] 《臺灣社會運動史》（1913-1936）（第三冊・共產主義運動），王乃信等譯，臺北：創造出版社，1989 年，第 1-2 頁。

大戰剛剛結束，馬克思主義在日本、俄國和中國大陸正處於風起雲湧之勢。正是在這種背景下，當時臺灣在日本和俄國留學及在中國大陸學習的學生，受世界社會主義運動形勢的影響，並結合臺灣殖民地的現實狀況考慮，把馬克思主義帶入到臺灣。從傳播的內容來看，馬克思主義在臺灣的早期傳播，主要集中於階級鬥爭理論和唯物史觀學說[2]。這種狀況，很顯然主要與臺灣當時的殖民地現實處境直接相關。日據時代，馬克思主義在臺灣的傳播，對於喚起臺灣人民的階級意識並進而自覺地反抗日殖民主義統治，確實起到了重要作用。但1931年隨著臺灣共產黨組織被徹底粉碎[3]，馬克思主義在臺灣的傳播一度近乎中斷。

王乃信等譯《臺灣社會運動史》（1913-1936）（第三冊・共產主義運動），創造出版社，1989

1949年於國共內戰中戰敗退守到臺灣的國民黨，出於與中共政治立場和意識形態對立考慮，開始執行嚴格的黨禁和報禁政策，臺灣進入「白色恐怖」時代，馬克思主義也被當成「洪水猛獸」對待。在這種狀況下，馬克思主義自然成為思想的禁區，只有少數上層官員和高級知識分子出於「反馬」與「批

---

2 這從1926年許乃昌和陳逢源在《臺灣民報》上所展開的關於「中國改造論」的爭論，以及同時期連溫卿、楊達和林秋梧等人所發表的相關文章可以看得出來。

3 《臺灣社會運動史》（1913-1936）（第三冊・共產主義運動），王乃信等譯，臺北：創造出版社，1989，第192-194頁。

共」的需要方能接觸到。因此，整個戒嚴時期，馬克思主義在臺灣的「傳播」
和「研究」，主要是以「批判的靶子」的形式出現的，且是爲論證國民黨當局
在臺統治的合法性和三民主義優越性服務的。很顯然，這是一種帶有國民黨官
方政治目的性和批判性的研究，其成果自然多帶有對馬克思主義的意識形態上
偏見、曲解和敵視。

　　1987 年解嚴前後，臺灣的政治氛圍相對寬鬆，學界獲得了一定的自由
度，加之臺灣各種現實問題的解決迫切需要新的理論引導，這種狀況下，各種
西方思潮相繼進入臺灣，「馬學」、「新馬」和「後馬」作爲社會科學知識的
不同樣式也紛紛被引介，由此形成 1980、90 年代臺灣較爲流行的「新馬克思
主義熱」。其翻譯和出版的一系列著作，至今仍是馬克思主義學界的重要理論
資源，學術觀點也相對較爲中立。

　　進入 21 世紀以來，臺灣的新自由主義氛圍越發濃厚，馬克思主義越來越
被邊緣化，研究群體也在萎縮。但部分仍然堅守馬克思主義陣地的研究者認
爲，無論是馬克思主義還是社會主義，都沒有過時，非但歷史沒有走向終結，
馬克思主義也在繼續發展，社會主義還有光明前景[4]。總體上看，目前「馬克思
學」研究正在臺灣恢復生機，洪鎌德這樣的老一輩的研究者仍在耕耘，黃瑞
祺、孫中興、錢永祥和陳宜中等中生代研究者正處盛年，且筆耕不輟，萬毓
澤、洪世謙等新生代研究者正在茁壯成長。由於他們基本上都有國外留學經
歷，其所取得的馬克思主義方面的研究成果因此顯得更加「與國際接軌」，越
來越西方化，不論是研究範式還是研究方法上都高度依賴西方。相較於之前，
臺灣學界對待馬克思主義的態度也更爲開放和中立，以文本學與文獻學研究方
式研究馬克思進一步受到關注，以馬克思思想解答現實問題的研究進路更是得
到重視。比較而言，臺灣學界對馬克思主義也有更高的評價，認爲「馬克思主
義是資本主義的一面鏡子」，「指出了資本主義存在的種種弊端」；「馬克思
主義不是封閉的，而是開放的」；「馬克思主義不是過時的，而是不斷發展
的」；「新時代中國特色社會主義是馬克思主義的最新發展」[5]。

4　姜新立，轉引自李洋：〈永遠的馬克思發展的馬克思——「紀念馬克思誕辰 200 周年」
　　論壇綜述〉，《前線》（北京），第 6 期，2018 年。

5　姜新立，轉引自李洋：〈永遠的馬克思發展的馬克思——「紀念馬克思誕辰 200 周年」
　　論壇綜述〉，《前線》（北京），第 6 期，2018 年。

二、紀念馬克思誕辰200周年的形式與内容

　　臺灣對馬克思誕辰 200 周年的紀念，實際上是與《資本論》第一卷出版 150 周年的紀念放在一起進行的，並主要以三種形式展開。

　　其一是著書立說，出版了一系列馬克思的和與馬克思相關的譯著及研究著作。譯作方面主要有孫善豪譯註的《德意志意識形態 I. 費爾巴哈原始手稿》（聯經出版公司，2016）、李中文翻譯的《一八四四年經濟學哲學手稿》（暖暖書屋文化事業股份有限公司，2016）[6]、馬元德等翻譯的科拉科夫斯基三卷本的《馬克思主義主要流派：興起、發展與崩潰》（聯經出版公司，2018）[7]、毛翊宇翻譯的哈威的《資本思維的瘋狂矛盾：大衛·哈威新解馬克思與〈資本論〉》（聯經出版公司，2018）、許瑞宋翻譯的哈威的《資本社會的 17 個矛盾》（聯經出版公司，2016）和《挑戰資本主義：大衛哈威精選文集》（時報出版社，2018）、李尚遠翻譯的伊格爾頓的《散步在華爾街的馬克思》（商周出版社，2018）[8]、陳均峰翻譯的昆恩的《遊蕩世界的靈魂：馬克思，〈資本論〉的誕生》（聯經出版公司，2017）以及杜惠敏翻譯的《何謂主體性？沙特談馬克思主義與主體性》（遠流出版公司，2016）等。其中，尤其值得特別提及的是，聯經出版公司出版的《資本論》（2017），這是中央編譯局主譯的《資本論》三卷本首次被授權在臺灣出版繁體版，並結合臺灣民眾的閱讀習慣，出版時對原譯文中的部分術語進行了改譯。研究性著作方面，主要有黃瑞祺的《歐美歷史唯物主義新論》（允晨文化實業股份有限公司，2016）、楊照的《在資本主義浩劫時，聆聽馬克思：讀懂馬克思與〈資本論〉》（本事出版社，2017）[9]、洪鎌德的《馬克思與時代批判》（五南圖書出版股份有限公司，2018）、萬毓澤的《你不知道的馬克思》（木馬文化，2018）和《〈資本論〉

6　張守奎：〈臺灣的《1844 年經濟學哲學手稿》研究〉，《馬克思主義研究》（北京），第 9 期，2017 年。這是臺灣自主翻譯的第二個《1844 年經濟學哲學手稿》繁體中文譯本，另一是 1990 年臺北時報文化出版的伊海宇譯本。

7　該書 1992 年在臺灣曾出版過第一卷的譯本。參見科拉柯夫斯基：《馬克思主義的主流（一）》，馬元德譯，臺北：遠流事業股份有限公司，1992 年。

8　即 Terry Eagleton, *Why Marx Was Right*。大陸翻譯為《馬克思為什麼是對的》。參見伊格爾頓：《馬克思為什麼是對的》，李楊等譯，新星出版社，2011 年。

9　該書 2013 年在臺灣曾出版過第一版，這是第二版。

完全使用手冊：版本、系譜、爭議與當代價值》（聯經出版公司，2018）、施正鋒主編的《淵博與創思：洪鎌德教授八十高壽慶賀文集》（五南圖書出版股份有限公司，2018）等。

　　此外，臺灣陽明交通大學的洪鎌德教授和佛光大學的姜新立教授還分別發表了〈迎接屠格涅夫和馬克思誕生兩百周年紀念日的到來〉（《台俄經貿》，第 21 期，2017）和〈馬克思二百誕辰有感〉（《海峽評論》，第 329 期，2018/5）的紀念性文章。

　　其二，舉辦學術會議。為紀念馬克思誕辰 200 周年和《共產黨宣言》發表 170 周年，也為推動臺灣學界在馬克思主義研究上的互通互融，2018 年 5 月 5 日由臺灣歐洲聯盟研究協會主辦、財團法人新世紀教育基金會贊助支持的「馬克思誕生二百周年研討會」在臺北舉行。研討會分為「專題演講」和「主題討論」兩部分。其中，「專題演講」部分，由臺灣馬克思主義研究用功最勤、成果最豐的洪鎌德教授發表「馬克思誕生兩百周年的時代意義」的主題報告。而「主題討論」部分，分上下兩場。第一場的主題為「馬克思與其身處的時代」，洪鎌德教授擔任主持，共有四位報告人發表演講，分別為國立中正大學杜子信的「馬克思及恩格斯對於中世紀德意志人東向移民拓殖史及德意志─斯拉夫民族關係史的觀點」、國立政治大學魏百谷的「馬克思對俄國農村公社的觀察與討論」、國立東華大學施正鋒的「馬克思與愛爾蘭」和天主教輔仁大學謝宏仁的「倫敦霧裡看清中國」。第二場的主題為「馬克思思想的當代發展」，周朝國擔任主持，也共有四位報告人發表演講，分別為國立臺灣大學張書榜的「馬克思與浪漫主義之關係：從青年馬克思思想談起」、國立中央大學蔡芬芳的「馬克思與人類學——兼論艾立克·沃爾夫《歐洲與沒有歷史的人》」、國立空中大學黃之棟的「左翼環境思潮的光與影：馬克思主義的生態定位」和東吳大學曾志隆的「從『普勞階級革命』到『民主革命』的轉變：後馬克思主義對馬克思思想的批判與繼承」[10]。

　　其三，舉行「《資本論》讀書會」和「紀念馬克思誕生 200 周年系列講座」。2017 年 10 月，中央編譯局授權的繁體中譯本《資本論》正式在臺灣出版。為慶祝《資本論》繁體版在臺灣的出版，也為紀念馬克思誕辰 200 周年，聯經出版公司組織了「在沒有馬克思的時代讀《資本論》：《資本論》讀

---

[10] 此次研討會論文集最終由五南圖書出版股份有限公司出版。參見曾志隆編：《馬克思誕生兩百年後世局之演變》，臺北：五南圖書出版股份有限公司，2018 年。

萬毓澤著《〈資本論〉完全使用手冊》，聯經出版公司，2018

書會」。該「讀書會」共包括三場主題講座，分別爲：2017 年 10 月 26 日中
山大學社會學系萬毓澤副教授的「《資本論》從勿讀、誤讀到務讀」，11 月
23 日中研院人文社會科學研究中心陳宜中研究員的「《資本論》蘊含哪一種政
治？」以及 12 月 21 日臺灣《思想》雜誌總編輯錢永祥教授的「馬克思主義的
中國化：以自由主義爲對比」。而「紀念馬克思誕生 200 周年系列講座」主要
有 2018 年 5 月臺灣歐洲聯盟研究協會舉行的「張維邦教授講座系列」，以及
2017 年和 2018 年臺灣聯經出版公司、臺灣哲學星期五、東海大學社會學系和
成功大學圖書館等單位分別舉行的關於《資本論》的主題講座等。另外，爲慶
祝《〈資本論〉完全使用手冊：版本、系譜、爭議與當代價值》一書的出版和
馬克思誕辰 200 周年，臺灣誠品書店曾於 2018 年 9 月 27 日組織了「《〈資本論〉
完全使用手冊》新書分享會」。該書的作者——臺灣國立中山大學的萬毓澤副
教授親自做客「分享會」，並就本書寫作的緣起、目的、意義以及主要內容，
與讀者進行了互動和分享。

三、紀念馬克思誕辰200周年所形成的主要觀點

　　馬克思的思想主旨是什麼？其方法論意義何在？它與當今社會存在何以內
在關聯？在資本全球化時代爲什麼還要閱讀甚至反覆閱讀馬克思？圍繞著這些
問題，臺灣借紀念馬克思誕辰 200 周年的契機，進行了深入的研討和反思。
　　臺灣陽明交通大學的洪鎌德教授認爲，在馬克思誕辰 200 周年之際，世界

各地的政界、學界、文化界和輿論界之所以都以不同的方式闡釋馬克思這位世界級的偉人對人類命運的衝擊和對文明的貢獻，是因為馬克思思想的精神實質使然。「雖然馬克思反對個人主義、自由主義和空想社會主義，而堅信和主張他自己標榜的『科學的社會主義』。但其哲思的出發點卻是人生的目標：『自我實現』（*Selbstverwirklichung*）之追求：利用有限人生，把人自身的潛能發掘出來，應用人際溝通和社會實踐（*soziale Praxis*），不只成就個人、親友、人群，還達成人類最終的解放」[11]。換言之，正是馬克思的這種基於「自我實現」之上的人類解放論，塑造了其思想在當今依然存在剝削、貧困和眾多不公現象的資本主義世界的巨大感召力。而對於第三世界和社會主義國家而言，馬克思晚年與查蘇利奇就俄國農村公社之性質所展開的討論，實際上表明他改變了自己早年的社會單線演化觀，發展出了一種「複調」的社會發展理論，這正為他們主張各自國家應該走自主化發展道路和「馬克思主義民族化與國別化」提供了直接理論依據[12]。具體而言，馬克思思想及馬克思主義在如下六個方面與當今社會密切相關：（一）由資本及資本邏輯所驅動的全球化是當今社會的最重要特徵，但資本的內在悖論決定了這種全球化必然是文明與愚昧、解放與奴役、豐裕與貧困、生產發展與環境破壞等的矛盾體。由此，貧富懸殊、社會不公、資源掠奪、環境破壞等消極因素將始終如「幽靈」般伴隨其左右，這使得「國際工人有團結起來抵抗全球化資本主義的必要」；（二）「當代社會知識、科技和傳媒的重要性與日俱增，呼應了馬克思當年對機器、溝通工具、與一般智力的重視；馬克思說：由中央自動機傳出的機器是靠機械進行生產最高的形式」；（三）「新自由主義流行下的資本主義造成貧窮化、低薪化，引起百姓的反對，因而對馬氏的階級論引發重讀與重思的興趣」；（四）「對 911 攻擊所引起的全球性反恐活動與圍剿，以及針對 ISIS 相關的軍事行動，反而突顯了馬克思和列寧有關帝國主義的析述有重加了解的必要」；（五）「環境惡化和生態危機的主題可在馬克思的著作中隨處找到，增加人群對現代工業主義和破壞自然的反感與反對」；（六）「自 2008 年之後的世界性經濟危機顯示資本主

---

[11] 洪鎌德：〈迎接屠格涅夫和馬克思誕生兩百周年紀念日的到來〉，《台俄經貿》，第 21 期，2017 年。

[12] 洪鎌德：《馬克思與時代批判》，臺北：五南圖書出版股份有限公司，2018 年，「序」。

義內含矛盾和衝突,這符合馬克思對資本主義危機論的診斷」[13]。

曾志隆主編《馬克思誕生兩百年後世局之演變》,五南圖書出版股份有限公司,2018

　　總之,洪鎌德認為:在適逢馬克思誕辰 200 周年之際,回顧他一生的理念、志業和實踐可見,馬克思始終致力於探索和推動「對社會的改善」和「人性的復歸」,「把社會改變為共產式的社群,縮小乃至化除貧富的對立,落實個人的自我實現,達致人群的和諧圓滿,應是他終身奮鬥不懈的目標。在這一意義下,與其再度強調他的主張為科學的社會主義,還不如宣揚他的人本主義、人文精神、和人道情懷。特別是在跨國和數碼資本主義氾濫全球,入侵、宰制和殖民全世界之際,人追求自由和解放的願望更加緊迫,這就是馬克思的學說和理念復活於當代之緣由與意義」[14]。洪先生對馬克思主義的這種理解和看法,未必完全準確,比如可能存在把馬克思主義等同於人本學意義上的異化論批判,弱化了其科學和經濟學內涵。但他對馬克思主義在當今世界重要性的認知,無疑是正確的。

　　臺灣佛光大學的姜新立教授認為「馬克思是現代共產主義的奠基人,他的

13　洪鎌德:〈馬克思兩百年誕辰的當代意義〉,《馬克思誕生二百周年研討會文集》,
　　臺北:臺灣歐洲聯盟研究協會,2018 年 5 月。
14　洪鎌德:〈馬克思兩百年誕辰的當代意義〉,《馬克思誕生二百周年研討會文集》,
　　臺北:臺灣歐洲聯盟研究協會,2018 年 5 月。

思想及理論對人類的影響不僅在政治革命與社會運動上，同時也在文化批判與知識建構上」。「馬克思對人類知識影響面涵蓋整個人文與社會科學……馬克思作為人類近現代思想巨人，當之無愧。因此，對於馬克思這樣的歷史人物，像馬克思主義這樣的大理論，在他誕辰二百周年之際，不但要開會紀念他，更要理解他，並要對他留下的知識遺產『馬克思主義』給予知識解讀或詮釋性的研究」[15]。馬克思思想及馬克思主義的主旨精神是主張理論必須與實踐相結合，以源於實踐的理論指導實踐，又在實踐中進一步豐富和完善理論。馬克思本人晚年曾明確拒絕歷史唯物主義是一種「普遍的歷史哲學」，並聲稱他所說的「資本主義制度的歷史必然性只限於歐洲」。事實上，他本人只把其理論當作用來解釋人類歷史與社會發展的一種「觀點」、「途徑」或「理論模式」，而非「鐵的必然性」意義上的「規律」或放諸四海而皆準的「真理」。進而言之，馬克思的著作與理論是針對 19 世紀的歐洲資本主義及其社會，既不是普遍原理，也非封閉系統，更非教條主義；相反地，它是開放性的知識系統。它既不是「經濟決定論」，也不是「歷史宿命論」。馬克思主義的本質既強調「理論」必須與「實踐」相結合，也注意到時空的差異，這充分體現在晚年他針對俄國的社會發展所提出的可跨越「卡夫丁峽谷」的說法[16]。由此來看，「中國化的馬克思主義」意味著馬克思主義有其超越地域與民族界線的世界情懷，馬克思所關注的不單是資本主義的異化，更關切的是全人類的福祉、自由與解放，只要人間有「異化」，馬克思主義便不過時。同理，以「中國化的馬克思主義」（中國特色社會主義）盈然煥發而言，馬克思主義不但沒有因「蘇東劇變」而終結，而且正深刻地影響並改變著中國[17]。「中國化的馬克思主義」，實際上正是馬克思一貫主張的理論與實踐必須相結合精神的具體體現，「是合乎馬克思主義的」和「對馬克思主義的一種發展」[18]。

　　姜教授認為，馬克思對人類知識上的影響幾乎涵蓋了整個人文與社會科學，儘管一個多世紀以來，其本人及思想理論因為政治上的原因而被誤解、曲解、否定乃至猛烈抨擊，但「馬克思作為人類近現代思想巨人，當之無愧。因

15 姜新立：〈馬克思二百誕辰有感〉，《海峽評論》，第 329 期，2018 年 5 月號。

16 姜新立：〈馬克思二百誕辰有感〉，《海峽評論》，第 329 期，2018 年 5 月號。

17 姜新立：〈紀念馬克思誕辰 200 周年〉，《觀察》，第 58 期，2018 年 6 月號。具體網址為：http://www.observer-taipei.com/article.php?id=2032。

18 姜新立：〈馬克思二百誕辰有感〉，《海峽評論》，第 329 期，2018 年 5 月號。

此，對於馬克思這樣的歷史人物，像馬克思主義這樣的大理論，在他誕辰二百周年之際，不但要開會紀念他，更要理解他，並要對他留下的知識遺產『馬克思主義』給予知識解讀或詮釋性的研究」[19]。

　　自誕生到現在 200 年已經過去了，為什麼馬克思依然重要？馬克思對資本主義、勞動、政治、歷史的剖析，為什麼依然犀利有效？臺灣國立中山大學的萬毓澤副教授認為，「沒有馬克思，就沒有今日的社會」[20]，通過閱讀《資本論》，即通過對《資本論》創作史、結構與邏輯、版本與影響的爬梳，同時再從政治、經濟、文學、歷史和生態等多重視角對其進行解讀，定能讓我們「不僅認識『那個時代的馬克思』，也能理解『為什麼馬克思今天仍然是重要的靈感來源』」[21]。他認為《資本論》之所以能夠成為經典，其主要原因有二。其一，《資本論》的影響力幾乎遍及所有人文社會學科，不論是否同意馬克思的方法或論點，它始終是許多研究者「影響的焦慮」〔借用布魯姆（Harold Bloom）的用語〕的來源之一；其二，由於《資本論》的內容異常豐富，不論從哪個時代、哪個學科的角度切入，幾乎都能找到對話空間，或讀出前人（還）未讀出的新意[22]。通過對《資本論》的寫作歷程、版本、結構和知識系譜的細緻分析和考察，可見《資本論》根本不是「單純的經濟著作」，而是包含著尤其以「自由」為主旨的「政治理論」[23]。《資本論》所包含的這種以「自由」為主旨的「政治理論」，其最大特點是實現了「平等」與「自由」的統一，這與許多人通常把馬克思主義或社會主義看作重視平等，而自由主義則重視自由的觀點大異其趣。並且，與通常把馬克思的「自由」把握為克服異化和被奴役狀況的「消極自由」不同，「馬克思的自由觀仍然有強調『追求自主』、『自我實現』、『（集體）自主』的一面，也就是『積極』自由的那一面」[24]。

19　姜新立：〈馬克思二百誕辰有感〉，《海峽評論》，第 329 期，2018 年 5 月號。

20　萬毓澤：《你不知道的馬克思》，新北：木馬文化事業股份有限公司，2018 年，封頁。

21　萬毓澤：《〈資本論〉完全使用手冊：版本、系譜、爭議與當代價值》，臺北：聯經出版公司，2018 年，第 14 頁。

22　萬毓澤：《〈資本論〉完全使用手冊：版本、系譜、爭議與當代價值》，臺北：聯經出版公司，2018 年，第 6 頁。

23　萬毓澤：《〈資本論〉完全使用手冊：版本、系譜、爭議與當代價值》，臺北：聯經出版公司，2018 年，第 13 頁。

24　萬毓澤：《〈資本論〉完全使用手冊：版本、系譜、爭議與當代價值》，臺北：聯經出版公司，2018 年，第 12 頁。

就此而言，以追求積極的「自我實現」爲內核的「個人自由」是貫穿《資本論》乃至馬克思整個思想的主旨。1847 年出版的機關刊物《共產主義雜誌》（*Kommunistische Zeitschrift*）發刊詞、《共產黨宣言》和《資本論》主旨思想的內在一致性，能夠確證這一點。《共產主義雜誌》發刊詞說：「現代無產者的目的……是要建立一個使每個人都能自由而幸福地生活的社會。……我們不是主張消滅個人自由（*persönliche Freiheit*），並把世界變成一個大兵營或一個大習藝所的共產主義者。誠然，有這樣一些共產主義者，他們只圖省便，認爲個人自由有礙於和諧（Harmonie），主張否定和取消個人自由。但是，我們不願意拿自由去換取平等。我們堅信，而且在下幾號上還要證明，任何一個社會都不可能比公有制社會有更大的個人自由」[25]。這一思想在《共產黨宣言》中被以簡潔的形式表述爲：「代替那存在著階級和階級對立的資產階級舊社會的，將是這樣一個聯合體，在那裡，每個人的自由發展是一切人的自由發展的條件」[26]。《資本論》對其的進一步闡釋是：未來那種「以每一個個人的全面而自由的發展爲基本原則的社會形式」[27]，實際上就是「用那種把不同社會職能當作互相交替的活動方式的全面發展的個人，來代替只是承擔一種社會局部職能的局部個人」[28]。由此來看，20 世紀流行的「共產主義社會中的個人沒有地位」、「馬克思設想的後資本主義社會的工人聯合體是一個破壞自由的社會、一個沒有公民權利和政治保障的壓迫政權」的觀點[29]，不但與馬克思的思想主旨剛好相反，是多麼的錯誤，而且給人類的發展帶來了極爲嚴重的災難性後果。

當然，馬克思所理解的「個人自由」，絕不是脫離開他人和社會關係「限制」的「任性」。馬克思主張，「只有在共同體中，個人才能獲得全面發展其才能的手段，也就是說，只有在共同體中才可能有個人自由。……在眞正的共同體的條件下，各個人在自己的聯合中並通過這種聯合獲得自己的自由」[30]。因

25　轉引自萬毓澤：《〈資本論〉完全使用手冊：版本、系譜、爭議與當代價值》，臺北：聯經出版公司，2018 年，第 12 頁。

26　《馬克思恩格斯選集》第 1 卷，北京：人民出版社，2012 年第 3 版，第 422 頁。

27　馬克思：《資本論》第 1 卷，北京：人民出版社，2004 年，第 683 頁。

28　馬克思：《資本論》第 1 卷，北京：人民出版社，2004 年，第 561 頁。

29　萬毓澤：《〈資本論〉完全使用手冊：版本、系譜、爭議與當代價值》，臺北：聯經出版公司，2018 年，第 13 頁。

30　《馬克思恩格斯選集》第 1 卷，北京：人民出版社，2012 年第 3 版，第 199 頁。

施正鋒主編《淵博與創思：洪鎌德教授八十高壽慶賀文集》，五南圖書出版股份有限公司，2018

此，他所設想並為之奮鬥的，是一個「共和的、帶來繁榮的、『自由平等的生產者聯合』的制度」，而不是「所有動物一律平等，但有些動物比其他動物更加平等」的動物莊園[31]。

四、感想與啟示

　　正如臺灣學者所說的那樣，「沒有馬克思，就沒有今日的社會。」（萬毓澤語）今日之所以還要反覆閱讀和紀念馬克思，其根本原因就在於馬克思當年通過唯物史觀分析方法所揭示的資本主義與當今資本和市場主導的社會仍然具有高度的同構性。馬克思當年以批判的姿態對資本主義制度下各種異化、剝削和不公正現象的揭示，並由此形成的一套系統化的關於人類自由和解放的理論，至今仍具有其他社會理論無法替代的強大吸引力。馬克思主義在臺灣儘管不是學界研究的主要領域，但仍有一些學者在堅守著陣地，其原因既與馬克思主義的根本精神和理論旨趣相關，也與臺灣自 1990 年代以來逐漸走向市場化資本主義過程中所帶來的消極後果相關。這些消極後果，近年來越發引起臺

---

31 萬毓澤：《你不知道的馬克思》，新北：木馬文化事業股份有限公司，2018 年，第 18 頁。

灣民眾的不滿，也迫切需要理論界給予反思和解答。「馬克思作為批判的化身」[32]，正是臺灣學者要尋找的、可以借此批判臺灣資本主義發展造成社會不公和生態發展失衡等現象的重要理論資源。

　　臺灣對馬克思誕辰 200 周年的紀念，無論就形式還是就具體內容而言，都相當豐富。其成果既涉及對馬克思與恩格斯經典著作的譯介，也包括對馬克思思想的具體內容和當代發展樣式的闡釋。這些可能都遠遠超出了大陸學者的通常想像，也改變了我們先前對臺灣馬克思主義研究的認知狀況。我們期待，借馬克思誕辰 200 周年系列重大紀念活動的舉辦，能夠引發臺灣青年學子對於馬克思學說的進一步關注和深入研讀，從而為馬克思主義的繁榮貢獻更大力量。

---

32 洪鎌德：《馬克思與時代批判》，臺北：五南圖書出版股份有限公司，2018 年，「序」。

參考文獻

一、著作類

Ken Morrison：《古典社會學巨擘：馬克思、涂爾幹、韋伯》，王佩迪、李旭騏、吳佳綺譯，臺北：韋伯文化國際出版有限公司，2012 年。

Peter Lind：《馬庫色的自由理論》，關向光譯，臺北：遠流出版事業股份有限公司，1994 年。

丁學良：《從「新馬」到韋伯》，臺北：聯經出版事業公司，1996 年。

王章陵：《論馬克思的歷史哲學》，臺北：幼獅文化事業公司，1985 年。

王章陵：《馬克思「異化論」批判》，臺北：正中書局，1987 年。

王章陵：《東方馬克思主義》，臺北：政治大學國際關係研究中心，1991 年。

石計生：《馬克思學：經濟先行的社會典範論》，臺北：唐山出版社，2009 年。

朱德生：《實踐、異化和人性》，臺北：森大圖書有限公司，1991 年。

谷風出版社編輯部：《馬克思對黑格爾的批判》，臺北：谷風出版社，1988 年。

李英明：《論馬克斯恩格斯的科學觀和辯證法》，臺北：黎明文化事業股份有限公司，1981 年。

李英明：《紅色的天堂夢——馬克思》，臺北：時報文化出版企業股份有限公司，1983 年。

李英明：《馬克思異化論之研究》，臺北：國立政治大學東亞研究所博士論文，1985 年。

李英明：《馬克思社會衝突論》，臺北：時報文化出版企業股份有限公司，1990 年。

李超宗：《新馬克思主義思潮》，臺北：桂冠圖書股份有限公司，1989 年。

宋國誠：《馬克思的人文主義——〈1844 年經濟學哲學手稿新探〉》，臺北：桂冠圖書股份有限公司，1990 年。

伯爾基：《馬克思主義的起源》，伍慶、王文揚譯，上海：華東師範大學出版社，2007 年。

洪鎌德：《馬克思與社會學》，臺北：遠景出版事業有限公司，1983 年。

洪鎌德：《傳統與反叛——青年馬克思思想的探索》，臺北：臺灣商務印書館，1986 年。

洪鎌德（編）：《西方馬克思主義論戰集——最近海峽兩岸有關「新馬」的爭鳴》，臺北：森大圖書有限公司，1990 年。

洪鎌德：《新馬克思主義和現代社會科學》，臺北：森大圖書有限公司，1995 年。

洪鎌德：《跨世紀馬克思主義》，臺北：月旦出版社有限公司，1996 年。

洪鎌德：《馬克思社會學說之評析》，臺北：揚智文化，1997 年。

洪鎌德：《21 世紀社會學》，臺北：揚智文化，1998 年。

洪鎌德：《從韋伯看馬克思：現代兩大思想家的對壘》，臺北：揚智文化，1999 年。

洪鎌德：《當代政治經濟學》，臺北：揚智文化，1999 年。

洪鎌德：《人的解放——21 世紀馬克思學說新探》，臺北：揚智文化，2000 年。

洪鎌德：《法律社會學》，臺北：揚智文化，2003 年。

洪鎌德：〈推薦馬克思和恩格斯的傑作《共產黨宣言》（1848）及其新譯〉，《共產黨宣言》，管中琪、黃俊龍譯，臺北：左岸文化出版，2004 年。

洪鎌德：《當代政治社會學》，臺北：五南圖書出版股份有限公司，2006 年。

洪鎌德：《西方馬克思主義》，臺北：揚智文化，2007 年。

洪鎌德：《從唯心到唯物——黑格爾哲學對馬克思主義的衝擊》，臺北：人本自然文化事業有限公司，2007 年。

洪鎌德：《黑格爾哲學之當代詮釋》，臺北：人本自然文化事業有限公司，2007 年。

洪鎌德：《馬克思的思想之生成與演變——略談對運動哲學的啓示》，臺北：五南圖書出版股份有限公司，2010 年。

洪鎌德：《全球化下的國際係新論》，臺北：揚智文化，2011 年。

洪鎌德：《個人與社會——馬克思人性論與社群觀的析評》，臺北：五南圖書出版股份有限公司，2014 年。

洪鎌德：《西方馬克思主義的興衰》，臺北：五南圖書出版股份有限公司，2014 年。

洪鎌德：《馬克思》，臺北：東大圖書公司，1997 年；第二版增訂本，2015 年。

洪鎌德：《黑格爾哲學新解》，臺北：五南圖書出版股份有限公司，2016 年。

洪鎌德：《馬克思與時代批判》，臺北：五南圖書出版股份有限公司，2018 年。

洪鎌德：《韋伯法政思想的評析》，臺北：五南圖書出版股份有限公司，2021 年。

施正鋒（編）：《馬克思學在東方：洪鎌德教授 66 歲生日祝賀文集》，臺北：
　　前衛出版社，2004 年。

施正鋒（編）：《創新與淵博：洪鎌德教授八十高壽慶賀文集》，臺北：五南
　　圖書出版股份有限公司，2021 年。

姜新立：《馬克思主義哲學的貧困》，臺北：黎明文化事業股份有限公司，
　　1980 年。

姜新立：《新馬克思主義與當代理論》，臺北：結構群文化事業有限公司，
　　1991 年。

姜新立編著：《分析馬克思：馬克思主義理論典範的反思》，臺北：五南圖書
　　出版股份有限公司，1997 年。

姜新立：《解讀馬克思》，臺北：五南圖書出版股份有限公司，2010 年。

胡克博士等：《關於新馬克思主義》，臺北：嵩山出版社，1988 年。

《馬克思恩格斯全集》第 3 卷，北京：人民出版社，2002 年第 2 版。

《馬克思恩格斯選集》第 1 卷，北京：人民出版社，2012 年第 3 版。

《馬克思恩格斯選集》第 2 卷，北京：人民出版社，2012 年第 3 版。

馬克思：《1844 年經濟學哲學手稿》，伊海宇譯，臺北：時報文化出版企業股
　　份有限公司，1990 年。

馬克思：《1844 年經濟學哲學手稿》，中共中央馬克思恩格斯列寧史達林著作
　　編譯局編譯，北京：人民出版社，2000 年第 3 版。

馬克思：《一八四四年經濟學哲學手稿》，李中文譯，臺北：暖暖書屋文化事
　　業股份有限公司，2016 年。

馬克思（Karl Marx）、恩格斯（Frederick Engels）：《共產黨宣言》，管中琪、
　　黃俊龍譯，臺北：左岸文化出版，2004 年。

馬克思（Karl Marx）、恩格斯（Frederick Engels）：《共產黨宣言》，麥田編
　　輯室譯，臺北：麥田出版社，2014 年。

馬克思、恩格斯：《共產黨宣言》，中央編譯局譯，臺北：五南圖書出版股份
　　有限公司，2014 年。

馬科斯米里安・呂貝爾：《呂貝爾馬克思學文萃》，鄭吉偉譯，北京：北京師
　　範大學出版社，2018 年。

孫中興：《馬克思「異化勞動」的異話》，臺北：群學出版有限公司，2010 年。

孫善豪：《批判與辯證：馬克思主義政治哲學論文集》，臺北：唐山出版社，
　　2009 年。

陳墇津：《科西與西方馬克思主義》，臺北：森大圖書有限公司，1987 年。

郭傑、白安娜：《臺灣共產主義運動與共產國際（1924-1932）研究‧檔案》，李隨安、陳進盛譯，臺北：中央研究院臺灣史研究所，2010 年。

萊謝克‧科拉科夫斯基（Leszek Kolakowski）：《馬克思主義主要流派：興起、發展與崩解》，馬元德等譯，臺北：聯經出版事業公司，2018 年。

黃靜嘉：《春帆樓下晚濤急：日本對臺灣的殖民統治及其影響》，北京：商務印書館，2003 年。

曾志隆（編）：《馬克思誕生兩百年後世局之演變》，臺北：五南圖書出版股份有限公司，2018 年。

馮滬祥：《新馬克斯主義批判》，臺北：財團法人黎明文化服務中心基金會，1981 年。

黃瑞祺：《馬學與現代性》，臺北：允晨文化實業股份有限公司，2001 年。

黃瑞祺、黃之棟：《綠色馬克思主義的形塑軌跡》，臺北：碩亞數碼科技有限公司，2013 年。

湯瑪斯‧索維爾：《馬克思學說導論——哲學與經濟學》，蔡伸章譯，臺北：巨流圖書公司，1993 年。

楊適：《馬克思〈經濟學——哲學手稿〉述評》，繁體字版，無具體出版社和出版日期。

楊世雄：《馬克思的經濟哲學——中共的社會主義市場經濟》，臺北：五南圖書出版股份有限公司，2001 年。

萬毓澤：《〈資本論〉完全使用手冊：版本、系譜、爭議與當代價值》，臺北：聯經出版公司，2018 年。

葉啓政主編：《當代西方思想先河：十九世紀的思想家》，臺北：正中書局，1991 年。

《臺灣社會運動史》（1913-1936）（第三冊‧共產主義運動），王乃信等譯，臺北：創造出版社，1989 年。

趙雅博：《改變近代世界的三位思想家——馬克斯、尼采、佛洛伊德》，臺北：臺灣商務印書館，1987 年。

鄭學稼：《青年馬克思》，臺北：時報文化出版企業股份有限公司，1992 年。

蔡憲昌：《馬克斯主義基本理論研究》，臺北：文景書局，1991 年。

盧修一：《日據時代臺灣共產黨史（1928-1932）》，臺北：前衛出版社，2006 年。

閻嘯平：《馬克思理論的詮釋──阿弘與阿圖塞的對話》，臺北：桂冠圖書股份有限公司，1990 年。

簡烱仁：《臺灣共產主義運動史》，臺北：前衛出版社，1997 年。

二、論文類

王新生：〈馬克思正義理論的四重辯護〉，《中國社會科學》（北京），第 4 期，2014 年。

石眞瑛：〈馬克思之異化論的探討〉，《勞工之友雜誌》，第 489、490 期，1991 年 9、10 月。

伍至學：〈從兩種「交換」機制論馬克思的異化論〉，《哲學與文化》，第 20 卷第 8 期，1993 年 8 月。

李英明：〈異化論──歷史性及概念性的分析〉，《共黨問題研究》，第 6 卷第 10 期，1980 年 10 月。

李英明：〈論馬克思《一八四四年經濟學哲學手稿》〉，《共黨問題研究》，第 8 卷第 11 期，1982 年 11 月。

李英明：〈對馬克思《一八四四年經濟學哲學手稿》中三個主要問題的論述與批評〉，《共黨問題研究》，第 8 卷第 12 期，1982 年 12 月。

沈起予：〈關於異化之翻譯問題〉，《中國大陸》，第 179 期，1982 年 7 月。

沈起予：〈馬克思異化理論的基本立場〉，《中國大陸》，第 180 期，1982 年 8 月。

沈起予：〈馬克思所謂的「異化」〉，《中國大陸》，第 182 期，1982 年 10 月。

宋國誠：〈青年馬克思對黑格爾辯證法概念與國家本質的批判改造〉，《東亞季刊》，第 2 期，1985 年。

宋國誠：〈青年馬克思的人學理論〉，《東亞季刊》，第 2 期，1986 年。

林哲元：〈馬克思主義研究在臺灣──1949 年後歷史與現狀概述〉，《江蘇社會科學》，第 3 期，2010 年。

胡秋原：〈自我割讓問題與當代思想〉，《中華雜誌》，第 11 卷第 2 期，1973 年 2 月。

胡秋原：〈論馬克斯《一八四四年經濟學哲學手稿》與外化超越論〉，《中華雜誌》，第 17 卷第 194 期，1979 年 9 月。

胡秋原譯：〈馬克斯《一八四四年經濟學哲學手稿》〉，《中華雜誌》，第 17

卷第 195、197 期，1979 年 10、12 月。

洪鎌德：〈馬克思《一八四四年經濟學哲學手稿》的版本與特徵〉，《中華雜誌》，第 17 卷第 195 期，1979 年 10 月。

洪鎌德：〈西方學者對馬克思主義的重估〉，《人與社會》，第 7 卷第 4 期，1979 年 10 月。

洪鎌德：〈馬克思青年時代的著作及其評價〉，《思與言》，第 5 期，1980 年。

洪鎌德：〈青年馬克思倫理思想的批判〉，《中華雜誌》，第 18 卷第 12 期，1980 年 12 月。

洪鎌德：〈馬克思青年的國家觀〉，《思與言》，第 6 期，1981 年。

洪鎌德：〈臺灣對馬克思主義的新評估〉，《中山學術論叢》，第 12 卷，1994 年。

洪鎌德：〈西方馬克思主義在中國的論爭──兼談臺灣學界對大陸馬列哲學爭辯之介入〉，《中山學術論叢》，第 13 卷，1995 年。

洪鎌德：〈馬克思政治哲學的析評〉，《東吳哲學學報》，第 2 卷，1997 年 3 月。

洪鎌德：〈馬克思解放觀與自由觀的批判──兼論普勞階級的角色〉，《東吳哲學學報》，第 3 卷，1998 年 4 月。

洪鎌德：〈自由的坎坷路──青年馬克思的異化論及其詮釋〉，《中山學術論叢》，第 16 期，1998 年 6 月。

洪鎌德：〈從市場與資本的桎梏中解放出來──馬克思的自由觀及其批判〉，《哲學論集》，第 32 期，1999 年。

洪鎌德：〈馬克思的經濟思維與其哲學詮釋〉，《哲學論集》，第 38 期，2005 年。

洪鎌德、廖育信：《黑格爾〈法律哲學大綱〉與馬克思的批評》，《國家發展研究》，第 1 期，2005 年。

洪鎌德：〈馬克思國家學說的析評〉，《臺灣國際研究季刊》，第 2 卷第 2 期，2006 年夏季號。

洪鎌德：〈人的自我實現：德國經典唯心主義的詮釋及其在運動哲學方面的意涵〉，《身體文化學報》，第 9 卷，2009 年。

洪鎌德：〈馬克思的烏托邦──他心目中共產主義理想下之新人類與新社會〉，《臺灣國際研究季刊》，第 9 卷第 1 期，2010 年春。

姜新立：〈馬克思二百誕辰有感〉，《海峽評論》，第 329 期，2018 年 5 月號。

陳墇津：〈戰後馬克思主義的新解釋趨勢及其研究——以手稿為中心的馬克思主義新解釋〉，《共黨問題研究》，第 3 卷第 11-12 期，1977 年 11-12 月。

陳墇津：〈馬克思巴黎手稿的出版〉，《東亞季刊》，第 2 期，1984 年。

陳文團：〈馬克斯對傳統倫理之批判〉，《鵝湖月刊》，第 6 期，1984 年。

陳繼法：〈馬克思《巴黎手稿》與中國大陸美學的蛻變〉，《復興崗學報》，第 49 期，1993 年 6 月。

張豔濤：〈馬克思主義在臺灣的歷史、現狀與未來趨勢〉，《馬克思主義研究》（北京），第 2 期，2015 年。

張守奎：〈臺灣的《1844 年經濟學哲學手稿》研究〉，《馬克思主義研究》（北京），第 9 期，2017 年。

張守奎：〈《共產黨宣言》在臺灣的傳播和研究〉，《現代哲學》（廣州），第 2 期，2019 年。

黃瑞祺、黃之棟：〈一八四四年經濟學哲學手稿中的生態視角〉，《國家發展研究》，第 6 卷第 2 期，2007 年 6 月。

蔡憲昌：〈馬克斯「異化論」之研究〉，《三民主義學報》，第 14 期，1990 年 7 月。

鄭學稼：〈論馬克思的異化說〉，《國立政治大學學報》，第 26 期，1972 年。

鄭學稼：〈徘徊大陸知識界的怪影——對馬克思的手稿的爭論〉，《青年戰士報》，1983 年 3 月 21 日起連載。

蔣志紅、黃其洪：〈論馬克思高階正義的實現路徑及其限度〉，《教學與研究》（北京），第 5 期，2015 年。

三、外文類

Berki, R. N., *The Genesis of Marxism: Four Lectures*, J. M. Dent & Sons Ltd., 1988.

Hung Lien-Te, *The Hegelian and Feuebachian Origins of Marx's Concept of Man*, Singapore: Singapore University Press, 1983.

Hung Lien-Te, "Feuerbach's Influence on Marx's Early Concepts of the State," in: *National Taiwan University Journal of Sociology*, 5: 189-205, 1985.

Hung Lien-Te, "Marx's Early Views of the State and Their Implications for His Materialistic Conception of History," in: *National Taiwan University Journal of Sociology*, 6: 135-162, 1986.

Hung Lien-Te, "The Changing Perspectives of Contemporary Chinese Marxism: A Sociological Study of Political Ideology," in: *National Taiwan University Journal of Sociology*, 7: 179-194, 1987.

Scanlon, Thomas, T. Naget and Marshall Cohen, *Marx, Justice and History*, Princeton University Press, 1980.

Wood, Allen W., "The Marxian Critique of Justice," *Philosophy and Public Affairs*, No. 3, Vol. 1, pp. 1-35, 1972.

後　記

　　本書是我近年來研究的一個「副產品」。自 2011 年於廣州中山大學博士畢業以來，我主要從事兩方面的研究。其一是對馬克思主義思想史和社會政治哲學的探討，特別是於西方社會政治思想史中考察馬克思文本中的財產權問題，並最終形成《思想史語境中的馬克思財產權批判》（北京：中國社會科學出版社，2019 年）一書。其二是偏重於哲學基礎理論和形而上學方面的研究，尤其注重於西方哲學史中探討馬克思文本中的個體概念，並最終形成《馬克思歷史唯物主義個體理論》（北京：中國社會科學出版社，2022 年）一書。2017 年以前，我對馬克思主義在臺灣的傳播和研究狀況，僅僅停留在了解階段，並無實質性的梳理與研究。不過，關注臺灣馬克思主義研究狀況雖說是上述兩大研究領域的「例外」，但也是我所從事的馬克思主義思想史研究的自然延伸。況且，我從事這方面研究的打算不是一時的心血來潮，而是「由來已久」。

　　2010 年經恩師徐長福教授推薦、輔仁大學士林哲學講習會邀請，我有幸到天主教輔仁大學士林哲學研究中心暨哲學系訪學兩個月。由於之前所學馬克思主義哲學專業背景之緣故，在訪學啓程之前我就打定主意，趁訪學之機會一定要看看臺灣學者是如何研究馬克思主義的！促使我產生這種想法的因素比較複雜，但對大陸學界馬克思主義研究「統一化」模式的潛在不滿應該是主因。輔仁大學士林哲學講習會的老師想得甚爲周到，她／他們不僅爲我們參加講習會的成員辦理了輔大圖書館的借閱證，還幫我們開具了可以造訪臺灣大學與政治大學圖書館的證明。在訪學的兩個月裡，多次閱覽上述三家圖書館，令我大爲驚嘆。臺灣各大圖書館收藏的馬克思主義研究著作，遠遠超出了我的預期，它們儼然構成一部恢宏的「馬克思主義批評史」，這與大陸的馬克思主義研究恰好形成某種對比和互補。而在瀏覽臺灣學者研究馬克思主義的相關書籍過程中，「洪鎌德」這個名字反覆映入我的眼中。當時我憑直覺判斷，這應該是臺灣研究馬克思主義的一位重量級人物，但對其具體學術背景和學術成就並不了解。只是在後來對其著作和論文的閱讀中，方略知一二。在拜讀其作品的過程中，我越發覺得洪先生關於馬克思主義研究的相關作品與重要觀點應該引起包括大陸在內的華語世界的重視。2017 年我在臺灣交通大學網頁上檢索到時任

該校講座教授的洪先生的電郵方式，開始通過網路與他建立了直接的聯繫。

在與洪先生歷時五年多的百餘次電郵交往中，他給我的最大印象是對學術的執著與勤奮，以及對後學的提攜與寬容。在我看來，洪先生應該是臺灣和香港地區馬克思主義研究者中用功最勤、成果最豐者。他以平均每兩年出版一本關於馬克思主義研究著作的速度向前推進，至今已經出版有關馬克思主義的著作三十餘部，並公開發表學術論文三百餘篇。洪先生一向聲稱，他對馬克思思想的研究是以採納西方「馬克思學」的精神與方法之形式展開的，並因此與蘇聯史達林（大陸譯為「斯大林」）時代教條式馬克思主義相區分。就研究路徑來說，洪先生對馬克思思想的研究走的是文本學和社會學解讀的路數。他既突出閱讀馬克思主義一手文本和文獻的重要性，又強調應把馬克思思想置於馬克斯‧韋伯、齊美爾、帕森斯、吉登斯和哈貝馬斯等社會學家之思想的對比分析中，進行拓展式研究。因此，一定意義上可以說閱讀其作品的過程，就是接受「社會學之邀請」的過程，而該邀請的頭號主人正是卡爾‧馬克思博士。洪先生有關馬克思思想的這種研究方法和路數，對大陸馬克思主義學者無疑具有一定的啓示意義。過去很長一段時間，大陸學者對馬克思主義的研究存在脫離文本進行過度自我演繹，以及忽視馬克思思想整體語境的問題，而以「馬克思學」之相對客觀與中立之精神，強化文本閱讀與對比分析，正可以彌補上述缺陷和不足。

洪先生給我的另一個深刻印象是他對學術後輩的提攜和包容。在與洪先生的交往中，無論是我每次向他求助文獻，還是把我寫就的不成熟作品電郵過去請其幫忙把關，他都給予最及時的回覆和幫助。尤其是在其幫我把關的文章中，從小到文法與修辭，大到具體內容闡釋方面，都留下了先生的筆跡。但在具體學術觀點，尤其是與其看法不同的觀點方面，洪先生從來都持開放和包容態度。比如，本書的第一章即「有關《手稿》的研究」初稿完成後，我即發給先生並請他提出修改意見。兩天後先生發來郵件說：「大作非常全面而深入，足見閣下閱讀之認眞，可敬可佩。我找出幾點誤漏，俟第二次閱後再寄回修改。」又幾日後收到先生對拙作的修改稿，打開後發現其對文法與遺漏文獻都有明確更正和指出。但對文內本人多處明確批評他相關觀點之段落，全都原封不動地予以保留。從當代詮釋學視野看，我相信人文社會科學中學術觀點的爭議很可能都是基於不同立場和視角造成的。圍繞著相關問題，我所提出的與洪先生不相一致的看法，本質上也不過是基於特定視角所得出的「片面」結論而已。以洪先生那般寬廣的學術視野和豐富的生活閱歷，他不可能對我批評其觀

點的段落沒有自己的反駁意見，但洪先生從來沒有表現出責怪甚至只是中性地表達我有誤讀或曲解他觀點之意思。洪先生對後學的提攜和包容精神由此可見一斑。

　　最後要說明的是，本書第二章的部分內容以及「附錄一」，曾發表在大陸學術期刊《馬克思主義研究》和《現代哲學》上，收入本書時我對其進行了相應的調整、豐富和完善。此外，本書能夠有機會在臺灣出版，完全仰賴洪先生的大力支持和舉薦。在此對上述期刊社和洪鎌德先生表示最誠摯的感謝！

張守奎 於廣東深圳寒舍

2022 年 4 月初

國家圖書館出版品預行編目資料

青年馬克思思想的探索 ： 臺灣學者洪鎌德相
關研究的析評 / 張守奎著. -- 初版. -- 臺
北市 ： 五南圖書出版股份有限公司, 2022.09
　面 ；　公分
ISBN 978-626-343-199-7(平裝)

1.CST: 洪鎌德 2.CST: 學術思想 3.CST: 馬
克斯主義 4.CST: 文集

549.307　　　　　　　　111012595

1PXD

青年馬克思思想的探索：
臺灣學者洪鎌德相關研究的析評

作　　者 ― 張守奎（212.5）

發 行 人 ― 楊榮川

總 經 理 ― 楊士清

總 編 輯 ― 楊秀麗

副總編輯 ― 劉靜芬

責任編輯 ― 呂伊真、黃麗玟

封面設計 ― 王麗娟

出 版 者 ― 五南圖書出版股份有限公司

地　　址：106臺北市大安區和平東路二段339號4樓

電　　話：(02)2705-5066　　傳　　真：(02)2706-6100

網　　址：https://www.wunan.com.tw

電子郵件：wunan@wunan.com.tw

劃撥帳號：01068953

戶　　名：五南圖書出版股份有限公司

法律顧問　林勝安律師事務所　林勝安律師

出版日期　2022年9月初版一刷

定　　價　新臺幣400元

經典永恆・名著常在
五十週年的獻禮 —— 經典名著文庫

五南，五十年了，半個世紀，人生旅程的一大半，走過來了。

思索著，邁向百年的未來歷程，能為知識界、文化學術界作些什麼？

在速食文化的生態下，有什麼值得讓人雋永品味的？

歷代經典・當今名著，經過時間的洗禮，千錘百鍊，流傳至今，光芒耀人；

不僅使我們能領悟前人的智慧，同時也增深加廣我們思考的深度與視野。

我們決心投入巨資，有計畫的系統梳選，成立「經典名著文庫」，

希望收入古今中外思想性的、充滿睿智與獨見的經典、名著。

這是一項理想性的、永續性的巨大出版工程。

不在意讀者的眾寡，只考慮它的學術價值，力求完整展現先哲思想的軌跡；

為知識界開啟一片智慧之窗，營造一座百花綻放的世界文明公園，

任君遨遊、取菁吸蜜、嘉惠學子！